사랑 때문이다

사랑 때문이다.

내가 현재 존재하는 가장 큰 밑받침은 인간을 사랑하려는 못난 인간의 한 가닥 희망 때문이다. 이 땅의 민중이 해방되고 이 땅의 허리가 이어지고 이 땅에 사람이 사는 세상이 되게 하기 위한 알량한 희망, 사랑 때문이다. 나는 우리를 사랑할 수밖에 없고 우리는 우리를 사랑할 수밖에 없다.

서울대 입학식에서 부모님과 함께

친구 윤석정과 씨름하는 모습

대학 1학년 때 해성고 친구들과 만든 야구 동아리 '딱따구리' 회원들과 함께.
뒷줄 가운데가 조성만

대학 시절에 방학을 맞아 지리산으로 여행을 떠났다.
맨 오른쪽이 조성만

'광주민중항쟁 계승 마구달리기' 행사를 앞두고
명동성당의 청년들이 몸풀기 운동을 하고 있다.
왼쪽 줄 세 번째가 조성만

할복 투신 직전, 명동성당의 성모동산에서
정의채 신부의 말씀을 들으며 환하게 웃고 있다.

1988년 5월 15일 명동성당 교육관 옥상에서 투신하는 장면.
현장에 있던 서강학보 기자 최순호가 찍었다.
조성만의 뒤로 최효성의 모습이 보인다.

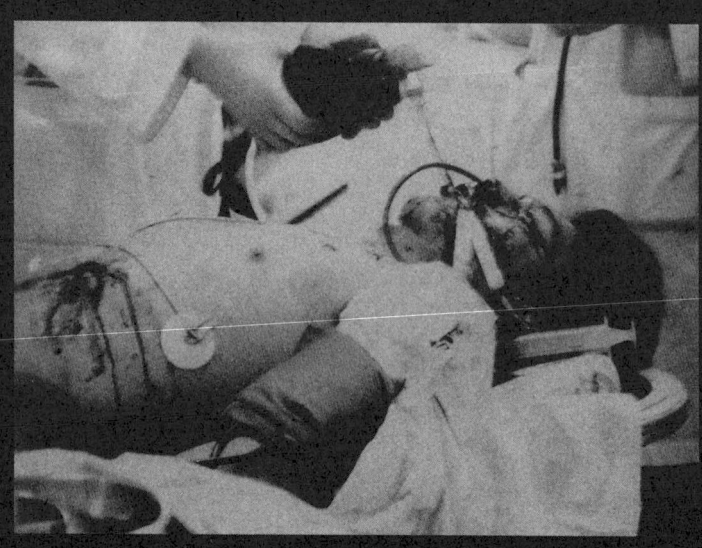

백병원 담당의가 마지막 노력을 기울이고 있다.

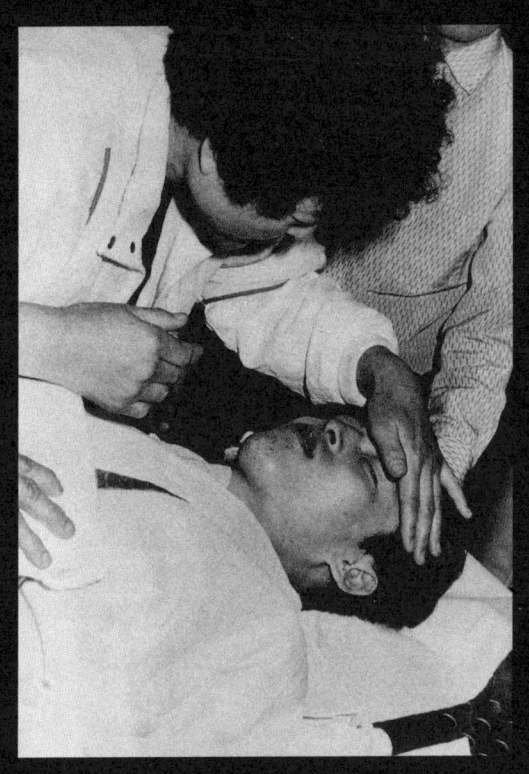

어머니 김복성이 아들의 눈을 감기고 있다.

백병원 앞에서 청년 학생들이 시신 탈취에 대비해 바리케이드를 치고 시위하고 있다.

장례식장에서 오열하는 어머니 김복성

정의채 신부가 사도예절을 집전하고 있다.
조성만이 자살했다는 이유 때문에 장례미사 대신 사도예절로 치러졌다.

옛 서울고 노제에서.
오른쪽 두 번째부터 김대중, 김영삼, 김복성, 조찬배

십자가를 앞세운 운구차가
옛 서울고를 떠나 서울시청으로 향하고 있다.

만장을 든 청년 학생들의 행렬이 이어지고 있다.

조성만이 생전에 활동한 명동성당 청년단체연합회,
서울대학교 총학생회 만장이 앞장서고 있다.

운구차가 서울시청 앞에 도착하고 있다.

서울대 아크로폴리스 광장에서 노제가 열리고 있다.

전남도청 앞에 운집한 광주 시민들이
운구차가 도착하길 기다리며 집회를 열고 있다.

할복 당일 복사해 시민들에게 배포한 자필 유서

조성만을 그린 대형 걸개그림. 칼을 들고 분단의 사슬을 끊고 있다.

왼쪽부터 아버지 조찬배와 문정현 신부.
조성만은 고교 시절에 만난 문정현 신부의 삶에서 큰 영향을 받았다.

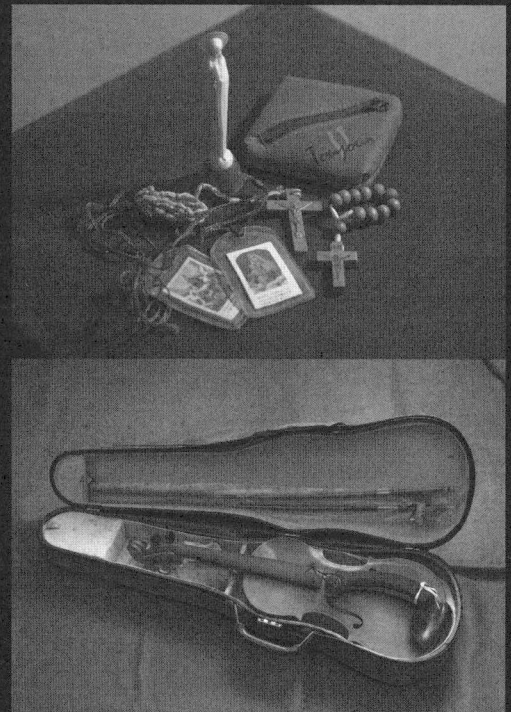

부모님이 간직하고 있는 유품들

전주 해성고에 있는 조성만 추모비

사랑 때문이다

요셉 조성만 평전

송기역 지음

오월의봄

일러두기

이 책은 두 권의 추모자료집 《통일 그날에 다시 살아올 넋이여!-고 조성만 열사 추모 자료집》(명동천주교회 청년단체연합회 펴냄, 1988), 《통일열사 故조성만(요셉) 형제 추모자료 모음》(가톨릭민속연구회 동우회 펴냄)과 단행본 《누군들 죽음이 두렵지 않으랴-조성만의 죽음과 정치적 순교》(통일열사 조성만 10주기 추모사업위원회 엮음, 공동선, 1998), 《아름다운 청년 김세진·이재호》(김세진·이재호 기념사업회 펴냄, (주)청년의사, 2006)의 내용을 인용, 참조했습니다.

조성만 평전을 내며

 지난 2008년 '통일열사 고 조성만(요셉) 형제 20주기 추모식'을 마친 뒤 '성만사랑' 운영위원회에서 그의 삶을 책으로 펴내자는 논의가 이루어졌다. 그리고 이제 3년 동안의 준비를 거쳐 이 책을 발간하게 되었다. 조성만의 삶은 한반도의 평화와 통일을 위한 치열한 순례의 과정이었다. 그 치열한 순례의 끝인 1988년 5월 15일은, 조성만을 아는 사람들이 그의 짧은 삶을 이어받아 새롭게 순례를 시작하게 된 날이 되었다.

 조성만의 죽음을 전후로 전국대학생대표자협의회(전대협)의 남북학생회담 성사 운동과 범민족대회 같은 대중적인 통일운동이 전개되었고, 이후 임수경 전대협 대표와 문규현 신부의 방북, 문익환 목사의 방북으로 이어져, 갈라진 민족의 하나 됨에 대한 바람이 얼어붙은 한반도에 새싹처럼 움트게 되었다. 이러한 통일에 대한 민족적 열망의 결과물인 2000년의 6·15 공동선언과 2007년의 10·4 공동선언 등 두 차례의 정상회담을 통해 민족의 화해와 하나 됨은 눈앞에 다가온 듯했다. 그러나 오늘날의 한반도는 다시 군사적 긴장이 고조되고 민족의 하나 됨은 바람 앞의 등불처럼 되고 있다.

바로 이런 오늘의 현실은 우리에게 조성만의 순례를 이어받는 여정을 다시 시작하게 하고 있다. 지난 시기 두 차례의 북핵 위기와 특히 2010년 천안함 사건과 연평도 사건을 거치면서, 이러한 군사적 대결과 긴장 상태의 장기화가 우리 민족에게 결코 바람직하지 않음을 알 수 있었고, 조성만의 바람대로 우여곡절을 겪으면서도 결국 우리 민족은 하나 됨을 지향하며 스스로 미래를 개척해나가야 함을 깨달을 수 있었다. 이 점이 20년도 더 지난 조성만의 삶을 조망하고 기록한 책을 내야만 했던 이유였다. 지금 이 순간에도 우리 민족의 평화와 통일은 우리가 추구해야 할 지향점인 것이다.

이 책은 많은 사람들의 도움 속에서 출간할 수 있었다. 먼저 20여 년 동안 먼저 간 아들을 대신한 삶을 살아온 조찬배 아버님, 김복성 어머님께 머리 숙여 감사드린다. 또 조성만을 스승이라고 여기며 예언자적 소명을 받드는 사제의 길을 보여주신 문정현, 문규현 신부님과 당시 조성만의 장례예절을 주관해주셨던 김민수 신부님께 감사한다.

무엇보다 이 책의 출간을 결정해준 오마이북에 감사한다. 또한 이 책의 기획 과정에 도움을 준 더브릿지에이전시의 이정근 사장과 남요원 전 민예총 사무총장에게도 감사한다. 그리고 조성만 20주기 추모사업 후원의 밤에 힘을 보태주었고, 집필 과정의 인터뷰에 응해준 이공회 동문, 서울대 자연대 선후배 및 가톨릭 청년운동 선후배들에게 감사한다. 지난 3년간 힘든 여건 속에서도 이 일의 진행을 함께해준 조성만 추모모임 '성만사랑' 운영위원 및 회원들에게도 감사한다.

끝으로 이 책의 집필을 흔쾌히 맡아 조성만의 삶을 우리에게 되살려준 송기역 작가에게 마음 깊이 감사한다.

이 책을 민족의 하나 됨을 향한 발걸음을 내딛고자 하는 오늘날의 수많은 조성만들에게 바친다.

2011년 4월
조성만 추모모임 '성만사랑' 대표 이원영

차례

33 조성만 평전을 내며

38 여는 글 /
인간을 사랑하고자 했던 한 인간

43 여는 시 /
그가 남기고 간 어리석고 큰 사랑

47 23년

1부
순교

80 기억나지 않는 이야기
85 가장 길었던 5월의 어느 날
89 어머니, 당신의 아들
98 23년의 비밀
107 빛나는 별

2부
좁은 문

112 가족사
119 한글과 구구단
125 주인집 숙자와 일일연속극 〈여로〉
132 1980년 5월 18일
138 문정현 신부를 만나다
147 어머니 목숨을 건 대학시험

3부
1984

158 80년대와 빅 브라더
164 첫 만남
171 명동의 열두 제자들
183 돌들의 외침
189 지하생활자들

4부 통나무 십자가

204 뜻 없이 무릎 꿇는
210 이등병의 편지
218 허공에 뜬 교회
227 뿌리를 가진 나무
235 피할 수 없는 불길

5부 신부의 길

244 신부를 꿈꾸다
252 박종철과 전두환, 불운한 만남
261 가문협의 동우회 사건
267 1987년 12월 구로구청
274 세상의 지하실에 불을 밝히다

6부 부활

284 1988년 분단올림픽
297 별을 노래하는 마음으로
305 벗이여 해방이 온다
313 가난한 세상에 보내는 마지막 편지
316 높은 곳에 홀로 선 십자가
321 자살인가, 순교인가
330 동생 조성환의 일기
337 사랑 때문이다

352 작가의 말 /
1980년대를 살아간 청춘들의 표식

357 조성만이 남긴 일기

여는 글 /

인간을 사랑하고자 했던 한 인간

나는 매일 명동성당을 걷는다. 나의 일과는 성모동산에서 시작된다. 오전 11시 30분이면 나는 가톨릭회관을 향해 걸음을 뗀다. 본당을 지나 교육관 앞 한 청년이 떨어져 죽은 자리를 지날 때면 나도 모르게 걸음을 멈춘다. 고개를 들어 옥상을 올려 본다. 지금은 지붕을 얹어 그가 서 있던 자리는 보이지 않는다. 직접 보지 않았지만 지난 세월 나는 그가 옥상 위에 서 있던 순간을 숱하게 떠올리곤 했다.

이곳에 오고부터 날마다 날마다 그 청년이 생각난다. 청년의 이름은 조성만이다.

그는 누구인가? 나의 신앙의 스승이다. 나는 30년 전 그에게 영세를 준 신부다.

내 방엔 조성만의 사진이 23년째 걸려 있다. 나는 그 사진을 23년 동안 날마다 들여다보았고, 날마다 닦았다. 어디를 가도 영정 사진을 들고 간다. 23년 전 성만이는 내 마음에 꽂혔다. 마치 내 자식 같다. 자식이 먼저 죽으면 부모의 가슴에 묻는다는 말이 있다. 나는 성만이를 내 가슴에 묻고 살았다. 솔직히 어떤 때는 치우고 싶은 마음도 들었다. 그 아이를 생각하면 내가 세상을 잘못 사는 것 같았기 때문이다. 저 영정을 치우면 내가 나를 잊고 살 수 있겠다는 생각도 든다.

지난 23년을 돌아보면 단 하루도 피 터지게 살지 않은 날이 없는 것 같다. 하지만 자신의 목숨을 온통 세상에 바치는 자의 심정을 나는 아직도 모른다. 그래서 예수를 모르겠다. 그래서 성만이를 생각하면 너무 슬프고 눈물이 난다.

오늘도 나는 그 자리에 서 있다. 30년 전의 그를 기억하려고 애쓴다. 성만이를 처음 보던 해, 나는 전주 중앙성당의 주임신부였다.

키도 크고 눈도 큰 아이가 어느 날부턴가 내 미사에 참석하고, 미사를 마치면 내 주위에 와서 꾸벅 인사를 하고 갔다. 무슨 말을 붙여 보려고 해도 싱겁게 인사만 하고 가버렸다. 성만아, 하고 불러도 가까이 오지 못했다. 말이 없고 수줍음을 많이 타는 아이였다. 내 주변에 있는 것만으로도 좋아했던 것 같다. 다른 아이들이 성만이가 내 얘길 많이 한다고 말해줬다.

성만이는 언제나 예고 없이 내 주변에 서 있었다. 서울대 낙방했다고 오고, 입학했다고 오고, 방학이라고 오고, 군대 간다고 오고, 휴가 나왔다고 오고, 제대했다고 오고, 복학했다고 왔다.

나는 1985년 중앙성당을 떠나 전북 장수군에 있는 장계성당에 부임했다. 장계에 있을 때도 그 녀석은 아무 예고 없이 오곤 했다. 그때는 멀리서 오니까 여비라도 주고 싶었다. 그런데 금방 눈치를 채고 쏜살같이 가버렸다. 먼 길을 찾아왔는데도 몇 마디 얘기도 없이 사라졌다. 내가 무척 어려웠던가 보다. 그러다 보니 따뜻한 대화 한 번 나누지 못했다. 이런저런 대화라도 나누는 사이였으면 살릴 수도 있었을 텐데 하는 아쉬운 생각이 든다.

성만이는 나에게 편지를 자주 보냈다. 특히 군대에 있을 때 편지가 자주 왔다. 공안기관에서 나를 요주의 인물로 감시하고 있었기 때문에 '군대에서 이런 편지를 내게 보내면 위험한데, 위험을 무릅쓰고 보내는구나' 하는 생각도 들었다. 성만이는 특이하게 항상 세로쓰기를 했다. 유서도 세로쓰기였다. 여러모로 내겐 특이한 아이였다. 몇 번 답장을 쓰긴 했지만 읽지 않은 편지도 많았다. 그때 받은 편지 가운데 남아 있는 게 한 통도 없다. 그 생각을 하면 너무 부끄럽고 마음이 아프다. 제대 후부터는 편지가 없었다.

1988년에 익산 창인동성당에 있을 때 비보를 들었다. 청천벽력이었다. 유서는 외우다시피 했다. 그가 남긴 글은 나에게 엄청난 충격이었다.

"한반도의 통일은 그 어느 누구에 의해서도 막아져서는 안 됩니다."
"한반도에서 미국은 축출되어야만 합니다."
"군사정부는 반드시 물러나야 합니다."
"다가오는 올림픽은 반드시 공동 개최되어야만 합니다."

그 아이가 느낀 "척박한 팔레스티나에 목수의 아들로 태어난 한 인간이 고행 전에 느낀 마음"과 군사독재 정권에 대한 저항, 남북 공동 올림픽 개최, 이 세 가지가 내 마음에 꽂혔다.

전에 그런 생각을 하지 않은 건 아니지만 내 가슴에 딱 들어온 것은 그때였고, 그것이 출발 신호가 되었다. 그래서 통일운동에 뛰어들었고 매향리, 대추리, 용산참사 현장을 찾아갔다. 임수경과 문규현은 '통일의 꽃'이 아니라 '성만이의 꽃'이다. 성만이가 그렇게 꿈꾸던 일이 두 사람을 통해 피어난 것이라고 나는 생각한다. 1989년 문규현 신부가 방북하게 된 것은 조성만의 영향 때문이었다. 가능성이 거의 없었는데 성만이 때문에 떠나게 된 것이다.

2010년 11월 '길 위의 신부, 가을의 신부'라는 콘서트에서 내가 부른 노래가 있다. 월북한 안성현 님이 작곡한 〈부용산〉이라는 노래다. 그가 교편을 잡고 있을 때 같은 학교 교사 박기동이 죽은 누이동생을 산자락에 묻고 돌아와 쓴 시로 곡을 만들었다. 1절 가사만 알고 있었는데 얼마 전에 안치환이 2절 가사를 알려줘서 처음으로 불러봤다. 시를 쓴 분이 몇 해 전 2절을 만들어서 주었다고 한다. 가사 중에 '붉은 장미는 시들었구나'라는 부분이 우리 이야기 같다. 살아남은 오빠와 죽은 누이동생. 살아남은 신부와 시들어 죽은 제자. 이 노래를 들으면 꼭 성만이가 생각난다. 콘서트 무대에서도 눈물이 났다. 이상하게 차를 타면 나는 그 노래를 부른다. 술을 마시면 꼭 그 노래를 부른다. 예전엔 그 노래를 들으면 성만이가 생각났는데 이제는 그 노래만 부르면 절로 성만이가 떠오른다.

성만이가 떠난 지 23년이 지났다. 지금 사람들은 자기 근본을 잊은 채 살고 있다. 돈이 하느님이다. 4대강 사업이며, 재개발, 구조조정, 이게 다 돈 때문에 벌어지는 일이다.

4대강 개발은 인간이 돈을 추구하다 보면 어디까지 가는지 알게 해준다. 인간은 자연에 속해 있는 아주 조그만 존재다. 생명은 그 자체로 경이로운 존재다. 이러한 생명을 존중해야 하는데 4대강 개발은 저 죽고 남 죽이고, 다 죽는 일이다.

종교인들은 세속의 가치를 따라가고 있다. 종교가 자본주의화되어 돈을 추구하고 권위주의에 물들어 본래 모습을 잊어버렸다. 종교는 고통받고 소외받는 이웃을 보듬는 데서부터 시작해야 한다. 많은 종교인들이 말은 그렇게 하지만 실제로는 권위주의에 물들어 있다. 예수님도 그걸 이기지 못했다.

하지만 예수의 사랑은 많은 이들의 마음속에서 되살아나고 있다. 그 사랑은 누구도 덮을 수 없다. '인간을 사랑하고자 했던 한 인간' 성만이도 그렇다. 그 사랑을 이 책을 통해 만났으면 좋겠다.

성만이가 투신한 자리엔 아무 표시도 없다. 언젠가 그가 떨어진 자리에 작은 돌이라도 새겨 흔적을 남기고 싶다.

2011년 4월
명동성당에서
문정현

여는 시 /

그가 남기고 간 어리석고 큰 사랑*

통일 염원 44년 8월 15일 오후 2시 22분
수경이의 손을 잡고
분단의 장벽을 넘어서는 순간
가장 먼저 떠오르는 얼굴

조성만

---

* 문규현 신부가 1990년 감옥 안에서 조성만을 떠올리며 쓴 시. 《분단의 장벽을 넘어서》(두리, 1990)에 머리글로 실렸던 것을 문 신부의 동의를 얻어 다시 싣는다. 당시 문 신부는 1989년 8월 방북한 임수경 씨를 데리고 휴전선 북쪽에서 판문점을 통해 걸어 내려와 국가보안법 위반 혐의로 구속·수감되었다.

남을 시기하고 이웃에 무관심할수록
자신의 윤택한 삶을 보장받을 수 있는
약육강식의 이 땅의 현실에서
인간을 사랑하는 일만큼 어리석은 일은 없을 터인데
사랑밖에 모르던 팔레스티나의 촌놈 예수를 닮아
어느 날 문득
자신의 하나뿐인 목숨을 던져
차가운 바닥 위에
우리들의 메마른 가슴 위에
사랑이라는 말 한마디 붉게 새겨놓고 떠난
어리석고 못난 사람

민족의 분단을 자신의 아픔으로 감지하지 못하고 살아온
우리들 앞에
하늘보다 푸른 칼날로 자신의 배를 가르며
분단이란
이렇게 피 흐르는 아픔이라고
한 시대의 진실을 가르쳐주고 떠난 지
벌써 2년이라는 세월이 흐르도록
통일은
아직 철창 속에 무더기로 갇혀 아우성치고 있는데
우리들의 5월은

저렇게 철창 너머 핏빛 하늘로 저물고 있는데

나의 방북이 진정 그의 부활일 수 있다면
오늘 내가 겪고 있는 이 작은 고통마저
통일로 가는 칠천만 겨레의 걸음걸음마다
푸른 힘줄로 되살아날 수만 있다면
어줍잖은 나의 이 희망조차
지금 그의 귓전에 나지막이 들려줄 수 있으련만

오늘따라 그가 남기고 간 어리석고 큰 사랑이 가슴에 사무쳐
서울 구치소 구석진 독방에 홀로 앉아
울며
다짐하며
이 글을 쓴다

1990년 5월 15일
조성만 열사 2주기를 보내며
문규현

23년

정의가 이길 때까지, 그는 상한 갈대를 꺾지 않고,
꺼져가는 심지를 끄지 않을 것이다.

마태오복음서 12:20

이 글은 조성만을 둘러싼 사람들의 이야기다. 떠나기 전의 인연과 떠난 후의 삶을 짧은 열전 형식에 담았다. 희곡의 등장인물처럼 나열되지만 더러 평전에 등장하지 않거나 이야기 흐름에서 특별한 역할을 하지 않는 인물도 있다. 하지만 이들 모두 80년대의 인물들이란 점에서, 조성만의 표식을 지니고 살아온 인물들이란 점에서 공통점을 지니고 있다.

23년 전의 이야기를 시작하기에 앞서 조성만이 떠난 이후 그와 관계된 사람들의 현재 이야기를 먼저 시작하는 것은 조성만의 이야기가 '지금, 여기'의 이야기로 넘어오길 바라는 마음에서다. 그들을 만나면서 때로 흔들리고 망설였지만, 끈질기게 조성만을 불러왔다. 하지만 그들에게 남은 상처를 짧은 문장으로 전달하는 것은 불가능한 일이었다.

23년 전의 아픔이 왜 현재까지 남아 있어야 하는지를 아직은 다 알 수 없다. 다만 분명한 것은 고통이 과거에 머물지 않고 현재까지도 그들 곁에 남아 있다는 것이다. 이 글을 쓴 것은 그 고통을 기억하기 위해서다.

김정미(골롬바)

조성만의 후배 · 명동성당 가톨릭민속연구회 회원

김정미는 박한솔, 박한샘의 엄마가 되었다. 그녀는 조성만의 기일이 되면 아이들과 함께 추모미사에 참여한다. 2008년 촛불집회가 열릴 때도 아이들과 함께 광화문에 나갔다. 어느 날 서점에 들른 그녀는 어린이책 《신부님, 평화가 뭐예요-길 위의 신부 문정현》을 발견했다. 서점에서 아이들과 함께 책장을 넘기다 보니 조성만을 그린 삽화가 있었다. 그녀가 아이들에게 물었다.

"얘들아, 이 사람 누군지 알아?"

"조성만 아저씨잖아."

그녀는 책을 사 들고 집으로 왔다. 몇 달 후 한솔이가 개학을 앞두고 방학숙제를 하고 있었다. 존경하는 인물에게 편지를 쓰는 숙제였다. 그녀는 한솔이가 문정현 신부에게 쓴 편지를 읽었다. 한솔이는 "저도 신부님처럼 커서 인자한 사람이 되고 싶어요"라고 썼다. 편지를 읽는 엄마에게 한솔이가 물었다.

"엄마, 아저씨 왜 죽었어?"

갑자기 말문이 막혔다. 죽음을 선택하기까지의 그의 삶을 아이에게 말해줄 수 없었다. 그 순간 '80년대'는 막막하고 잡히지 않는 무엇이었다. 어렵게 몇 가지 이야기를 들려주었다. 이야기를 들은 한솔이가 말했다.

"그래? 음······."

한솔이는 그래도 이해가 되지 않는지 고개를 갸웃거렸다. 그러더니 엄마의 얼굴을 빤히 쳐다보며 다시 물었다.

"근데, 아저씨 진짜 왜 죽었어?"

그녀는 조성만의 죽음에 대해 아이에게 제대로 설명할 수 없다는 사실을 깨달았다. 그 시절 청춘들은 생명을 걸고 나아가자며 거리에서 외쳤고, 술을 마실 때도 '목숨을 바쳐' 마시자며 잔을 부딪쳤다. 엄마도 세상을 향해 모든 것을 던지고 싶었다고, 1980년대에 20대를 보낸 청춘들은 한번쯤 자신을 던져 세상의 거름이 되는 꿈을 꾸었다고 설명할 수가 없었다.

아이들이 그가 떠났던 스물네 살이 되면 알 수 있을까? 언제 왔는지 옆에 선 한샘이가 물었다.

"엄마, 왜 울어?"

그녀는 대답할 수 없었다. 자신이 왜 울고 있는지 설명할 수 없었다.

김경곤(미카엘)

조성만의 후배 · 가톨릭민속연구회 회원

김경곤은 군 입대를 일주일 앞두고 조성만의 죽음을 맞이한다. 그는 조성만이 떠나기 전 마지막 석 달 동안 함께 살았다. 장례를 치른 후 그는 자취방에서 쓰러져 이틀 동안 일어나지 못했다. 군대에 갈 수 있는 상태가 아니었지만 입영을 미룰 수도 없었다. 그는 가까스로 군 생활을 마쳤고 제대 후에도 그의 방황은 끝나지 않았다.

그는 문정현 신부의 도움으로 독일에 있는 신학대학교에 유학을 간다. 하지만 신부가 되기 위한 유학 생활은 오래가지 않았다. 그는 신학교를 포기한다. 조성만의 그림자는 그의 청춘, 그의 삶 전체에 그늘을 드리웠다.

김경곤은 현재 프랑스에 거주하고 있다. 이 책을 집필하는 동안 그를 수소문해보았지만 찾을 수 없었다.

박민정(모니카)

조성만의 후배 · 가톨릭민속연구회 회원

조성만이 떠나던 날 박민정은 병원에서 밤을 새우며 그의 유서를 되풀이해 읽었다. 그의 죽음을 받아들일 수 없었다. 그녀는 유서를 읽으며 혼잣말을 했다.

'형, 이렇게까지 해야 되나요? 죽으면서까지. 어제까지 저를 보며 웃었잖아요. 이렇게 배신해도 되는 거예요?'

장례를 치른 후 그녀는 가톨릭민속연구회(가민연) 활동을 접는다. 그녀에겐 몇 가지 의문이 지워지지 않았다.

'왜 형은 그토록 신부가 되고 싶어 했을까? 천주교가 무엇이고 하

느님이 어떤 분이시기에⋯⋯.'

그녀는 명동성당 신자였지만 '신은 없다'고 생각했다. 하느님은 인간이 만든 것이라고 생각했다. 조성만을 짝사랑했던 그녀는 '형을 이대로 보낼 수는 없다'고 생각했다.

박민정은 성당에 교리신청을 하고, 6개월의 교리문답 후 1989년 2월 영세를 받는다. 현재 지방의 작은 성당에 다니고 있는 그녀는 "젊은 신부들의 모습에서 조성만의 얼굴이 겹쳐 떠오르곤 한다"고 말했다.

박민정이 처음 명동성당을 찾았을 때 했던 다짐이 있다. 죽는 날까지 민중과 함께하겠다는 것. 결혼을 하고 평범한 일상을 살아가던 어느 날 그녀는 문득 그 다짐이 떠올랐다. 그때의 다짐이 젊은 날의 치기와 허풍이었다는 생각에 얼굴이 붉어졌다. 어느새 뒷전에 서 있는 자신은 비겁한 인간이었다. "영혼이 없는 몸이 죽은 것과 같이, 행함이 없는 믿음은 죽은 것입니다"(야고보 서간 2:26)라는 성경 구절은 자신을 두고 하는 말이었다. 항상 말로만 가슴 아파하고 몸으로 나아가지 않는 모습. 그렇게 말하는 그녀의 가슴속에서 조성만은 아직 떠나지 않고 있다.

20년에 걸쳐서 그녀는 조금씩 조성만의 신앙에 다가갔다. 자신이 만나는 예수의 모습을 통해 조성만의 예수를 만난다. 박민정은 조성만 추모자료집에 있는 일기와 편지를 아직까지 다 읽지 못했다. 그녀에게 조성만의 편지와 일기는 몇 쪽 이상 읽을 수 없는 것이다. 그녀는 이 평전도 읽지 못할 것이다.

박민정은 현재 평범한 가정주부로 살아가고 있다. 그녀는 조성만에 관한 기억을 가슴속에 묻어두고 남편에게도 한 번도 얘기하지 못했다. 남몰래 미사 중 조성만을 기리는 기도를 한다. 그리고 오랫동안 조성만 추도식에도 가지 않았다. 명동성당 청년들을 만나기도 싫었다. 하지만 그녀는 얼마 전 이렇게 말했다.

"이제는 형 얘기를 하면서 웃고 싶어요. 가민연 친구들을 만나 형 얘기를 하면서 우는 게 아니라 웃고 싶어요."

김청숙(아그리피나)

조성만의 후배 · 가톨릭민속연구회 회원

가민연의 부회장 김청숙은 조성만 사후 6개월간 종적을 감추고 명동성당에 발길을 끊다시피 했다. 오랜 시간이 흐른 후 성당에 들른 적이 있었다. 술자리가 2차, 3차 이어졌다. 술자리는 어느새 백병원 인근으로 옮겨졌지만 그 누구도 눈치채지 못했다. 술집에서 나와 길을 걷던 그녀가 갑자기 통증을 호소했다. 옆에 있던 김정미가 부축했다.

"언니, 왜 그래요?"

김청숙은 한동안 아무 말도 못하고 신음소리만 내뱉었다.

"어디가 아파요?"

"아, 아니, 여기가…… 여기가…….'

김정미는 사위를 둘러보았다.

"백병원이잖아."

그랬다. 두 사람이 서 있는 곳은 백병원 앞이었다. 김청숙은 오열했다. 와선 안 되는 금기의 장소였다. 명동성당 청년들이라면 갈 수 없는 곳이었다. 그날 헤어지면서 그녀는 말했다.

"정미야, 오늘은 집에 잘 가자."

김정미는 '집에 잘 가자'라는 말을 지금까지 기억하고 있다.

김청숙은 수녀원에 늦깎이로 들어가기 위해 어려운 과정을 거쳐야 했다. 수녀가 된 후 마음의 평안을 얻을 수 있었다. 오랜 방황이 끝나는 듯했다. 수녀원 생활을 지속할 수 없게 된 것은 악성 빈혈에 걸리면서부터였다. 3년 만에 세속으로 돌아온 그녀는 현재 중국에 거주하고 있다.

김청숙은 평전 출간에 동의하지 않는다며 인터뷰를 거절했다.

김범(루치아노)
조성만의 선배 · 가톨릭민속연구회 회원

김범은 조성만이 할복 투신한 다음 날 출근길 택시 안에서 그 소식을 들었다. 차창 밖 분주한 도심의 거리를 바라보고 있을 때였다. 라디오 뉴스의 아나운서가 그의 이름을 발음했다.

조성만 명동성당 할복 투신 자살 사망 백병원······.

그는 소식을 듣고도 병원으로 향할 자신이 없었다. 백병원으로도, 명동성당으로도 가지 않았다. 그의 죽음을 받아들일 수 없었다. 그는 동의할 수 없었다.

그날 김범은 직장에 출근해 평소와 같이 일했다. 퇴근 후 그의 걸음은 자신도 모르게 백병원 앞으로 향했다. 병원 앞은 전경들과 시민들로 인산인해를 이루고 있었다.

'나에게 신부가 되기로 약속했으면서⋯⋯.'
'그러지 말았어야 했는데⋯⋯. 왜 죽었을까, 왜 죽었을까?'

마지막으로 조성만을 만났던 날이 떠올랐다. 조성만의 마지막 휴가 때였다. 결혼을 앞둔 여자친구와 싸운 김범은 방금 뛰쳐나간 여자친구를 붙잡기 위해 달리고 있었다. 을지로 지하도 계단을 뛰듯이 내려왔을 때 누군가 팔을 잡았다.

"범이 형!"

조성만이었다.

"형, 막걸리 한잔하러 가요."

여자친구를 붙잡으려면 서둘러야 했다.

"안 돼. 급한 일이 있어. 다음에 보자."

말을 마치자마자 그는 다시 여자친구가 사라진 방향으로 뛰어갔다. 조성만을 뿌리칠 때 마주친 그의 눈빛이 기억에 남아 있다. 그 눈빛이 마지막이었다. 그 일이 서운했는지 그 후로 성만은 연락이 없었다. 느린 화면처럼 그날의 눈빛이 되풀이되어 떠올라 그를 바라보았다.

김범은 그 후로 사람들의 부탁을 거절하지 못하는 사람이 되었다. 술 한잔 마시자는 목소리가 들리면 조성만의 목소리가 겹쳤다.

"범이 형, 막걸리 한잔하러 가요."

술 한잔 마시자는 부탁은 누구에게 들어도 마지막 부탁 같았다. 그래서 선약을 취소하고 술자리에 가곤 했다.

김범은 백병원 앞에서 발길을 돌렸다. 조성만이 자신을 부르던 을지로 지하도를 지나 집으로 향했다. 자신을 향해 씩 웃곤 하던 모습이 떠올랐다. 자기와는 무관한 일들이 바로 앞에서 벌어지는 것 같았다. 김범은 그의 죽음의 의미를 20년에 걸쳐 묻고 또 묻는다. 그러던 어느 날 예수의 목소리가 들렸다.

"무리 속으로 들어가라. 하늘나라가 거기에 있다."

김범은 조성만이 예수의 뜻을 좇아 무리의 삶 속으로 뛰어들었음을 깨달았다. 하늘로 오르듯 치솟은 명동성당 건물 옥상에서 민중들의 땅을 향해, 민중 속으로 뛰어든 것이었다.

민중 속으로.

민중 속으로.

그는 민중 속으로 들어가지 못했다. 결혼 후 현실을 좇아갔다. 유명한 게임회사에 취직했다. 이후 게임회사를 설립했다. 곧이어 게임산업이 폭발적으로 성장했다. 오로지 일에 미쳤고, 인정받았다. 게임업계 성장의 물결에 동승했다. 짧은 기간 회사는 놀라운 속도로 성장했다. 젊은 나이에 그는 성공한 CEO가 되었다. 최고급 외제 승용차를 몰았고, 운전기사를 두었다. 혁명을 꿈꾸던 시절이 덧없어 보였다.

몰락은 한순간에 다가왔다. 승용차 안에서 부도를 확인하는 마지막 전화를 받았다. 파국은 연달아 왔다. 이혼을 하고 짐을 꾸렸다. 서울을 떠났다. 아무런 연고가 없는 곳을 찾아 제주도에 도착했다. 빈

집을 빌려 1년 동안 아무것도 하지 않고 지냈다. 그는 자신이 너무도 무기력한 존재였다고 고백했다.

마을과 가까운 함덕해수욕장을 돌아다니며 쓰레기를 줍기 시작했다. 매일 쓰레기를 줍는 그를 눈여겨본 사람들이 하나둘 말을 걸어왔다. 지독한 외로움에서 조금씩 벗어났다. 쓰레기를 주우며 그는 살아온 날들을 사람들에게 들려줬다. 이야기를 들은 사람들은 곧 그의 친구가 되었다.

그가 살고 있는 제주도를 찾아갔을 때 그는 제주대학교 연구원으로 지내고 있었다. 그는 "욕심 부리지 않고 소박하게 살고 있다"고 말했다. 아직 조성만을 잊지 못했는지 그는 기억들을 제대로 떠올리지 못했다.

가장 많은 기억들을 들려줄 사람이라고 소개받았지만 그는 가장 적은 얘기만 들려주었다.

김만곤

조성만의 선배 · 가톨릭민속연구회 회원

김만곤은 조성만이 떠난 후 학교에 갈 수 없었다. 자취방에도 들어가지 못했다. 몇 달 동안 친구들 하숙집을 전전하며 방황했다. 자취방에 돌아오니 고무대야에 넣어둔 빨래에 곰팡이가 피어 있었다. 밥솥 안에도 곰팡이가 핀 까만 밥이 들어 있었다.

그는 몇 년 후 제14대 국회 비서관으로 일했다. 그 후 미국 유학을 떠나 로스쿨에 입학했지만 학업 도중 암에 걸려 3년 동안 투병 생활을 한다. 그는 기억력이 뛰어난 사람이었지만 항암제의 후유증으로 살아온 많은 일들의 기억이 지워졌다. 하지만 조성만에 관해서는 대부분 선명하게 기억하고 있었다.

군 제대 무렵 김만곤은 조성만과 같은 결단을 했다. 그러나 그는 오랜 번민 끝에 살아 싸울 것을 다짐했다. 그래서 그는 조성만이 결단 후 자신과 얘기를 나눴으면 떠나지 않았을지도 모른다고 말했다.

그는 김경곤에게서 오래전 들은 이야기를 전해주었다. 조성만은 죽기 전 신부를 찾아가 고해성사를 하며 일생 동안 저지른 잘못과 죄를 회개했다고 한다. 김경곤은 그 내용이 죽음과 관련된 것이라고 짐작했다. 비밀에 부쳐지는 고해성사 내용을 알 길이 없다.

김만곤은 청와대에서 다시 만나게 된 동시대인들을 보면서 모두들 순수함을 많이 잃었다고 생각했다. 그래서 자기 정화의 시간을 갖기로 했다. 이 생각은 '인간을 사랑하고자 했던' 조성만의 마음을 16년이 흐른 후 되새기면서 갖게 된 것이다.

김만곤은 노무현 정부 시절인 2004년 봄, 영구 귀국해 청와대 소속 위원회에서 비서관으로 활동했다. 현재 그는 바이오산업 계통의 중소기업에서 이사로 일하고 있다.

그는 조성만의 죽음의 의미를 지금도 묻고 있다.

서광석

조성만의 선배 · 가톨릭민속연구회 회원

조성만을 각별히 아꼈던 서광석은 조성만의 삶과 뜻을 간직하기 위해 연극 〈봉선화〉를 만들어 그를 부활시킨다. 〈봉선화〉는 1991년 세미예술극장(지금의 아리랑소극장)에서 공연했다. 그가 극본을 쓴 이 작품엔 마지막 빨치산 정순덕(극중 이름 정순옥)과 김만곤, 조성만이 등장한다.

김만곤이라는 이름의 한 수배 노동자가 어느 수녀원에서 운영하는 요양원에 몸을 의탁한다. 그곳에서 정순옥이라는 할머니를 만난다. 김만곤은 요양원의 지루한 일상에 답답해한다. 현장의 동료들을 생각하며 일상을 보내던 어느 날 텔레비전 뉴스를 보고 있었다. 대학생 한 명이 명동성당에서 자살했다는 소식이 나왔다. 원장 수녀가 말한다.

"무슨 생각으로 저런 일을 했을꼬? 가톨릭 신자면 자살이 하느님께 어떤 죄악인지 잘 알 텐데."

그동안 한마디 말도 없이 조용히 지내던 정순옥 할머니가 평소와 달리 목소리를 높인다.

"과연 그럴까요?"

원장 수녀에게 대거리하는 할머니를 본 김만곤은 그녀에 대해 궁금증을 갖게 된다. 그는 정순옥 할머니와 대화하다가 알려지지 않은 빨치산의 역사를 듣게 된다. 이야기는 과거로 거슬러 올라가 지리산을 배경으로 빨치산의 투쟁이 펼쳐진다. 빨치산 동지들이 토벌대에 의해 사살되면서 연극은 막바지에 이른다. 할머니는 빨치산 시절 아기를 사산한 적이 있었다. 옛 이야기를 마친 할머니가 석양 노을을 바라보며 말한다.

"나는 조성만이라는 학생이 언젠가 내가 한번쯤 품어본 자식인 것 같아. 내 품 안에 있었던 내 새끼인 것만 같아."

이 대사와 함께 무대가 어두워지고 막이 서서히 내려온다.

호주리

조성만의 후배 · 가톨릭민속연구회 회원

호주리는 신문을 읽던 중 조성만의 소식을 접했다. 그녀는 조작이라고 생각했다. 박종철이 그랬던 것처럼 누군가가 그를 죽였다고 생각했다. 그녀는 신문기사를 읽으며 엉엉 울었다.

결혼 후 아들 '해방이'를 키우며 주부로 지내던 호주리는 취미로 에어로빅을 배웠다. 에어로빅이 적성에 맞았다. 댄스계에서는 만년의 나이인 20대 중후반에 데뷔한다. 재즈댄스를 배우고 나서 힙합으로 건너간다. 가톨릭민속연구회 활동 당시 그녀는 다른 회원들이 장구를 선호하는 데 반해 북 치는 것을 좋아했다. 북소리만 들어도 설레었다. 북을 잡으면 그 신명이 그녀를 이끌었다. 힙합은 북 장단과 기본 리듬이 비슷해 금세 적응할 수 있었다. 리듬댄스인 점도 비슷했고, 힙합이 뒷골목에서 시작된 것처럼 명동에서 배운 우리 가락도 특별한 자리가 아닌 민중들 삶의 문화였다.

호주리는 조성만의 죽음을 계기로 삶 앞에서 도망가지 않겠다고 약속한다. 그녀에게 조성만은 삶으로부터 피하지 않고 당당하게 걸어간 사람이다.

어느 날 그녀에게 시련이 찾아온다. 한밤중이었다. 아파트 13층에서 뛰어내릴 생각이었다. 그녀는 베란다에서 담배 한 갑을 연거푸 피운 후 난간을 잡았다. 그때 명동성당 교육관 4층에서 투신한 조성만이 떠올랐다. 부끄러움이 일었다. 그가 꽃다운 나이에 내던진 삶이 헛되지 않게 잘 살아야겠다고 생각했다.

그녀는 새벽미사를 볼 때마다 조성만을 위해 '죽은 영혼들을 위한 기도'를 올린다.

힙합 댄서로 활동해온 호주리는 현재 재즈댄스 학원을 운영하며 후배들을 양성하고 있다.

김미영
조성만의 후배 · 가톨릭민속연구회 회원

· 결혼한 지 14년이 된 김미영은 남편에게 한 번도 꺼내지 못한 이야기가 있다. 조성만에 관한 기억들이다. 지난 세월은 그를 잊기 위해 노력한 시간들이었다. 명동성당 친구들에게서 전화가 오면 피했다.

"우리끼리 만나면 한 번도 얘기한 적 없어요. 너무 혼란스러웠고요, 저한테는. 그 위에서 얼마나 무서웠을까 생각하곤 했어요."

대학신문사 기자였던 김미영은 취재차 찾아간 명동성당에서 가민연 청년들을 만난 인연으로 함께 활동하게 되었다. 그녀는 그 시절 지하촌에서 나눈 진지한 대화들과 치기 어린 고민들을 값지게 기억하고 있다. 그녀는 종종 자신의 미래를 예비한 하느님의 시나리오가 무엇일까 생각한다.

"인간 김미영의 결정이 아니라 하느님의 각본은 어떤 삶을 살길 바라실까? 하느님이 내게 주신 각본대로 사는 것이 잘 사는 것인데 그게 뭔지 잘 모를 때가 많아요. 형의 죽음의 의미를 잘 모르겠지만 요즘 드는 생각은 결국 모두 시한부 인생이 아닐까 하는 거죠. 인간은 누구나 정해진 시한부 삶을 살다가 떠나는 것인데, 하느님의 뜻이 무얼까 생각해요. 죽음은 먼 이야기라고 생각했는데, 아주 가까이에 있는 것 같아요. 형은 형에게 주어진 각본대로 하느님이 주신 십자가를 짊어지고 갔고, 그게 형의 길이었다고 생각해요. 그럼 저의 길은 무엇일까, 하느님은 우리가 어떻게 살길 바라실까 고민해요."

그녀는 아직도 하느님이 뜻이 무엇인지 잘 모르겠다고 한다. 어린 시절 보았던 〈TV문학관〉을 김미영은 기억하고 있다.

"어떤 도둑이 마을에서 금을 훔치고 살인을 해요. 그게 두렵고 힘들어서 신부님께 고해성사를 했어요. 신부님은 그 사람이 범인인 걸 알았죠. 마을에서 범인을 찾으려 하고 수사 범위가 좁혀져요. 그때 신부님이 자기가 범인이라고 자백해요. 그래서 마을 사람들로부터 손가락질을 받고 쫓겨나요. 그걸 보면서, 하느님이 뭐기에, 신부님이 옷 벗는 건 죽음 같은 것인데 자신이 죄를 짊어질까 생각했어요.

눈 오는 날, 그 범인이 성당 마당의 눈을 쓸던 마지막 장면이 떠올라요. 하느님과 신앙이 뭐기에 한 사람이 목숨까지 바칠 수 있을까? 성만 형이 하느님의 뜻을 따라 하늘나라로 갔잖아요. 저는 잘은 모르지만 신앙이라는 게 목숨과 같은 것이구나 하는 생각이 들어요. 성만 형은 내가 하느님 손바닥 안에 사는 사람이라는 걸 알게 해준 사람이에요. 드라마 속의 신부님과 함께 하느님의 뜻이 무언지 계속 묻게 하는 사람이에요."

신혜진
조성만의 명동성당 후배 · 가톨릭청년문학연구회 회원

"가끔 눈에 띄는 얼굴이 있었는데 되게 잘생겼어요. 영화배우 뺨치게 잘생겼거든요. 그래서 그가 누군지 궁금했어요."

명동성당 청년단체연합회(명청)의 '가톨릭청년문학연구회'에서 활동한 신혜진은 조성만의 첫인상을 이같이 말했다. 활동하는 단체가 달라 조성만과 함께한 적은 많지 않지만 '조성만 사건'은 그녀의 인생을 지배하는 하나의 기억이었다.

조성만이 할복 투신하던 날, 그녀는 그가 땅 위로 떨어지는 모습을 현장에서 바라보았다. 눈앞에서 벌어진 일이라는 걸 믿을 수가 없었다.

"그런 결심을 했을 거라곤 상상할 수 없는 참 착하게 보이는 인상이었거든요. 얘기 나눌 때의 느낌이 운동하는 사람 같지 않고 부드러운 분위기였어요. 구호적인 얘길 하지 않았고요. 사실 그 일이 있고 난 후 좀 즉흥적이지 않았나 하는 부정적인 생각이 강했어요."

신혜진은 조성만 사후 그의 삶과 행동이 영웅적으로 미화되는 것을 참을 수 없었다고 한다. 그가 자신의 결단과 신념과 뜻을 명동의 청년들에게 설득하지 못했다는 면에서 회의적이었다. 조성만에게 '열사'라는 호칭이 붙여졌다. 열사는 먼 사람들에게 붙여지는 호칭이었다. 동의할 수 없는 죽음이었고, 의문을 남긴 채 조성만이 열사가 되었다고 생각했다. 이해할 수 없고 받아들일 수 없는 죽음이었다.

동시에 조성만에 대한 기억은 부채감으로 남게 되었다. 학원 강사로 일하던 중 어느 날 여의도에서 집회가 열렸다. 그녀는 집회에 참여했다. 그날 농민 전용철이 죽었다. 그로부터 일주일 전 조성만 추모제가 열렸다는 것을 우연히 알게 됐다. '내가 이렇게 살면 안 되지'라는 생각을 했다.

"아무것도 잡히지 않은 상황에서 10년 넘게 소시민으로 살았으니 이제 무엇을 해야 하나? 그러다가 찾아간 곳이 명동성당이었어요. 성모동산 둘러보고 혼자 생각하다가, 그때 강하게 떠오른 이미지가 성만 형이었어요. 내가 사는 모습이 이런 모습은 아니어야 한다는 생각을 하게 해준 것이 성만 형의 죽음이었어요."

백무정

조성만의 해성고 3학년 담임교사

가톨릭 재단인 해성고등학교에는 조성만 추모비가 세워져 있다. 해성고등학교에서는 조성만에 대한 추모기도로 학교 행사를 시작한다.

조성만의 담임이었던 백무정은 윤리교사다. 그는 수업 중 통일에 관한 내용이 나오면 조성만을 떠올렸다. 그때마다 자랑스럽게 말했다. "내 제자 가운데는 열사가 있다. 통일의 염원을 갖고 살았던 너희 선배이다. 너희들도 알다시피 그 이름은 조성만이다. 이렇게 훌륭한 선배가 이 학교를 다녔다. 분단의 현실이 우리 민족에게 얼마나 고통스런 일이냐? 너희들은 전후 세대로 실감이 나지 않겠지만 전쟁을 겪은 세대들에겐 절실한 것이다. 눈앞에 있는 이익만 추구하지 말고 소아적인 시각으로 세상을 보지 말고, 넓고 크고 멀리 세상을 보는 안목을 갖는 학생이 되어라."

백무정은 텔레비전을 시청하던 중 제자가 추락하는 모습을 본다. 이튿날 교장의 허락을 받고 혼자 서울에 올라갔다. 김명원을 비롯해 3학년 8반 학생들이 많이 찾아왔다. 모여 앉아 함께 울었다.

장례 기간 중 그가 잊지 못하는 기억이 있다. 운구차가 광주 시내에 도착했을 때였다. 많은 시민들이 조성만을 기다리고 있었다. 길 양편에서 시민들은 그가 탄 버스를 따라 장지까지 걷고 뛰며 함께 왔다. 시민들이 너무 많아 버스에 태울 수 없었다. 그 행렬이 장엄했다. 목이 메었다. 감격의 눈물줄기가 멈추지 않았다. 그는 조성만의 이름을 부르며 버스 안에 있는 제자들을 얼싸안고 통곡했다.

백무정은 그동안 조성만에 관한 인터뷰를 거절했다. 누군가 사랑했던 제자에 대해 물어보면 눈물부터 나오고 마음이 힘들었기 때문이다. 현재 교직에서 은퇴한 그는 23년 전의 얘기를 들려준 후 붉어진 눈시울로 돌아섰다.

김명원

조성만의 해성고 친구

조성만과 야구를 함께 하던 고등학교 친구들은 해마다 5월이면 망월동 묘역을 찾아가 참배를 했다. 김명원은 조성만의 죽음을 여전히 이해할 수가 없다.

"학생운동과 상관없던 친구가 죽고 말았는데, 내가 볼 때는 부담감과 책임감이 커서 그랬던 것 같아요. 그 사람들(명청)이 죽였다고밖에 생각이 안 들어요. 그렇게 죽는다고 통일이 되는 거냐고요."

1988년 5월 15일, 그는 소식을 듣고 백병원으로 향했다. 아들을 잃고 망연자실한 어머니 김복성을 바라보았다.

"아이고 명원아! 우리 성만이를 누가 죽였냐?"

어머니의 울음은 울음이 아니었다. 피눈물이고 통곡이었다. 너무도 슬프게 우는 김복성을 보면서, 자식이 부모보다 먼저 죽는 것은 불효라는 것을 몸서리치게 깨닫게 되었다.

"어머니 우는 모습에 너무 마음이 아파서 성만이 죽음에 대해서는 안타까운 게 전혀 없어요. 걔가 무슨 열사예요? 부모님 가슴에 못을 박고 갔으면서……."

그 뒤 김명원과 고등학교 친구들은 조성만의 집 근처에 '얼씬도 하지 않았다'고 한다. 자신들이 가면 아들 생각이 날 거라는 걱정 때문이었다.

김명원은 10년 동안 '마음수련'을 하고 있다. 기억을 버리는 수련이다. 그래서 조성만에 대해 남은 기억이 없다고 했다.

조재성

조성만의 큰형 · 전주 두란노교회 담임목사

동생이 떠나간 그날, 형 조재성은 경북 경산의 201 특수부대에서 병장으로 근무 중이었다. 몇 달 후면 제대였다. 1988년 5월 15일, 훈련을 마친 저녁시간이었다. 내무반에서 텔레비전을 보고 있을 때 한 대학생이 추락하는 모습이 보였다. 추락한 학생은 동생과 이름이 비슷했다. 그런데 화면에 나온 사진 속 인물은 동생의 모습이었다.

그는 소대장에게 동생의 소식을 전하고 휴가를 요청했다. 하지만 부대에서 휴가를 허락하지 않았다. 다음 날, 평화민주당 김대중 총재의 도움으로 2박 3일의 휴가를 갈 수 있었다. 사회에 큰 관심이 없던 그는 동생이 무슨 뜻으로 그런 일을 했는지 알 수 없었다. 장례 기간

내내 자리를 지킨 당시 서울지역출옥자동지회(서출동) 의장 이부영이 그의 손을 잡으며 말했다.

"동생이 훌륭한 일을 했습니다. 이러한 희생으로 앞으로 통일의 기틀이 마련되고, 통일이 될 것입니다. 제 인생에도 전환점이 되었습니다."

군인인 그는 전투경찰들이 도열한 명동성당의 풍경을 이해하기 어려웠다. 이부영의 말을 고스란히 받아들일 수 없었다. 그래도 헛된 죽음은 아니라는 말이 위로가 되었다. 어머니 김복성을 찾아온 낯선 사람의 말도 위로가 되었다.

"저는 전남에서 왔는데, 제 아들은 교통사고로 죽었어요. 그런데 아드님의 죽음은 얼마나 귀하고 값진 죽음입니까? 그러니 너무 가슴 아파하지 마세요."

그는 동생에 대해 많은 것을 몰랐다는 것을 깨달았다. 독실한 크리스천인 그는 '같은 하느님을 믿으면서도 이렇게 다르구나. 내가 믿는 하느님과 동생의 하느님이 다르구나' 라는 생각을 했다. 오랫동안 동생의 죽음은 그에게 이해할 수 없고 용납할 수 없는 것이었다.

조재성이 귀대한 후부터 군 보안대에서 동향을 살피고 가곤 했다. 그는 신부가 되겠다는 동생을 말렸던 일을 후회했다.

"그땐 나도 내가 목사가 되리란 생각을 못했죠. 지금 동생이 다시 묻는다면 '너 원하는 대로 신부가 돼라' 하고 싶어요. 성만이가 살아 있다면 신부로서 다른 사람을 품어주고 함께 울어주는 삶을 살았을 거예요. 동생이 신부 옷을 입고 있는 상상을 하면 참 잘 어울린다는 생각이 들어요. 나는 목사로, 동생은 신부로, 이렇게 성직자로 동행하는 삶을 살 수 있었을 텐데……. 동생은 예수님의 삶을 따라가려고 무던히 애썼고, 죽음까지 예수의 모습 그대로였어요."

현재 조재성은 전주 두란노교회의 담임목사로 목자의 길을 가고 있다. 조재성이 직장을 나와 신학대학에 다닐 때 아버지 조찬배가 제안했다.

"우리가 종교를 하나로 합칩시다. 큰아들과 신앙생활을 함께합시다."

그 후 절에 다니던 어머니 김복성은 큰아들의 교회에 함께 다니고 있다.

조성환

조성만의 동생

조성환은 형이 떠난 후 그림을 그리면서 세월을 견뎠다. 그림을 그리면 다른 생각이 들지 않았다. 혼자 몰입할 수 있는 유일한 것이 그림을 그리는 일이었다.

1991년, 그는 대학생이 되었다. 그해 봄, 강경대의 죽음을 접했다. 그해에 많은 이들이 열사가 되었다. 그는 그 일로 겪을 가족의 고통을 생각했다. 누구보다 간절히 죽음이 멈추길 바랐다.

세월이 지나 조성환이 아쉬워하는 것이 있다. 형에 대한 이야기를 가족들이 나누지 않고 지낸 일이다. 돌이켜보면 형에 대해 많은 얘기를 하면서 서로를 보듬고 안아주었어야 했다. 세월이 흘러 가족들의 상처는 조금씩 아물었지만 그 자국은 그대로 남아 있다.

조성환은 형의 죽음을, '자기 삶을 버려서라도 사랑할 수밖에 없었던 사랑'이라고 정의한다. 그래서 망설임 없이 떠난 것이라고 생각한다. 그것은 형이 선택한 최선의 사랑이었을 것이다. 조성환은 형이 최선을 다해 실천한 것처럼 자신도 최선의 사랑을 실천하며 살고 싶은 바람을 갖고 있다.

박준

가수 · 명동성당 청년단체연합회 전례연구회 회원

명동성당 들머리를 생각하면 떠오르는 가수가 있다. 수와진, 그리고 박준이다. 수와진이 심장병 아이들의 가수로 알려지기 전인 1985년에 박준은 명동성당 앞에서 노래를 불렀다. 한 아이에게 곰 인형을 사주고 싶어서였다.

박준은 신촌 세브란스병원에 병문안을 갔다가 이 심장병 어린이를 만났다. 심장에 여러 가지 병을 갖고 있던 이 아이는 숨을 가쁘게 쉬고 있었다. 그가 다가가서 이름을 물었다. 이주현이라는 아이였다. 다섯 살의 아이는 인생을 다 산 것 같은 얘기를 많이 했다.

주현이가 말했다.

"왜 추울 때만 사람들이 와서 뭘 주고 가는지 모르겠어요."

그는 이 말에 충격을 받았다. 미안한 마음에 아이에게 물었다.

"넌 뭘 갖고 싶니?"

"숨을 안 쉬고도 항상 밝게 웃는 곰 인형을 갖고 싶어요."

그는 이때부터 심장병에 대해 공부를 했고, 크리스마스에 맞춰 곰 인형을 선물하기 위해 성당 앞에서 노래를 부르기 시작했다. 하지만 주현이는 크리스마스가 오기 전에 곰 인형을 받지 못하고 하늘나라로 떠났다. 현재 신부가 된 전종훈과 함께 그도 사제가 되기 위해 신학대를 준비하던 시절의 일이었다.

그리고 3년 후 같은 자리에서 노래를 하고 있을 때였다. 사이렌이 울렸다. 노래하다 말고 고개를 돌렸다. 처음엔 '광주민중항쟁 계승 마구달리기' 행사 출발을 알리는 신호음인 줄 알았다. 구호 소리가 생생하게 들려왔다. 옥상 위의 조성만은 유서를 들고 있었다.

몇 시간 전, 같은 자리에서 노래하던 박준은 성당 마당에서 조성만을 만났다. 청년들이 모여 몸풀기 운동을 하고 있을 때였다. 조성만은 무언가를 손에 쥐고 가만히 서 있었다. 그게 유서라는 것을 나중에야 깨달았다. 박준은 유서를 들고 서 있던 그의 모습을 잊을 수 없다.

"그가 떨어진 그 자리에 가면 죄스러워. 조성만이라는 세 글자는 항상 나와 함께 있어. 내 인생에서 예수라는 인물은 신앙의 중심이고 시작이고 끝이야. 성만이의 죽음이 신앙적으로 나에게 준 것이야."

박준은 조성만 장례식 때의 유인물과 사진을 현재까지 모두 간직하고 있다. 현재 명동성당 앞에선 매주 연영석, 이썬, 꽃다지, 처절한 기타맨 등이 와서 함께 노래를 부르고 있다. 명동성당 들머리의 터줏대감 박준은 말했다.

"나는 여기가 제2의 고향이야."

정윤경

꽃다지 음악감독 · 노래 〈조성만〉 작곡자

중학교 때부터 기타를 치면서 가수를 꿈꾸던 소년은 청년이 되었을 때 손에 화염병과 쇠파이프를 들고 있었다. 그가 명청의 '신새벽' 회장으로 활동하고 있을 때 조성만은 가민연 회장으로 자주 만났다. 조성만이 공정선거감시단원일 때 그는 은평구청 공정선거감시단원이었다. 구로구청 사건 후 만났을 때 조성만은 경찰서에서 거꾸로 매달린 채 고문당하고 구타당했다는 얘길 들려줬다.

조성만이 떠나기 전 5일 동안 정윤경은 희한하게 가는 곳마다 조성만을 만났다. 조성만은 옆 테이블에서 술을 마시는 그에게 부탁했다.

"윤경아, 노래 좀 불러줘."

평소 그런 부탁을 하지 않는 형이라 그는 즉석에서 〈부활하는 한반도〉와 〈죽창가〉를 불렀다. 조성만이 요청한 곡이었다. 그의 노래를 조성만도 술집 손님들도 따라 불렀다.

1988년 5월 15일. 정윤경은 5월 문화제 공연을 준비하고 있었다. 한창 노래 연습을 하고 있을 때 조성만이 그에게 다가왔다. 얼굴 표정이 기쁨으로 상기되어 있었다.

"윤경아, 좋은 일이 있어."

"무슨 일인데 그렇게 기뻐해요?"

"드디어 우리 신문이 나왔어."

"우리 신문?"

그날은 〈한겨레〉 창간일이었다. 조성만은 지하철에서 〈한겨레〉 창간호를 사서 봤다며 흥분을 감추지 않았다.

그리고 시간이 지나 연습 도중 바람을 쐴 겸 성당 마당에 나와 있을 때였다. 누군가 구호를 외치는 소리를 들었고, 조성만이 서 있는 것을 보았다. 그 후는 공황상태였다. 그가 다가갔을 때 조성만의 몸은 척추가 부러져 구부러진 상태였다. 칼로 그은 배에서는 피가 쏟아져 나오고 있었다.

정윤경은 멍한 상태로 연습실에 들어가 다시 노래를 불렀다. 노래를 부를 때 울음이 터지기 시작했다. 한번 터진 눈물은 노래가 그친 후까지 흘러내렸다.

조성만을 추모하는 노래는 세 곡이 있다. 한 곡은 신새벽의 송현주가 만든 노래이고, 또 한 곡은 정진희가 만들고 정윤경이 부른 〈한 입의 아우성으로〉이다. 세 번째 추모곡은 1999년 정윤경 1집 음반에 실린 〈조성만〉이라는 노래다. 가사 마지막 구절이 슬프다.

그대, 너무 서러워 마요. 어차피 인생이 그런걸
떠나간 사람, 지나간 일일랑 그저 세월에 묻혀 가는걸

"성만 형을 생각하면 서글프단 생각이 들어요. 운동했던 사람들이 잘 늙어가서 버텨주면 그때보다 나은 세상이 되지 않을까 생각했는데……. 세상을 못 바꾸더라도 잘 늙어가는 게 도리라고 생각했어요. 하지만 많은 이들이 떠났죠. 이 사람들과 함께라면 세상을 바꿀 수 있겠다 생각했는데 내가 믿었던 사람들이 권력에 빌붙으면서 나도 힘이 빠졌어요. 그래도 80년대를 돌아보면 참 좋았다는 생각이 들어요. 그땐 살벌하고 힘들었지만, 감히 세상을 바꾸겠다는 꿈을 안고 살았거든요."

이원영

조성만의 명동성당 청년단체연합회 선배이자 서울대 자연대 선배

이원영의 서울대 자연대 후배 중에 '열사'의 이름으로 남은 사람은 세 명이다. 김세진, 조정식, 조성만. 그는 다른 두 사람과 달리 조성만이 사람들에게 잊혀가는 것이 안타까워 지난 20여 년간 추모행사를 이어왔으며 나도은과 함께 '성만사랑'의 대표를 맡고 있다.

신·구교 연합단체인 애국크리스천청년연합(애청)은 1989년 5월부터 조성만 추모사업을 진행했다. 그는 애청의 초대 의장이다. 애청이 1998년 해산되면서 끊긴 추도식을 이어받은 단체가 천주교정의구현전국연합(천정연)이다. 2001년 이 단체에서 추모행사를 열 때 이원영의 기획으로 연극을 공연했다. 막이 내리고 조명이 켜지자 울고 있는

이들의 모습이 보였다. 특히 조성만의 어머니가 많이 운 날이었다. 그 후 이원영은 2004년 가톨릭청년포럼, 2007년 '성만사랑'을 만들어 추도식을 이어가고 있다.

이원영이 통일운동의 전면에 나서게 된 데에는 조성만의 죽음이 준 영향이 크다. 그의 인생을 지배하는 문장이 있다.

> 지금 이 순간에도 떠오른 아버님, 어머님 얼굴. 차마 떠날 수 없는 길을 떠나고자 하는 순간에 척박한 팔레스티나에 목수의 아들로 태어난 한 인간이 고행 전에 느낀 마음을 알 것도 같습니다.

조성만의 유서 가운데 마지막 문장이다. 이원영은 이 문장을 되새기면서, 조성만의 죽음과 유서가 독실한 신앙인의 '신앙고백'이었다는 것을 깨달았다. 그는 이 '신앙고백'을 많은 이들이 간직할 수 있게 해달라고 부탁했다.

가톨릭민속연구회

명동성당 가톨릭민속연구회(가민연) 회원들에게 '조성만'이라는 이름은 지금까지도 말해선 안 되는 암묵적인 금기로 남아 있다. 한 존재가 남긴 아픔은 23년이 지난 지금까지 그들에겐 여전히 현재진행형으로 남아 있다.

회원들은 지척에 있는 백병원을 피해 성당으로 오갔다. 조성만이 떠난 후 그들에겐 '예수를 따르는 삶'에 대한 고민이 주어졌다. 회원들은 저마다 그 답을 찾아 떠났다. 가민연과 성서위원회는 정기적으로 2박 3일의 피정을 가기 시작했다. 그리고 품성론에 대한 고민을 논의했다. 회원들은 《노동조합 간부론》 등의 책을 함께 읽으면서 운동가가 가져야 할 품성을 모색했다.

1988년 11월 명청은 조성만을 추모하는 마당극을 올렸다. 가톨릭 신앙인의 참 모습을 주제로 한 마당극이었다. 조성만의 신앙적 고민을 조명하고자 한 시도였다.

이 마당극에는 '기도만'과 '조성만'이 등장한다. '기도만'은 이름 그대로 기도만 하는 기복적인 신앙인에 머무는 사람이다. '기도만'은 하느님이 밥도 주고 빵도 주고 비도 내려주신다면서 기도만 하고 지낸다. 다른 한 사람은 조성만을 모델로 한 신앙인으로, 말을 내세우기보다 묵묵히 신앙을 실천하는 젊은 청년이다.

가민연 회원들이 중심이 된 '성만사랑'은 매년 5월 15일 기일이 되면 추도식과 함께 광주 망월동 묘역을 참배하고 있다. 그를 기억하는 천주교 단체들은 그날의 고통을 기억하기 위해 조성만이 투신한 자리에 표지석을 세우려 하고 있다. 또 조성만의 죽음을 '정치적 순교'로 규정하고, 순교자로 공식 지정할 것을 요구하고 있다. 하지만 주교들의 반대로 이를 현실화하는 일은 요원하다.

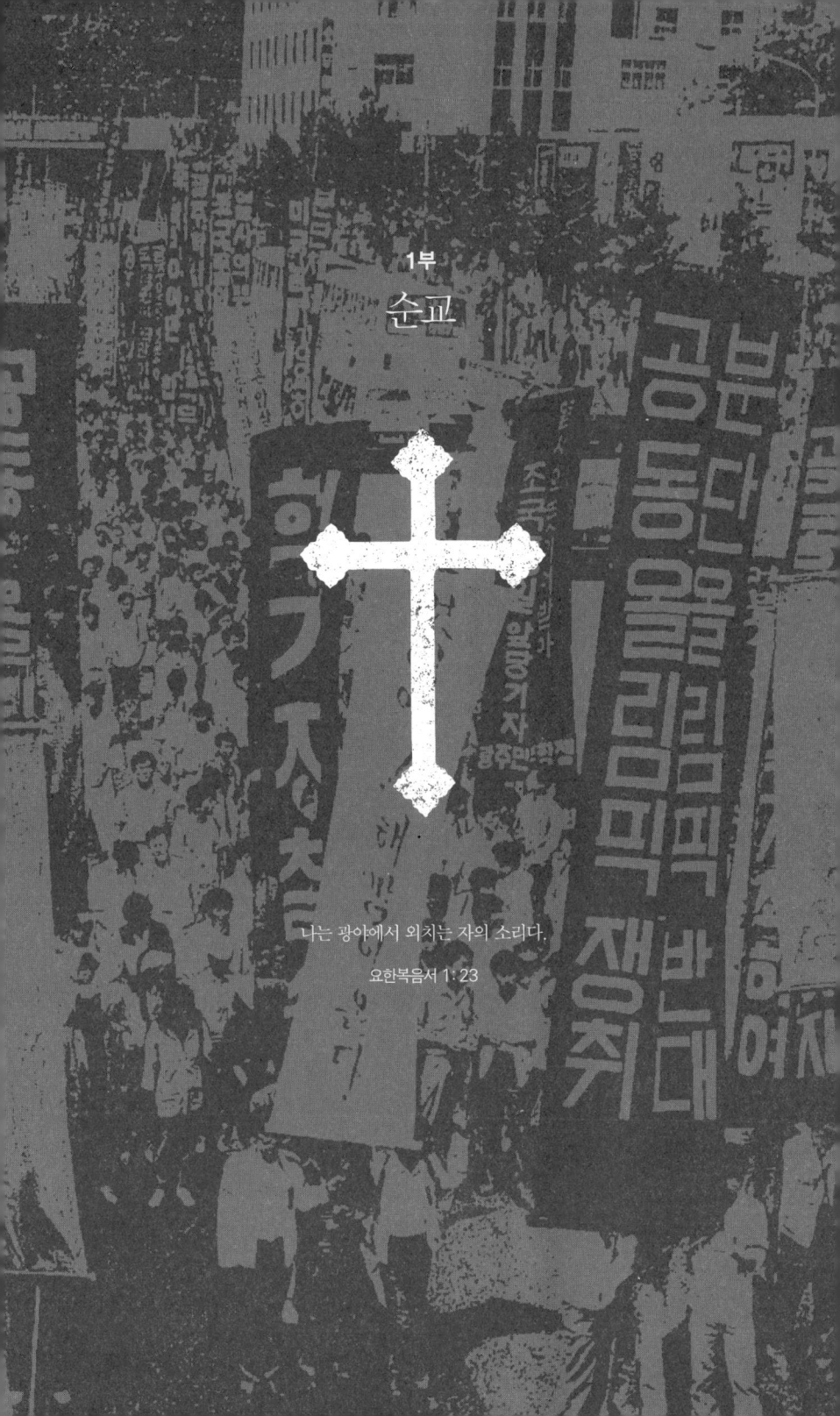

기억나지 않는 이야기 *

1988년 5월 15일 15시 40분.
조성만은 확성기의 사이렌 스위치를 올렸다.
"왜애앵!"
최효성(케오파스,** 당시 명동성당 청년단체연합회 회장)은 운전석 앞유리를 통해 소리가 나는 쪽을 바라보았다. 그는 '광주민중항쟁 계승 마구달리기' 행사를 이끌 선도차량 운전석에 지도신부 김민수와 함께 타고 있었다. 이 차를 그가 운전할 예정이었다.
흰 옷을 입은 한 청년이 4층짜리 교육관 옥상 난간에서 확성기를 들고 있었다. 그 모습은 흡사 명동성당 건물 위에 걸린 '하얀 십자가' 같았다. 위태로워 보였다. 흰 옷을 입은 사람이 조성만인 것을 아는 순간, 그는 무슨 일이 벌어질지 알게 되었다. 이상한 직감이자 확신이었다. 갑자기 머리에 쥐가 나며 통증이 일었다. 그는 외마디 비명을 질렀다.
"안 돼!"

---

* 이 장면은 어렵게 재구성한 것이다. 이날 현장에 있던 사람들은 '기억나지 않는다', '오래전 일이라……', '지금은 다 사라진 기억이라서……' 라고 말했다. 어떤 이는 '현장에 없었다' 고 대답했다. 하지만 그는 현장에 있었다. 이 장면은 누군가 가져가 버린 사라진 기억 속의 이야기다.
** 이름 옆에 괄호로 병기한 것은 세례명이다. 천주교 신자들은 이름 대신 주로 세례명을 부른다.

단말마의 비명과 함께 그는 운전석에서 뛰쳐나갔다. 옆좌석의 김민수 신부에게 얘기할 여유도 없었다. 상황을 파악할 여지도 없었다. 동물적인 감각에 의존할 뿐이었다. 그는 힘껏 뛰었다.

"저놈! 저놈!"

숨 가쁜 상황에서 이 외침만이 반복되었다. 그는 건물 위에서 확성기를 들고 시위하는 사람들을 여러 차례 본 적이 있었다. 하지만 조성만이 서 있는 모습에서는 멀리서도 느껴지는 비장감이 흘렀다. 30미터쯤 떨어진 건물 옥상에 서 있는 모습은 표정까지 너무 선명했다. 자신을 쳐다보는 눈빛까지 느껴졌다. 소름이 끼쳤다. 무조건 잡아야 한다는 생각뿐이었다.

숨이 찼다. 몇 계단씩 건너뛰며 전력을 다해 옥상으로 향했다. 안간힘이었다. 그는 날아오르다시피 계단을 타고 드디어 옥상에 도착했다. 흰 옷을 입은 조성만의 뒷모습이 보였다. 옥상 끝 좁은 난간에 선 그는 무언가를 들고 있었다. 그것에 햇빛이 반사되었다. 최효성은 그것이 칼이라고 생각하지 못했다. 옥상에 오르자마자 그는 소리를 내질렀다.

"야, 인마!"

그리고 난간을 향해 뛰었다. 옥상에서 난간을 향해 몇 발 내디딜 때 조성만의 손에 들린 어떤 물건이 연거푸 오르내렸다.

"성만아!"

그의 목소리가 들리지 않는지 조성만은 뒤돌아보지 않았다.

조성만이 난간 밖으로 발을 내밀 즈음 최효성은 바로 앞까지 도착했다. 불과 한두 걸음 앞까지. 그는 기울어가는 조성만을 향해 몸을 날렸다. 조성만의 몸은 옥상 바깥으로 빠져나갔다. 최효성은 손을 내뻗었다. 발목이 잡히지 않았다. 불과 한 뼘, 불과 한 뼘 차이였다.

 최효성의 몸이 낮은 난간 턱에 퍽 하고 부딪치면서 온몸에 통증이 일었다. 내뻗은 최효성의 손이 비어 있었다. 조성만이 그의 시야에서 완전히 사라졌다. 정신을 차렸을 때 자신의 몸이 낮은 높이의 난간에 걸쳐 있는 것을 알게 되었다. 위험천만한 순간이었다. 최효성의 손에 조성만의 발목이 잡혔으면 두 사람은 함께 죽을 수밖에 없는 상황이었다.

 최효성은 무릎을 세우고 고개를 내밀어 난간 아래를 내려다보았다. 조성만이 한 바퀴 돌며 지상으로 떨어졌다. 2초 남짓한 시간이었다. 2초. 삶과 죽음 사이의 시간이었다. 머리부터 떨어지던 그의 몸은 지상에 떨어지며 쿵 하고 소리를 냈다. 머리가 터지며 나는 파열음이 옥상까지 들렸다. 세포 하나하나마다 소름이 돋아났다. 최효성은 고통스럽게 자신의 머리를 감싸 안았다. 그는 짐승처럼 울부짖었다. 최효성은 다시 계단 쪽으로 뛰었다.

 일간지에 실린 조성만의 투신 장면은 현장에 있던 〈생활성서〉 기자 조용호와 서강대 학보사 기자 최순호가 찍은 것이다. 사진에는 옥상에서 지상을 내려다보는 최효성의 모습도 담겨 있다. 국가안전기획부(안기부)는 이 사진을 확인하고 최효성이 옥상에서 밀어 조성만을 살해한 것이라며 의심했다.

같은 시각인 15시 40분.
달리기를 위해 출발선에서 기다리던 박민정은 사이렌 소리에 고개를 올려다보았다. 교육관 옥상에 한 사람이 서 있었다. 그 사람이 조성만이라는 것을 깨닫는 데는 찰나도 걸리지 않았다. 먼 거리였지만 조성만임을 알 수 있었다.
'어? 형이 옥상에 왜 올라가 있지?'
주변에서 사람들이 웅성거렸다. 누군가 외쳤다.
"성만 형 아냐?"
"성만이다!"
곧이어 확성기를 통해 구호 소리가 들렸다.
"공동 올림픽 개최하여 조국통일 앞당기자!"
"민주인사 가둬놓고 민주화가 웬 말이냐!"
"분단 고착화하는 미국놈들 물러가라!"
구호를 마친 조성만은 손에 들고 있던 유인물을 뿌렸다. 그녀는 이 상황이 행사 프로그램의 하나라고 생각했다. 다른 사람들도 유인물을 뿌리고 구호를 외칠 때까지 조성만이 준비한 1인 시위라고 생각했다. 그는 전에도 여러 차례 시위를 주도할 계획을 세웠지만 회원들이 반대해 무산되곤 했기 때문이다.
잠시 후 조성만이 손에 무언가를 들었다. 그것에 햇빛이 반사돼 반짝 빛났다. 그 순간 박민정은 반짝이는 그것이 칼이라는 생각이 들었다. 그제야 박민정은 공포를 느꼈다. 칼로 배를 가르는 모습이 선명했다. 다른 사람들은 할복 상황을 인식하지 못했다. 조성만은 옥상에서 12미터 아래 차가운 땅바닥으로 떨어져 내렸다. 십자가 하나가 떨어지는 듯했다. 십자가는 지상 위에서 부서졌다.

그가 옥상을 벗어나는 순간 그녀는 주변의 사물이 허물어지는 것을 느꼈다.

'이게 아니야. 이게 아니야. 뭐가 잘못된 거야. 어떻게…… 이게…… 하늘이…… 무너지는구나.'

찰나였다. 한마디도 할 수 없는 시간이었다. 박민정이 픽 하고 땅바닥에 쓰러졌다. 웅성거리는 소리가 들렸다. 사람들이 외치는 소리가 들렸다. 우는 소리가 들렸다. 절규 소리가 들렸다. 명동성당 들머리에서 농성 중이던 민주화실천가족운동협의회(민가협) 어머니들의 울부짖음이 들렸다. 남자들의 목소리가 들렸다.

"빨리 옮겨!"

박민정은 전신의 힘이 쭉 빠지고 온몸이 떨렸다. 사시나무처럼 떨었다. 눈물이 흘러내렸다. 한마디도 할 수 없었다. 옆에 서 있던 전숙란과 회원 한 명이 그녀를 부축했다.

"민정아, 정신 차려!"

전숙란이 그녀를 계속 흔들었다.

"민정이 빨리 데리고 들어가자."

두 사람이 그녀를 부축해 명동성당 문화관으로 데리고 갔다.

"으, 으, 으."

문화관에 눕혀진 그녀는 계속 떨고 있었다. 회원들이 그녀의 몸을 주물렀다. 여전히 그녀는 떨었다. 떨면서 계속 울었다.

사람들이 조성만이 있는 곳으로 모여들었다. 민가협 어머니들과 기자들이 뛰어왔다. 명동성당 청년들은 마구달리기 행사를 위해 대기 중인 차량에 조성만을 싣고 가까운 백병원으로 향했다. 조성만을 태운 차량이 명동성당 들머리를 벗어나려 할 때 마구달리기 행사를 감시하기 위해 도열해 있던 전경들이 앞을 가로막았다.

가장 길었던 5월의 어느 날

15시 45분.

김민수 신부와 최효성은 조성만을 차에 싣고 백병원 응급실에 도착했다.

15시 46분.

의료진은 인공호흡에 들어갔다. 두 사람은 수술실에 들어가 현장을 지켜보았다. 조성만의 머리에서는 계속 피가 흘러내렸다. 잠시 후 문익환 목사, 계훈제, 박용수(민주통일민중운동연합

보도실장)가 도착했다. 박용수는 중요한 사건현장에 맨 먼저 달려와 기록하는 사진가다. 오늘도 소식을 듣고 맨 먼저 현장을 찾아온 것이다.

16시 17분.

민가협 회원 20여 명과 명동성당 청년단체연합회(명청) 회원 백여 명이 백병원 마당에서 정보과 형사를 비롯한 경찰들의 출입을 막고 연좌농성을 시작했다. 청년들은 병원 입구에서 드나드는 사람들의 신원을 한 명씩 확인하며 검문검색을 실시했다.

16시 25분.

담당의사가 조성만의 상태를 설명했다.

"동공이 열려 있고 항문도 열려 있는 상태입니다. 심장만 뛰고 있어요. 90퍼센트 이상 회생 불가능한 상황입니다."

16시 31분.

환자의 상태를 관찰하던 담당의사가 다시 말했다.

"혈압이 완전히 멎지 않았으나 계속 떨어지고 있습니다. 현재 인공호흡 중입니다."

16시 46분.

민가협 회원인 황인옥의 어머니가 실신해 응급실로 옮겼다.

16시 56분.

조성만은 인공호흡기를 단 채 중환자실로 옮겨졌다. 동공은 완전히 열려 있고 수동식 기계로 인공호흡을 시키고 있었다. 중환자실에서 치료가 계속됐다. 민주통일민중운동연합(민통련),

서울지역출옥자동지회(서출동), 민가협, 명청 등의 단체가 모여 '임시대책위원회'를 꾸려 논의했다. 오후 7시에 대책위원회를 만들기 위한 모임을 갖기로 결정했다.

18시 10분.

담당의사가 설명했다.

"심장박동과 호흡이 불규칙적으로 이루어지고 있습니다. 맥박은 겨우 잡힐 정도입니다. 몸이 식어가고 있고 하체가 노랗게 굳어가고 있습니다."

그런데 아까부터 의사가 이상했다. 어디선가 오는 전화를 받더니 자리를 피해 복도에 다녀오곤 했다. 다녀올 때마다 환자의 상태에 대한 진단이 달라지고 있었다. 다시 전화를 받고 온 의사가 말했다.

"뇌사상태라 희망이 없습니다. 인공호흡기를 떼겠습니다."

최효성은 의사를 노려보았다. 담당의가 정부와 소통하고 있다는 의구심을 떨칠 수 없었다. 급박한 치료 상황에서 자꾸 전화를 받는 것부터 어처구니없는 일이었다. 조성만을 살리기 어려운 상황일 경우, 정부 측에선 시간이 길어질수록 불리한 일이었다. 일이 커지기 전에 빨리 인공호흡기를 떼는 게 그들에겐 유리했다. 최효성은 의사의 멱살을 잡았다.

"당신 무슨 소리야? 지금 맥박이 뛰고 있는데 호흡기를 떼라고? 뗄 수 없어!"

"가망 없습니다. 이미 사망한 상태라고 봐야 합니다."

의사가 다시 인공호흡기를 떼려 했다. 순간적으로 거짓말이 떠올랐다.

"애가 독잡니다. 아직 따뜻한 가슴이 남아 있을 때 부모가 확인할 수 있게 해줘요. 지금은 뗄 수 없습니다."

의사가 최효성을 바라보았다.

"호흡기를 떼야 하는 상황입니다."

"뗄 수 없다니까! 부모님이 올 때까지는 안 돼."

실랑이 끝에 의사는 최효성의 주장을 받아들였다. 담당의는 부모가 도착하기 전에는 호흡기를 떼지 않겠다고 약속했다. 뇌사 판정을 받은 상황에서 어머니가 도착할 때까지 조성만은 아직 살아 있는 목숨이었다.

18시 40분.

김민수 신부가 운명 직전의 환자에게 집전하는 병자성사 의식을 거행했다. 의사들은 심부압박을 하며 호흡을 유지시키고, 몸의 습기를 계속 닦아냈다.

19시 20분.

조성만이 숨을 멈췄다. 1988년 5월 15일 오후 7시 20분이었다. 대책위원회는 조성만의 사망을 공식 발표했다. 아직 인공호흡기를 떼지 않은 상태였다.

전주의 부모님과의 연락은 병원 상황을 총괄하고 있는 명청의 나도은이 맡고 있었다. 부모님이 전주에서 출발했다는 소식이 들려왔다.

성당에서 조성만을 실은 차가 떠난 후 명청의 다른 회원들도 백병원으로 향했다. 청년들은 백병원에서 연좌농성에 들어갔다. 명청의 청년들이 경찰의 시신 탈취에 대비해 백병원 주변에서 각목을 들고 경비를 섰다. 민주화운동과 관련한 죽음이 발생할 때면 시신을 뺏어가는 일이 많았다. 조성만의 죽음이 알려지면서 서울 도처의 대학생들이 삼삼오오 병원을 찾아오기 시작했다.

명동성당에 있던 청년들은 기도회를 열었다. 성가를 부르고 구호를 외쳤다. 병원에서 사망 소식이 들려왔다. 청년들의 울부짖는 소리가 도처에서 들렸다.

다음 날 새벽 2시.

전경들이 시신을 탈취하러 온다는 소식이 들려왔다. 청년들은 정부의 시신 탈취에 대비해 각목과 쇠파이프를 움켜쥐었다. 어둠 속에서 저벅거리는 군홧발 소리가 들려왔다. 청년들은 백병원을 지키며 밤을 새웠다. 무서운 밤이었다.

어머니, 당신의 아들

5월 15일 16시 50분.

집에 도착한 어머니 김복성은 다급히 울리는 전화벨 소리를 듣고 수화기를 들었다. 그녀는 전주 팔복동의 작은고모 집에서 열린 돌잔치에 다녀온 참이었다.

"성만이 어머니!"

수화기 너머의 목소리는 몹시 흥분해 있었다.

"저는 성만이 명동성당 친구예요. 계속 전화드렸는데, 무슨 일 있으셨어요?"

"네에, 집안에 먼 일이 좀 있어서 거 댕겨오니라고."

"아버지는 어디 가셨어요?"

중노송동 동장으로 일하는 아버지 조찬배는 동사무소 직원들과 함께 섬진강으로 야유회를 가고 없었다.

"왜 그려? 먼 일 있능가요? 지금 안 계셔요."

"급한 일이 있으니까 아무 말 마시고 서울에 올라오셔야겠어요."

김복성은 그 순간 혹시 아들이 데모하다 다친 게 아닐까 하는 생각이 들었다.

"먼 일인지 내가 알아야 갈 거 아녀요?"

"성만이 형이 조금 다쳤어요. 빨리 오셔야겠어요. 아무거나 타고 올라오세요. 택시 타고 올라오세요. 백병원으로 오시기만 하면 돼요."

김복성은 아들이 병원에 있다는 말에 가슴이 덜컥했다. 전화를 끊고 그녀는 안절부절못하다 고모에게 전화를 걸어 자초지종을 설명했다. 그녀는 혼자 서울에 올라갈 자신이 없었다.

"고모, 내가 혼자서는 못 가겠고 고모랑 같이 가게."

김복성은 급히 외출 준비를 마치고 대문을 나섰다. 작은고모를 기다리며 서 있을 때 구멍가게를 하는 친구 정현순이 다가왔다. 소식을 들은 정현순은 약국에서 청심환을 사왔다. 김복성은 청심환을 씹으며 속으로 말했다.
'이 환약 덩어리가 가슴속의 불안감을 씻어주기를…….'
서울까지 갈 택시비도 친구가 빌려주었다. 정현순은 아들과도 잘 알고 지내는 사이였다. 조성만은 전주에 내려오면 꼭 가게에 들러 인사를 드리곤 했다.
작은고모가 택시를 타고 도착했다. 두 사람은 서울로 향했다. 택시를 타고 가면서 김복성은 생각했다.
'치료하믄 낫겄지. 실력 좋은 의사 선상님들이 수술을 해주고 있을 텐디. 어디를 어찌 다쳤기에 수술을 받어. 아냐, 내가 괜한 걸음 하는 거지. 도착하믄 이 녀석이 씩 웃으며, 엄마, 뭣하러 왔어, 할 거야. 다쳤더라도 며칠만 병원에서 조리하믄 괜찮을 테지. 요즘 의료기술이 얼마나 좋은디……. 많이 다쳤으믄 나를 알아볼까? 근디 워찌 이리 더딜까?'
시간이 좀 더 흐르자 김복성은 다른 생각이 들었다. 작년에 최루탄을 맞고 죽은 이한열 학생도 생각나고 고문받다 죽은 박종철 학생도 생각났다. 두려움과 무서움이 그녀를 지배했다.
'예서 서울이 어디라고 택시를 타고 오란 말여? 그럴 정도로 위급한 일이라는 것이여?'
김복성은 왠지 아들이 혼수상태일 거란 예감이 들었다. 그녀는 택시기사를 재촉했다. 온갖 생각이 한시도 떠나지 않았다.

"기사님, 될 수 있으믄 빨리 가주서요, 빨리 가주서요."

택시 안에서 막막하고 초조한 시간이 흘러갔다. 차창 밖으로 흐드러진 꽃들이 스쳐갔다. 어릴 적 가슴에 안겨 젖을 빨던 갓난이 때의 아들부터, 시장에서 돌아오는 어미를 반겨 골목 저편에서 달려오던 앳된 아들의 모습이 눈에 선하게 떠올랐다. 구로구청 시위 사건 때 퉁퉁 붓고 그을린 모습으로 경찰서 유치장에서 면회하던 모습도 떠올랐다. 그동안 아들을 키운 세월이 창밖 풍경과 함께 주마등처럼 흘러갔다. 옆자리의 고모가 불안해하며 말했다.

"어쩔 거나? 데모하다 다쳤는가 벼, 데모하다 다쳤는가 벼."

차는 어느덧 서울에 도착했다. 사위는 완전히 어두워져 있었다. 서울 지리에 어두운 택시기사가 묻고 물어 가느라 길이 더디었다. 택시가 낯선 서울 거리에 접어들자 그녀는 의지와 다르게 어딘가로 빠져드는 것 같았다. 서울이라는 도시가 마치 깊고 깊은 동굴처럼 느껴졌다.

다시는 돌아오지 못할 곳으로 간다는 생각이 들었다.

21시 20분.

백병원 입구에 다다르니 전경들이 까맣게 병원 전체를 둘러싸고 있었다. 학생들도 많았다. 택시가 다가서자 전경들과 시민, 학생들이 연달아 길을 비켜주었다. 택시를 따라, 사람들로

막혀 있던 공간이 서서히 열렸다. 인파가 택시 앞에서 열리는 모습을 보면서 김복성은 아들이 죽었다고 생각했다. 무섭고 확고한 직감이었다. 세상에서 자신만이 알 수 있는 직감이었다. 데모하다 다친 일로 저렇게 많은 전경들이 병원을 둘러싸고 있을 리가 없었다.

아! 아들이 죽은 것이다.

김복성은 아들의 죽음이 돌이킬 수 없는 현실이라는 걸 알아버린 것이다. 그녀는 서서히 정신을 잃었다. 자신의 숨이 서서히 꺼지고 있었다. 정신을 잃어가는 자신을 향해 말했다.

'이러면 안 되지, 내가 이러면 안 되지.'

그때 차를 에워싼 학생들이 차 문을 여는 소리가 아주 멀리서 들려왔다.

"성만이 어머님이십니까?"

각목을 든 학생들은 주위를 경계하며 다급히 물었다. 학생들의 눈빛이 모든 것을 설명하고 있었다. 그녀는 이 아득한 절망의 순간을 혼자서 맞이한다는 것이 무서웠다. 그 순간 남편의 얼굴이 떠올랐다. 그녀는 혼자 온 것을 후회했다. 남편이 옆에 있으면 아들을 안고서 저승길로 떠날 수 있을 것 같았다. 남편이 옆에 있으면 정신줄을 놓았을 것이다. 분위기를 파악한 고모가 옆에서 울부짖었다. 그 상황에서 택시기사는 택시비를 달라며 성화를 냈다. 사람들의 목소리가 뒤섞여 귀를 찔렀다. 고막이 터질 것 같았다. 김복성은 차 문을 열고 뛰쳐나갔다. 학생들이 그녀의 팔을 잡았다. 도시의 건물과 도로와 사람들이 빙빙 돌았다. 그때 누군가 소곤거리는 목소리가 또렷이 귀에 들어왔다.

"죽은 성만 군 어머니셔."

그 말을 듣는 순간 김복성은 쓰러졌다. 학생들은 그녀를 업고 응급실로 옮겼다. 얼마나 시간이 흘렀을까? 의식을 되찾은 그녀는 주변을 둘러보았다. 병원이었다. 자신이 왜 이곳에 있는지 그녀는 깨달았다. 그녀는 갑자기 침대에서 일어나 신발을 벗어 내던졌다. 그리고 팔을 걷어붙인 후 버럭버럭 악을 질렀다. 고함을 치고 울부짖었다. 이상한 분노의 힘이 전신에서 솟구쳐 올라왔다.

"어떤 놈이 우리 성만일 죽였냐?"

"우리 성만이 죽인 놈 당장 나와!"

응급실을 뛰쳐나온 김복성은 죽 늘어선 병실 밖을 오가며 악을 썼다. 다른 병실에 있던 방문객들이 놀라서 그녀를 바라보았다. 실성한 여자 같았다.

"죽인 놈 나와! 누가 죽였응께 죽었을 거 아녀."

그녀는 정신을 잃은 사람처럼 방방 뛰며 이 병실 저 병실을 뛰어다녔다. 김종백 등 서울에 사는 친정조카들이 뉴스를 듣고 먼저 병원에 도착해 있었다. 김종백이 그녀의 팔을 붙잡았다.

"고모, 고모, 그게 아녀."

김복성이 김종백에게 물었다.

"그럼 어떤 놈이 죽였어?"
"성만이 누가 죽이지 않았어요. 지가 할복했어요."
김복성은 그 말을 믿지 않았다.
"누가 우리 아들을 이렇게 다치게 했냐? 어느 놈이 우리 아들을 이렇게 했냐?"
멍하니 서 있던 그녀는 그제야 정신이 든 듯 갑자기 아들을 찾았다.
"우리 성만이 어딨냐? 성만이 얼굴 봐야지 않겠냐?"
김종백이 어딘가를 다녀왔다. 김복성을 관찰하던 병원 관계자가 말했다.
"어머니가 가서 난리를 치실 거면 보여줄 수 없습니다. 난리 치지 않고 조용히 하실 수 있으면 들여보내 주겠습니다."
아들의 얼굴을 보여준다는 말에 김복성은 정신이 또렷해졌다.
"그럼 내가 조용히 가서 우리 애기만 보겠습니다."
김복성은 안내하는 사람과 함께 병실로 향했다.
시체가 나왔다. 그녀는 아들을 내려다봤다. 가슴 아래는 흰 가운에 덮여 있었다. 흰 가운 아래 칼에 깊숙이 파인 아들의 배가 감춰져 있었다. 아들은 눈을 허옇게 뜨고 있었다. 고등학교 3학년 시절, 입시 준비를 하며 책상 앞에서 밤을 새우다 지쳐 잠든 아들의 모습이 떠올랐다. 그때의 모습처럼 아들의 얼굴은 창백했다.

김복성은 아들이 "엄마!" 하고 한 번 불러보지도 못하고 외롭게 혼자서 죽어갔다는 생각에 목이 메었다. 일찍 달려오지 못한 자신이 한스러웠다. 그녀는 아들의 얼굴에 자신의 볼을 비볐다. 아들의 볼이 차가웠다. 그녀의 눈엔 죽은 조성만이 아닌 이제 막 세상에 나온 어린 아기의 모습이 보였다.

"아가, 아가, 엄마 보고 자퍼서 눈을 못 감았어? 엄마 여기 왔어. 우리 애기 눈 감어야지."

김복성의 볼과 조성만의 볼 사이로 눈물 줄기가 흘러내렸다. 김복성은 아들의 젖은 볼을 손으로 닦아주었다. 아들의 볼에서 얼굴을 떼지 못하고 머리를 매만졌다. 그녀는 눈 뜬 채 죽어 있는 아들의 눈을 감기려 눈꺼풀을 쓸어내렸다. 하지만 눈이 감기지 않았다. 외마디 통곡이 병실에 울렸다.

"아가, 아가, 왜 눈을 못 감냐, 응? 눈을 감어야지. 엄마 보고 자퍼서 눈을 못 감았어? 우리 애기 이제 눈 감어. 이렇게 예쁘게 생겨갖고 왜 눈을 못 감고 있냐. 눈 감아야지. 왜 눈을 뜨고 있냐? 먼 한이 있어서 니가 눈을 뜨고 있냐? 멀 보고 있는 거여?"

조성만의 얼굴은 김복성의 눈물로 범벅이 되었다.

"엄마 얼굴 봤으니까 우리 애기 이제 눈 감어야지, 응? 안 그르냐? 엄마가 니 한 풀어줄 텡께 지발 눈 감어. 부탁이여."

그 말을 하고 난 후 다시 김복성이 눈꺼풀을 쓸어내렸다. 이번엔 거짓말처럼 눈이 감겼다. 한을 풀어준다는 말에 눈이 감긴 것이다. 조성만은 비로소 눈을 감았다. 옆에 서 있던 외국인 신부가 그녀를 위로했다.

"하느님 품으로 편안하게 돌아가셨습니다."

김복성은 그 말이 '원수를 잊어라'라는 뜻으로 들렸다. 그럴 수 없었다. 자식을 죽인 놈을 잊을 수는 없었다. 그녀는 누군가 아들을 죽인 것이라고 확신하고 있었다. 데모하는 학생들이 곤봉에 맞아 죽고, 고문당해 죽는 일이 많다는 것을 그녀도 알고 있었다. 그녀는 갑자기 고개를 쳐들었다. 그리고 버럭 소리를 질렀다.

"내 자식 죽인 놈 냉큼 나와!"

그녀의 눈빛은 자신의 것이 아니었다. 동공에 핏발이 서고 입술이 파르르 떨렸다. 증오심으로 전신이 떨리고 있었다. 눈에 보이는 모든 사람들이 원수로 보였다. 그 손에 칼이 쥐어져 있으면 누구라도 죽일 수 있을 것 같았다. 죽이고 싶고 죽고 싶은 마음에 닥치는 대로 치고, 차고, 때리고, 욕설을 퍼부었다. 김복성은 옆에 서 있던 김명원의 멱살을 휘어잡았다. 김명원이 울먹이며 말했다.

"성만이 어머니, 성만이는 자살했어요!"

그녀는 멱살을 풀지 않은 채 도리질 쳤다. 김명원이 다시 말했다.

"어머니, 참말이에요."

그 말을 듣자 온몸의 힘이 풀리며 끝 모를 절망이 엄습했다.

천 길 낭떠러지에서 자신이 떨어지고 있었다.
"지가 할복을 해? 지가 할복을 했구나. 애기가 할복했구나."
아들이 자살했다는 말을 듣고 김복성은 다시 실신했다. 사람들은 쓰러진 그녀를 부축해 응급실로 옮겼다. 김복성이 떠난 후 의료진은 인공호흡기를 떼어냈다.
조성만은 눈을 감고 있었다.

23년의 비밀

18시 20분.
야유회에서 돌아온 조찬배는 동사무소에 들렀다. 사무실에 두고 온 물건을 찾기 위해서였다. 문을 열었을 때 직원들이 모두 모여 있었다. 의아했다. 분위기가 이상했다. 심상치 않은 공기가 흘렀다. 오늘은 직원들이 출근할 필요가 없는 일요일이었다.
'왜 직원들이 모여 있는 걸까?'
마을 유지들도 모여 있었다. 그는 당황스러웠다. 서늘한 기운이 감돌았다. 사무장이 그에게 다가오며 말했다.
"동장님, 얘기 좀 나누시죠."
그를 따라 사무소 앞마당으로 나갔다.
"말씀드리기 어려운 일인데, 어차피 아셔야 하니까 제가 얘기헐게요. 마음 단단히 먹으셔야겠습니다. 성만이가 할복했답니다. 빨리 서울로 올라가셔야겠어요."

"뭐여? 할복?"

믿을 수 없는 말이었다.

"아녀, 난 서울 갈 일 읎고만."

우선 집에 들러 확인부터 해야겠다는 생각이 들었다. 그는 서둘러 집으로 향했다. 대문을 열고 들어서자 낯모르는 사람 두 명이 마당가에 앉아 있었다. 한눈에 봐도 안기부 직원들이었다.

"안녕하십니까? 조성만 군 아버님 되시죠?"

"맞는디 당신들 누구요? 여길 누구 허락으로 들어왔습니까?"

안기부 직원들이 그를 진정시키려 했다.

"잠시 진정하십시오."

"당신들 여기 있지 말고 나가요!"

조찬배는 언성을 높였다.

"지금 뭐하는 수작이오. 더 말하지 말고 나가요."

그는 낯선 방문자들을 대문 밖으로 내쫓았다. 안기부 직원들은 말을 꺼내보지도 못하고 쫓겨났다. 아버지가 내지르는 소리를 듣고 두 아들 성환이와 태양이가 방에서 나왔다. 현관문을 나서는 형제는 울고 있었다. 조찬배는 아들의 할복 소식을 받아들일 수 없었다. 그럴 아이가 아니었다. 뉴스를 확인하기 전에는 서울에 올라갈 일이 없었다. 그는 텔레비전을 켜고 뉴스가 나오길 기다렸다. 전화벨이 울렸다. 시청 공무원이었다.
"여기 시청입니다. 시장님께서 뵙자고 하시는데 지금 오시겠어요?"
"나 안 갑니다."
전화를 끊었다. 잠시 후 다시 전화벨이 울렸다.
"시청 갈 일 없습니다."
몇 분 간격으로 다시 몇 차례 전화벨이 울렸지만 받지 않았다. 대문 두드리는 소리가 들렸다. 문을 열자 시청 인사계장이 서 있었다. 안면이 있는 친구였다. 수소문해서 그를 보낸 것이다.
"찬배, 지금 시장님이 부르시네. 진정하고 함께 가세."
"안 가."
조찬배는 자신을 설득해보려는 인사계장을 내쫓다시피 돌려보냈다.

19시.
정적을 깨며 '7시 뉴스' 오프닝 멘트가 나왔다. 아나운서의 입에서 아들의 이름이 흘러나왔다. 건물 옥상에서 아들이 추락하는 장면이 나왔다. 모든 소식은 사실이었다. 그 사실을 받아들일 수 없어서 단 한 발짝도 발을 떼지 않았다. 하지만 아들은 성당에서 할복했고, 투신한 것이다. 텔레비전을 함께 보던 성환이와 태양이가 눈물을 훔치고 있었다. 그는 이를 앙다물었다. 뉴스는 다른 소식을 전해주고 있었다. 그의 눈엔 아들이 추락하는 모습만이 되풀이 보도되고 있었다.
 대문 두드리는 소리가 들렸다. 대문 밖엔 시청에서 보낸 공무원이 서 있었다. 더 이상 집에 머물 이유가 없었다. 공무원을 따라 시청으로 갔다. 시청에 도착하자 시장이 임원 몇 명과 함께 청사 로비에 서서 기다리고 있었다. 시장이 손을 잡으며 말했다.
 "얼마나 상심이 크십니까? 여기까지 오시게 해서 죄송합니다. 굳이 이렇게 부른 건 시급하게 서울에 가셔야 할 것 같아서입니다. 다른 의도는 전혀 없습니다. 같은 공무원으로 최소한의 도리라도 하고 싶은 것이니 저희가 준비한 차를 타고 가십시오."
 대답할 새도 없이 임원들이 준비된 차량에 그를 태웠다. 부시장이 타는 2호 차량이었다. 시청에서 일하는 고향 사람인 허 과장이 동승했다. 서울로 가는 차 안에서 그는 참았던 울음을 터뜨렸다. 1년 전까지만 해도 부자 사이는 더 바랄 것이 없었다. 그런데 아들이 신부가 되겠다고 선언하면서 사이가 엇갈리기 시작했다. 그때 신학교를 보내주지 못해서 생긴 일이라는 생각이 들었다.
 '성만아, 애비가 잘못했다. 용서해라. 죽지 말고 살아서 아버지를 용서해라.'
 구로구청 사건으로 아들이 유치장에 갇혔을 때 그는 실망감에 면회를 가지 않았다. 아들은 앞으로 데모하지 않겠다고 약속했다. 실망하면서도 속으론 그 말을 믿고 있었다. 부모의 말을 잘 따르던 아이였기에 의심하지 않았다. 유치장에 갇혔을 때도 어쩌다 사건에 말려든 거라고 생각했다. 뭔가 다른 일을 벌이고 있을 거란 생각은 꿈에도 하지 않았다. 사위가 어두워지고 있었다.

23시 45분.
서울에 도착한 차는 백병원으로 향했다. 병원 앞에서 허 과장이 어깨를 두드렸다.
"찬배, 긴장하지 말게. 정신 차려야 되네."
백병원 앞에서는 전경들이 삼엄한 경계를 펴고 있었다. 전경들이 차를 막았다.
"조성만 학생의 아버님이십니다."
운전사의 말에 전경들이 길을 열었다. 최효성은 조찬배가 도착했다는 소식을 나도은에게 듣고 급히 병원 입구로 나갔다. 차 문이 열리고 조찬배가 한 남자와 차에서 내리고 있었다. 차를 보니 고급 차량이었다. 정보기관원이라는 확신이 들었다. 그때 아차 하는 생각이 들었다. 벌써 조찬배에게 수작을 부려 장례 절차에 관한 이야기를 마쳤을 것이라는 불안감이 들었다. 최효성은 병원에 들어서는 허 과장을 가로막았다.
"아버님 외에는 들어올 수 없습니다."
병원에 들어선 조찬배는 먼저 아내 김복성을 찾았다. 로비에 학생들이 앉아 있었다. 김복성은 실신해서 링거를 맞고 있는 중이라는 설명을 들었다. 최효성이 함께 걸으며 그동안의 경과를 설명했다. 의외로 침착하게 대답하는 아버지에게 믿음이 갔다.

최효성은 조찬배와 함께 병실로 향했다. 병실 앞에 전태일의 어머니 이소선과 박종철의 아버지 박정기가 와 있었다. 가톨릭민속연구회(가민연) 회원 김현순과 청년 몇 명이 인사를 하며 말을 걸어왔다. 무슨 대화를 나눴지만 귀에 들리지 않았다. 청년 한 명이 질문했다.

"아버님, 성만이가 신부가 되고 싶다는 얘길 매일같이 했어요. 왜 안 보내주셨어요?"

그 말이 비수처럼 가슴에 꽂혔다.

학생 한 명이 다가왔다.

"아버님, 병실로 들어가시죠."

그 말을 듣는 순간 조찬배는 실신해 쓰러졌다. 정신이 들었을 때 그는 병실 안에 있었다. 눈이 부셨다. 기자들이 카메라 플래시를 터뜨렸다.

다음 날 새벽 1시.

조찬배가 최효성에게 말했다.

"우리 성만이 고향 델꼬 가야 쓰겄네."

앞서 최효성이 장례 절차에 관한 얘기를 설명한 후였다. 예상한 대로 기관원이 미리 손을 쓴 것이라는 생각이 들었다.

"고향에 델꼬 내려가겠네. 글고 장례는 삼일장으로 하겠네."
최효성은 김민수 신부 등과 함께 병실 앞 복도에 앉아 조찬배를 설득했다.
"아버님, 이건 성만이 뜻도 아닐뿐더러 성만이 죽음의 의미가 없어집니다."
"성만이가 목숨 바쳐 하고자 한 일이 다 수포로 돌아가요."
"그래선 안 됩니다. 성만일 두 번 죽이는 일입니다."
"가족장으로 치르는 게 바로 군사정권에서 원하는 것입니다."
최효성과 김민수 신부는 끈질기게 조찬배를 설득했다. 오랜 시간 대화가 이어졌다. 날이 샐 무렵이 되어서야 조찬배가 최효성의 손을 잡았다.
"자네 하는 대로 따르겠네."
진심이 통한 것이다. 최효성은 자신들이 어떻게 조찬배의 생각을 바꿀 수 있었는지 믿기지 않았다.

이틀째 밤.
조성만의 시신은 명동성당 문화관 영안실에 옮겨져 있었다. 안기부 전주지부에서 근무하는 박상순이 조찬배를 찾아 영안실에 들어왔다. 그는 조찬배와 친목 모임을 함께하던 사람이었다.
"자네가 웬일인가?"
박상순이 악수를 건넸다.

"형님, 소식 듣고 놀라서 이렇게 찾아왔고만요. 을마나 상심이 크십니까."

"고맙네. 먼 길 오느라 고생했제?"

"아녀요, 고생은요. 그나저나 형님 잠시 저하고 얘기 좀 해요. 잠도 못 주무셨을 텐데 무리하지 말고, 제가 근처에 여관 잡아놨응께 샤워라도 하고 같이 잡시다."

그가 조찬배를 데리고 밖으로 나갔다. 밤 12시가 넘은 시각이었다. 조찬배가 낯선 사람을 따라 나가자 수상한 낌새를 챈 학생들 10여 명이 뒤따랐다. 명동성당을 빠져나가 굴다리를 건넌 두 사람은 어느 여관으로 들어갔다. 학생들이 안내실에 부탁했다.

"방금 오신 분 몇 호실에 들어갔나요? 그 옆방으로 잡아주세요."

여관방에 들어서자 박상순이 준비한 속옷 몇 벌을 조찬배에게 건네주었다. 두 사람이 한동안 얘기를 나눈 후에 박상순이 본론으로 들어갔다.

"형님, 화장으로 하는 게 어떨까요? 정부에서 대가를 드리려고 해요. 망월동 가지 말고 화장합시다. 그러는 게 앞으로 공무원 생활 하는 데도 여러모로 도움이 될 거구만요. 박종철이도 화장했잖아요."

조찬배는 그가 왜 자신을 찾아왔는지 그제야 깨달았다. 조성만이 망월동에 묻히는 것은 국민들에게 광주를 일깨우는 일이었다. 그리고 그가 유서에서 주장한 남북 공동 올림픽 개최는 몇 달 남지 않은 올림픽 준비에 찬물을 끼얹는 일이었다. 정부 로선 무슨 수로든 이 사건을 시급하게 일단락 짓기 위해 박상순을 보낸 것이다. 그 순간 처조카 김종백이 여러 차례 했던 말이 떠올랐다.

"고모부가 중심을 잘 잡으셔야 돼요. 정부에서 화장하라는 제의가 올지도 몰라요. 박종철 학생이 죽었을 때도 정부에서 협박해 화장했거든요. 어떤 수단을 써서라도 시체를 빼가려 할 겁니다."

조찬배는 일언지하에 거절하고 돌아앉았다.

"얘기 그만혀."

박상순은 당황하면서도 기대를 놓지 않았다. 그는 몇 가지 대가를 제시했다. 조찬배가 갑자기 자리를 박차고 일어섰다.

"난 이만 나가보겠네."

"아닙니다, 형님. 제가 그만헐게요."

박상순은 단념하지 않을 수 없었다. 그는 설득을 포기하고 여관을 빠져나갔다. 조찬배는 박상순이 떠난 뒤 뜬눈으로 밤을 지새웠다. 정부의 제의를 거절한 것으로 어떤 대가를 치르게 될지 그는 알 수 없었다. 군부독재 시절, 공무원으로 살아야 했던 조찬배는 회유를 받은 사실을 한 번도 사람들에게 말하지 못하고 23년 동안 비밀로 간직했다.

조찬배와 김복성은 장례를 마치기까지 5일 동안 거의 잠들지 못했지만 의식이 흐려지지 않았다. 김복성은 여러 차례 링거 주사를 맞았고, 그때마다 조찬배가 옆에서 그녀를 지켰다.

　김복성 역시 조찬배에게도 말하지 않은 아들에 관한 비밀이 있었다. 태몽. 한 마리 새가 밤알을 톡톡 떨어뜨려주던 꿈이었다. 그녀는 밤알을 치마폭에 담았다. 밤알을 가져와 방문을 열었을 땐 반짝반짝 별이 빛났다. 김복성은 병실에 누워 별빛이 사라지고, 한 마리 새가 밤알을 물고 멀리멀리 사라지는 것을 바라보았다.

빛나는 별

　아주 이쁜 새였어요. 색깔이 알록달록하니 예쁜디, 꿩 있지? 근디 꿩은 아니고 막 예쁜 새요. 저 아름드리 밤나무 위에 앉아 있어요. 밤알이 아름아름 탐스럽게, 겁나게 열렸어요. 그 새가 올라가서 벌어진 밤송이 틈 사이로 토실토실한 밤알을 알알이 톡, 톡, 떨어쳐요.

　그놈을 치매 앞에다가 줏어서, 치매를 벌리고 앉아 떨어진 걸 줏고 줏어 한 아름을 가득히 안고는 제가 어디를 가는 거예요. 그렇게 길을 걸어가는디 아주 긴 다리가 앞에 있어.

　그놈을 안고 누가 뺏어갈세라 보듬어 안고 긴 다리를 건넜어요. 밑에는 물이 막 흐르고. 밤을 안고는 긴 다리를 건너서 오니까 집이 한 채가 보여요. 집이 딱 있는디, 집이 좋아. 기와집이야. 우리 집이라고 하는디 아주 좋은 집이에요.
 기와집에 가서 그 밤을 안고 제가 방문을 열었어요. 눈부시게 번쩍했어요. 문을 열고 들어가니 방 안에 벽이고 천장이고 막 반짝반짝 휘황한 별무리가 붙어 있는 거예요. 지금 생각하면, 애들 보라고 이벤트한다고 붙여놓지? 반짝반짝 붙여논 게 있더만. 그런 건디 천장도 벽도 별이 막 빛나는 거야. 너무 눈이 부셔. 반짝거리는 게 밤하늘 볼 때 그런 세기가 아니라 굉장히 번쩍번쩍했어요.
 너무 눈이 부셔서 방문을 닫았어요. 문을 닫고 나오면서 꿈을 딱 깬 거야.
 어릴 때 내가 시집오기 전에 우리 어머니가 자식이 크게 된다고 얘길 들었어요. 크게 될 아들을 난다고 혀서. 그러고 내가 태몽을 꿨고.
 군인들처럼 별을 막 달고, 높이 되고. 긍께 갸가 크고 높은 군인이 돼서 별을 달으려는 꿈인가 그렇게 생각했어요.
 이게 태몽인 건 선명하게 알죠. 훌륭하게 될 줄 알았지. 누가 그렇게 될 줄 알았어요? 근디 갸가 죽고 나서 내가 꿈을 생각할 때…… 그게 아니었구나, 밖에서 빛이 나야는디 방 안에서 났으니까, 방문을 딱 닫아버려서, 내가 닫아버렸잖아요. 그래서 이게 이렇게 되었는가? 지가 살아서 빛이 나야 하는디, 그렇게 방문을 닫아서 방 안에서만 빛이 났나 부다……. 내 생각이여. 내가 그런 생각을 했어요.

내가 그런 게 있었어요. 옛날 어른들이 태몽 애길 하면 안 좋다고 그러더라고. 그래서 안 했어요. 내가 딱 덮어놓았어요. 야가 공부 잘해서 서울대도 갔고, 하는 일 보면 집중력이 있거든요. 학교 다닐 때 도시락을 두 개 싸서 주든가 세 개 싸서 주든가 했어요. 그러믄 저녁까지 먹고 11시가 되면 와요. 그러면 간식을 해놓고 먹여요. 그러면 방에 들어가 또 공부를 하고 있어요. 그러니까 집중력이 굉장히 강해요.

내가 해석을 잘 못해서 그러는디 그게 크게 될 줄만 알았지. 내가 그런 것을 아예 안 물어봤어. 말하면 안 되니까. 태몽 꿈을 그렇게 꿔서 공부도 잘한다고 생각했지. 착하게 크고 그래서. 내가 저 죽은 다음에 태몽 애길 인제 했어. 죽고 했네. 아버지한테도 안 했어. 시어머님한테도 안 했어.

야 얼굴 보믄 그 별이 떠오르곤 했어요. 별을 간직허고 살았어.

2부
좁은 문

좁은 문으로 들어가거라.
멸망으로 이끄는 문은 넓고, 그 길이 널찍하여서, 그리로 들어가는 사람이 많다.
생명으로 이끄는 문은 너무나도 좁고, 그 길이 비좁아서, 그것을 찾는 사람이 적다.

마태오복음서 7:13~14

가족사

조성만은 1964년 12월 13일(음력) 새벽 3시경 전라북도 김제군 용지면 용암리 모산마을 126번지에서 태어났다. 4남 중 둘째였다. 마을 앞 논배미들이 꽁꽁 얼어 있을 때였다. 그를 세상에 내놓은 이는 김복성, 조찬배이다. 그가 태어난 집은 할아버지가 지은 것이다. 집 뒤꼍엔 푸르른 대나무숲이 우거져 있다. 사군자의 하나인 대나무는 청렴함과 선비의 절개를 상징하는 것으로, 한학자인 조찬배의 할아버지가 심은 것이다.

그가 태어난 지 얼마 지나지 않아 조찬배는 아버지의 도움으로 야트막한 고개 너머 용암국민학교가 내려다보이는 언덕배기에 집을 장만한다. 이사한 집에서 조성만은 어린 시절을 보냈다.

김복성은 갓 태어난 아기를 바라보았다. 큰아들 재성과 달리 몸집이 큰 아이였다. 여느 때처럼 이번에도 별다른 산통이 없는 순산이었다. 아기를 낳는 동안 산파 역할을 한 시어머니가 큰 힘이 되었다. 시어머니는 아기를 보고 "이쁘다, 이쁘다" 하는 소리를 그치지 못했다. 말수 적고 표현에 인색한 조찬배도 아기를 처음 본 순간 절로 탄성을 질렀다.

"애가 참 이쁘고만."

'이쁘다'는 말은 남편이 처음 한 표현이었다. 김복성은 절로 미소를 지었다. 아기는 말 그대로 달덩어리 같았다.

조찬배는 초가집 대문 앞에 쌈줄을 쳤다. 새끼줄을 연결하고 고추를 달아놓은 것이다. 이 지역 사람들은 금줄을 쌈줄이라고 불렀다. 쌈줄은 갓 나온 아이를 보호하기 위한 민속문화로 부정을 막기 위한 것이다. 쌈줄은 관례에 따라 49일 동안 쳐져 있었다. 그동안 마을 사람들은 조찬배의 집을 방문할 수 없었다. 49일이 지나 친척들이 찾아와 아기를 보고 갔다. 모두 한결같이 아이의 용모에 감탄했다.

쌈줄을 걷어내던 날, 마을 사람들이 우르르 몰려왔다. 아기가 잘생겼다는 소문은 마을에 파다하게 퍼져 있었다.

"잘생겼네, 잘생겼어."

"엄마 아빠를 합친 것보다 낫고만."

"용케 좋은 디만 쏙 빼갖고 나와버렸네잉. 거참 용허네, 용혀."

할아버지는 면 소재지 작명소에 가서 아기의 이름을 지어왔다. 할아버지가 받아온 아기의 이름은 조성만이었다. 김복성은 무슨 뜻이 담긴 이름인지 알 수 없었지만 아기의 이름이 마음에 들었다. 김복성은 처녀 시절 어머니에게 들었던 말이 떠올랐다. 어머니가 어디선가 점을 보고 온 날이었다.

"복성아, 니는 이듬날 아들을 하나 낳게 되야 있다."

"음메, 그런 걸 어떻게 다 안데요?"

"점쟁이가 그런 소릴 혀."

2부 /
좁은 문

"점쟁이들 말을 다 믿어요?"

"……아니여, 넌 반드시 이름날 아들을 난다잉."

김복성은 제 가슴을 물고 젖을 빨고 있는 보드라운 살결의 아기를 품에 안고 바라보았다. 어머니의 말을 믿고 싶었다.

조찬배의 가계는 이곳 모산마을에서 대대로 농사를 짓고 살았다. 마을 이름 모산(母産)은 '어미 모', '낳을 산'이었고, 앞마을인 부교(父敎)마을은 '아비 부', '가르칠 교'였다. 모산마을은 언덕을 중심으로 앞과 뒤로 나뉘어 '앞모산'과 '뒷모산'이라 불렸다. 조성만이 태어난 곳은 앞모산이었다.

조찬배는 자신을 '농민의 자손'이라고 표현했다. 일제강점기에 용지면에서 자라는 곡식은 가까운 군산을 통해 일본으로 보내졌다. 마을 사람들은 수탈의 경험을 지금도 기억하고 있다. 그들은 공출을 피해 몰래 곡식을 땅속에 묻곤 했다.

모산마을은 비산비야(非山非野)라 해서 산도 없고 너른 들도 없는 그만그만하게 가난한 동네였다. 집성촌은 아니었고 여러 성씨가 어울려 살았다. 마을에는 백여 가구가 모여 살았다. 현재는 60가구가량이 살고 있다. 마을 사람들은 교육열이 높아 일찍부터 자녀들을 학교에 보냈다. 1960년대에도 아이들을 대학교까지 보내는 집이 있었다. 일제강점기 때는 이 동네에서 면장이 많이 배출됐다. 조찬배의 큰형도 농협 조합장을 지냈다.

일제강점기 용지면에는 이리비행장이 있었다. 농사일을 하다 보면 종종 비행기가 하늘을 날아다녔다. 조찬배는 일을 멈추고 그 모습을 구경했고, 동무들과 함께 책가방을 메고 비행장에 구경 간 적도 많았다.

조찬배의 아버지 조용식은 마을에서 매우 성실한 사람으로 알려져 있었다. 조찬배의 표현으로는 '일을 지독하게 많이 했고, 고생을 너무 많이 한' 사람이었다. 조용식은 농번기엔 농사를 짓고 농한기엔 '인력공사'에 다녔다. 인력공사는 각지의 공사판 등에 일꾼들을 알선하여 보내는 인력소개소다. 가난했던 마을 사람들은 끼니를 잇기 위해 인력공사에 다녔다.

인력공사에서는 선착순으로 일감을 주기 때문에 그는 새벽 3시 무렵이면 집을 나섰다. 인력공사에서 주로 인부들을 보내는 곳은 금구면에 있는 사금을 캐는 금구광산이었다. 채취된 광석은 장항제련소에서 금으로 정제되었다.

일제강점기에 김제 지역은 사금 생산지로 유명했다. 김제에는 아홉 군데의 광산이 있었다. 이곳의 사금은 한때 국내 생산량의 30퍼센트를 차지할 정도였다. 일제는 김제 만경평야의 쌀과 금을 수탈했다.

인부들은 얼음밥으로 주린 배를 채웠다. 점심시간이 되어 도시락을 꺼내면 밥이 꽁꽁 얼어 있었다. "그래도 그 밥을 먹어야 속이 든든했다"고 아버지는 조찬배에게 들려주었다.

조용식은 한눈팔지 않고 성실하게 일했다. 그는 '땀 흘린 만큼 얻는다'고 말하곤 했던 전형적인 농부였다. 낫과 괭이 등 농기구에 대한 애착이 남달라서 그는 무슨 일이 있어도 농기구를 다른 사람에게 빌려주지 않기로 유명했다. 그는 농기구를 자신의 몸처럼 생각했다. 조용식은 세상을 떠나기 이틀 전, 자신이 곧 죽을 것이라고 사람들에게 미리 예고했다. 그는 흙과 함께하며 자연의 순리를 따라 살다 조용히 자연 속으로 돌아갔다.

그의 노력으로 형편이 조금씩 나아져 농사짓는 땅이 늘었다. 땅이 늘면서 농사를 혼자서 다 지을 수 없어 머슴을 두고 일했다. 머슴이라고는 하지만 집안 농사를 함께하는 일꾼에 가까웠다. 조용식은 조찬배와 손자들에게는 엄한 사람이었지만 김복성에겐 자상한 사람이었다.

초근목피로 연명하던 시절이지만 식생활을 걱정할 정도로 형편이 나쁘진 않았다. 그 덕분에 조찬배는 고등학교에 입학하는 혜택을 입었다. 고등학교 졸업자는 집안에서 유일했다. 동네에서 고등학생은 두세 명뿐이었다. 조찬배의 어머니는 꼼꼼하고 깐깐한 성격이었다. 매우 영리하고 총기가 있는 분으로 집안의 대소사를 치를 때면 뛰어난 판단력으로 집안을 이끄는 사람이었다. 백 살이 넘어 세상을 뜨기 전까지 자손과 일가친척의 생일까지 챙길 정도로 기억력이 뛰어났다.

조찬배가 어릴 때 집안엔 한문으로 쓴 책이 많았다. 할아버지 조철민은 동네에 하나밖에 없는 서당에서 아이들을 가르쳤다. 성실한 농부이면서 한학자였던 할아버지는 조찬배가 태어난 해에 세상을 떠났다.

조찬배는 전북 지역에서 세를 늘리고 있는 원불교 재단의 원광고등학교에 입학했다. 용지면에서 도보로 40분 거리의 와룡역에서 통근기차를 타면 한 시간 후 이리역(지금의 익산역)에 도착했다. 기차에서 내리면 시내 고등학교에 다니는 학생들이 텃세를 부리며 시비를 걸고 돈을 뺏곤 했다. 그는 고등학교를 졸업한 후 철원에서 군대생활을 했다. 그러다 휴가를 나왔을 때 김복성을 만났다.

김복성은 1942년 김제군 진봉면 신포리 남화마을에서 빈농의 딸로 태어났다. 3녀 1남 중 막내였다. 그녀가 살던 마을은 김해 김씨 집성촌으로 조상 대대로 살아오던 곳이다.

그녀는 해방되던 날을 기억하고 있다. 하늘에선 비행기가 어지럽게 날고 있었다. 동네 사람들은 쫓겨나는 일본인들을 구경했다. 도처에서 함성소리가 들렸다. 그녀는 마당 앞 꽈리나무에 숨어 그 모습을 지켜보았다.

나이 스물이 넘어 혼인 적령기가 되었을 때 중매로 조찬배를 만났다. 부모님이 결정한 가문으로 무조건 시집가야 하는 당시 농촌 분위기에서 중매결혼은 신식 결혼문화였다. 중매는 밤에 이뤄졌다.

김복성은 모산마을 조찬배의 집에서 그를 기다렸다. 군대에서 휴가 나온 조찬배가 도착해 두 사람은 한방에 앉아 서로를 엿보았다. 시누이가 될 여자들도 방문에 구멍을 뚫고 엿보았다. 김복성은 너무 부끄러워 말 한마디 제대로 나오지 않았다. 두 사람 사이엔 등잔불만이 어룽거렸다. 조찬배는 단정한 차림에 수줍음 많은 김복성이 마음에 들었다.

결혼식은 신부의 집인 남화마을에서 열렸다. 그때 조찬배의 나이 24세, 김복성은 21세였다. 결혼식을 마친 조찬배는 일주일 후 복무지인 철원으로 돌아갔다. 김복성은 결혼하자마자 홀로 시댁 살림을 시작했다. 동네와 사람들이 낯설고 두려웠지만 시부모의 애정과 관심 속에서 평온한 시간이 흘러갔다.

1년 후인 1962년 조찬배가 제대했다. 그는 농사를 지으며 공무원 시험을 준비했다. 지방 공무원 시험에 합격해 평생 직업이 된 공무원 생활을 시작했다. 조찬배는 마을에서 4킬로미터 떨어진 면사무소에서 면서기로 일했다. 그는 삼천리 자전거에 도시락을 싣고 출퇴근했다.

시댁에 더불어 살던 부부는 첫째 재성을 낳은 후 부모님의 도움으로 동네에 집을 마련해 분가했다. 분가할 때 전답 일부를 물려받았다. 공무원 생활을 하는 조찬배가 따로 농사에 전력할 수 없는 상황이라 대부분의 농사는 김복성과 큰집의 일꾼들이 맡았다. 월급과 별도로 농사를 통해 얻는 일정한 수입으로 한결 여유가 생겼다.

두 사람이 만들어가는 가정은 평온했다. 함께 사는 50년 동안 싸운 일이 몇 차례 안 될 정도로 사이좋은 부부였다. 절제와

겸손이 몸에 배어 있는 조찬배는 가족은 물론 마을 사람들과도 싸우는 일이 없는 사람이었다.

첫아들 조재성을 낳은 후 조성만, 조태양, 조성환이 가족의 숫자를 늘렸다. 화목한 분위기 속에서 자란 아이들도 사이좋게 지냈다.

용암리는 평화로운 마을이었다. 마을 사람들은 논밭을 일구며 이웃을 돕는 공동체를 이루고 있었다.

한글과 구구단

한 아기가 양반다리를 하고 초가집 작은 방 창문 아래 앉아 있다. 흙벽 작은 창문에서 외풍이 들어오고 있다. 아기는 바람을 찾아 창문 아래로 이동한 것 같다. 두 살 된 아기의 태도와 표정치곤 제법 의젓해 아기가 병에 걸렸다는 것을 잊게 한다. 아기는 홍역을 앓고 있다. 벌써 몇 시간째 그 자리에 미동도 없이 앉아 있다. 얼굴은 부어 있고 병증으로 인한 붉은 반점이 얼굴 전체와 목과 팔에 노출되었다. 열꽃이 만발한 얼굴은 특히 병세가 두드러졌다. 울음을 터뜨리지도 않고, 제 엄마에게 보채지도 않는다. 묵묵히 창문 아래 앉아 병마와 싸우고 있을 뿐이다. 참지 못할 순간이 오면 간헐적으로 기침을 토해낸다.

김복성은 이와 달리 전전긍긍한다. 그녀는 불안한 눈으로 아이를 바라보며 어쩔 줄 몰라 한다. 그녀는 아기의 이마를 짚는다. 불에 덴 듯 깜짝 놀란다.

"아가, 어쩐다냐? 이를 어쩐다냐?"

아기는 엄마가 놀란 표정으로 바라보는 것을 그다지 개의치 않는다는 듯 표정에 움직임이 없다. 불그죽죽한 얼굴빛은 날이 더할수록 심해졌다. 김복성은 아기를 볼수록 신기할 따름이다. 첫째 아들 재성이 홍역을 앓을 때는 종일 몸부림을 치며 울었다. 그런데 둘째 아들 성만은 며칠째 저렇게 요지부동인 것이다. 집안사람들도 양반다리를 하고 앉은 두 살 된 아기의 대찬 모습에 희한한 표정을 짓곤 했다. 그 덕에 성가심은 없지만 너무 의젓한 아기의 모습을 보니 제 아들 같지가 않다. 분명 장군감이라는 생각이 든다.

그 시절의 아기들은 거의 예외 없이 홍역을 앓았다. 예방접종이 없던 시절이라 때가 되면 홍역을 앓고, 때가 되어 열이 빠져나가면 건강을 되찾았다. 어린아이 성만도 며칠 후 건강을 되찾는다. 열흘 남짓한 기간 동안 아기는 홍역을 앓으며 자신의 나약한 몸과 싸웠다. 다른 아이들처럼 두 살의 나이에 인생 첫 고비를 넘긴 것이다.

그가 처음 치른 통과의례에서 보인 모습은 훗날까지 동일한 방식으로 되풀이된다. 에둘러 가거나 회피하는 법을 모르고 그는 인생 앞에서 정면 대결한다. 현실을 직시하고 추호의 꼼수도 부리지 않고 신념을 따르는 정직함. 그리고 지독하리만치 느껴지는 인내심과 끝까지 포기하지 않는 집요한 의지. 김복성은 아들이 그런 모습을 보일 때마다 두 살 때 홍역을 겪던 시절을 떠올렸다. 고비가 있을 때마다 아들은 자신만의 방식으로 넘어섰고, 더 나은 성취를 이루었다.

어린 성만은 거의 병치레를 하지 않고 어린 시절을 보낸다. 형제들 중에서 가장 건강한 아이였다. 첫째 재성을 자주 병원에 업고 다녀야 했던 김복성에게 둘째의 건강은 마냥 고마운 것이었다.

아기가 네 살 무렵에 겪은 비슷한 일화가 있다. 감기 몸살을 앓을 때였다. 김복성은 전주에서 유명한 박소아과를 찾아 시내버스를 탔다. 병원에 도착하니 벌써 문이 닫혀 있었다. 이미 막차가 끊긴 시간이었다. 그녀는 전주 금암동의 작은고모를 찾아갔다.

작은고모 집에 도착해 포대기를 끌러 아기를 내려놓았다. 어머니의 등에서 내려온 아기는 벽 한쪽으로 이동해 양반다리를 하고 앉았다. 아기는 눈을 감고 몸을 움직이지 않은 채 가만히 앉아 있었다. 시간이 흘러도 자세가 그대로였다. 작은고모는 아기를 바라보았다. 여전히 눈을 감고 있었다. 이상한 생각이 들어 작은고모가 다그쳤다.

"성만아, 눈 좀 떠!"

아기는 아무 대답도 하지 않고 눈을 감고 가만히 앉아 있다. 작은고모는 아기가 실명한 건 아닐까 하는 생각에 불안했다.

그녀는 사탕을 들고 와서 아기 손에 쥐여줬다.
"성만아, 고모가 사탕 줄게, 눈 좀 떠! 응? 여기 사탕! 눈 뜨면 줄게!"
사탕의 유혹에도 요지부동이었다. 과자를 가져다주고 장난감을 손에 쥐여줘도 아기는 눈을 뜨지 않았다. 고열로 몸이 뜨거웠지만 몸부림치거나 앓는 소리도 없었다. 작은고모는 아기가 신기할 따름이었다.
"차암, 희한한 아이고만잉."
몸의 고통을 표현하지 않는 자제력도 아이답지 않았지만 사탕이나 장난감의 유혹에 흔들리지 않는 모습도 희한했다. 집안 사람들과 친척들에게 성만은 어릴 때부터 유달리 성숙한 아이로 기억되었다.
조찬배의 집에서 몇 걸음만 디디면 용암국민학교가 있었다. 성만과 형제들은 학교 운동장에서 마을 동무들과 함께 구슬치기를 하고 놀았다. 어린 성만은 유난히 구슬치기를 좋아했다. 마을 사람들은 그릇에 구슬을 가득 담고 의기양양하게 걸어 다니는 성만을 자주 볼 수 있었다.
그는 구슬치기를 하면 잃는 법이 거의 없었다. 승부욕이 강한 아이였다. 하지만 자신이 딴 구슬을 혼자서 독차지하지 않고 나눠주는 인심이 있었다.
김복성은 성만의 나이 네 살 때 태몽이 암시한 아들의 미래를 예감할 수 있는 일을 겪게 된다. 김복성은 두 아들 성만과 태양을 데리고 버스로 외가댁에 가는 길이었다. 태양은 갓난아이라 등에 업혀 있었다. 버스는 김제 시내로 들어갔다. 성만이 차창 바깥을 향해 손가락으로 무언가를 가리켰다. 그가 가리킨 곳은 김제우체국 건물이었다.

"저기, 누나 있어."

김복성은 놀란 눈으로 아들을 바라보았다. 김제우체국은 성만의 사촌 누나가 근무하는 곳이었다. 한데 그걸 가르쳐준 적이 없었다. 이때부터 아들은 창밖 시내 건물들을 가리키며 하나씩 발음하기 시작했다.

"김제식당, 만경한복, 금성전자, 김제당구장⋯⋯."

김복성은 신기한 표정으로 아들을 바라보았다. 아직 국민학교에 들어가기 전이었고 한글을 누가 가르친 적도 없었다.

"그걸 니가 어떻게 아냐?"

"그냥 알았어요."

김복성은 기가 찼다.

"다른 것도 헐 줄 아는 거 있냐?"

질문을 받은 아들은 구구단을 줄줄 외우기 시작했다.

"이일은 이, 이이 사, 이삼은 육⋯⋯."

주먹만 한 아이가 구구단을 외는 모습을 보니 참 용한 녀석이란 생각이 들었다. 두 살 터울인 첫째 재성이 구구단을 가르쳤을 리는 없었다. 그녀는 아들이 누구에게 배울 리는 없고 아들의 말대로 그냥 알게 된 게 아닐까 생각했다.

2부 /
좁은 문

123

"구구단은 누가 갈차줬냐?"

"그냥 알아졌어요."

아들은 태연하고 맹랑하게 같은 대답을 반복했다.

그 후 전주 중앙시장에서 아들의 손을 잡고 걸어갈 때도 시장 간판을 줄줄 외웠다.

"오수포목, 남원정육점, 희망국집, 현대국수······."

그녀는 장을 볼 때면 아들 성만의 손을 잡고 걸어 다니곤 했다. 구구단은 동네 형들이 외는 것을 듣고 암기한 것일 수 있지만 간판을 읽는 일이 어떻게 가능한 것인지 그녀는 알 수 없었다. 낯선 글자가 쓰인 간판을 손으로 가리켜 상인들에게 물어보며 하나씩 외웠던 것일까?

아이가 가는 곳마다 사람들이 모였다. 예쁜 남자아이의 얼굴을 보기 위해 인근 마을에서도 찾아올 정도였다. 전주 금암동의 고모는 아이를 각별히 아꼈다. 아이를 데리고 산책할 때면 가다 서고, 가다 서고를 반복했다.

"아따, 정말 이쁘고만."

"뉘 집 자식이여? 야가 참 곱상허네잉."

어린 성만은 건강하게 자랐다. 얼굴 꼴이 갖춰지면서 용모가 더 빛을 발했다. 성격은 늘 차분하고 말수가 적었다. 그는 아버지의 과묵함과 어머니의 선한 품성을 빼닮은 아이였다.

주인집 숙자와 일일연속극 〈여로〉

1967년 조성만은 낯선 환경과 대면한다. 그의 나이 다섯 살 때였다. 조찬배와 김복성은 아이들이 커가는 모습을 보며 장래를 논의했다.

"여기서 도시가 멀지 않으니 아이들 교육을 위해 전주로 갑시다. 당분간은 힘들 거요. 어려워도 우리가 조금만 참고 삽시다."

아이들을 위한 일이라는 제안에 김복성에게 다른 생각이 있을 리 없었다. 이때 이미 첫아들 재성은 전주에서 국민학교를 다니고 있었다. 조찬배와 김복성은 세 아이들을 데리고 전주시 금암동으로 이사했다.

아이들이 많아 셋방을 얻는 일이 쉽지 않았다. 집주인들은 어린 자녀가 많은 세입자는 시끄럽고 번거롭다며 대부분 방을 내주지 않았다. 고생 끝에 얻은 전셋집은 주인집 옆에 있는 방 두 칸짜리 건물이었다. 처음엔 두 칸 모두 사용하며 지냈다. 그런데 2년 후 집주인이 전세금을 두 배로 올렸다. 어쩔 수 없이 전세금은 똑같이 주면서 방 한 칸만 쓰고 살았다. 전세금이란 게 집주인이 값을 매기기 나름이라서 달리 항의할 방도도 없었다.

네 아이를 포함한 여섯 식구가 단칸방에서 지내는 힘겨운 살림이 시작되었다. 방 두 칸을 쓰는 것과 단칸방을 쓰는 것은 큰 차이가 있었다. 생활의 불편을 감수하면서 김복성은 묵묵히 살림을 꾸려나갔다. 조찬배 역시 악착같이 돈을 아끼며 셋방살이를 벗어나기 위해 노력했다. 어린 성만은 조금씩 자라 어느새 금암국민학교에 입학했다.

　국민학교 때의 일이다. 성만이 학교를 파하고 집에 들어서는데 형 재성이 마루에 앉아 엉엉 울고 있었다. 수돗가에서 엄마는 형의 가방을 씻고 있었다. 성만은 무슨 일이 벌어졌는지 금세 깨달았다. 오늘도 주인집 막내딸인 숙자 누나가 재성 형의 책가방을 오줌통에 빠뜨린 것이다. 숙자 누나는 성만의 형제들과 사이가 안 좋았지만 유독 재성 형과 자주 다투었다. 당시엔 집집마다 마당가에 오줌통을 놓아뒀다. 오줌이 통에 가득 차면 농사꾼들이 가져갔다. 밭의 농작물 거름으로 사용하기 위해서였다.

　"엄마, 또 숙자가 오줌통에 버린 거여? 갸는 만날 왜 그려요?"

　어머니는 가슴이 출렁했다.

　"아녀, 그런 게 아녀. 재성이가 실수로 빠뜨린 거고만."

　성만은 속상했다. 숙자는 주인집 딸이면서도 주인집 아저씨보다 더 주인 행세를 하는 아이였다. 키가 크고, 나이에 비해 성숙한 외모의 숙자는 신경이 날카롭고 까다로웠다.

　사사건건 텃세를 부리고 자기 집이라고 유세를 떠는 게 마뜩지 않았지만 힘없는 세입자 입장에서 뾰족한 수가 없었다. 숙자는 이상하게도 재성 형을 괴롭히는 일을 즐겼다. 자신에게 기분 상하는 일이 생기면 꼭 형의 가방을 오줌통에 빠뜨리는 것이었다. 오늘도 숙자에게 무슨 안 좋은 일이 생긴 모양이었다.

어머니 역시 눈칫밥을 먹고 지내는 세입자 처지라 숙자를 함부로 나무랄 수 없었다. 이 집에서 쫓겨나면 어디서 셋방을 구한단 말인가. 어린아이 넷을 키우는 세입자를 받아주는 전셋집 주인은 거의 없었다. 나가라는 말만 없으면 무슨 일이라도 할 수 있을 것 같았다.

김복성은 막내 태양이를 등에 업고 한복 바느질을 하는 주인집 일을 도와줬다. 돈 한 푼 받지 않으면서 매일 주인집의 밥도 지어주고, 빨래도 해주고, 김장도 도맡다시피 도와줬다. 어머니도 애들도 숙자 눈치를 보는 건 매한가지였다. 숙자 모습이 보이면 식구들은 조용히 자리를 피하기 일쑤였다.

그 시절 선풍적인 인기를 끌던 드라마가 있었다. 지금은 상상하기 어려운 시청률 70퍼센트를 자랑하는 일일연속극 〈여로〉였다. 〈여로〉가 방영되는 저녁 7시 30분이 되면 세상은 잠시 멈춘 듯했다. 주인집은 동네에서 유일하게 텔레비전이 있는 집이었다. 〈여로〉 방영 시간이 가까워지면 전주 시내는 사람들이 썰물처럼 빠져나갔다. 사람들은 드라마를 볼 수 있는 집과 식당을 찾아 들어갔다. 일제강점기와 한국전쟁을 배경으로 한 바보 영구(장욱제 분)와 작부 출신 아내 분이(태현실 분)의 사랑 이야기는 온 국민의 화제였다. 국민들은 바보이면서 선한 주인

공 영구와 여성으로서 홀로 자기 운명을 개척하는 분이의 모습에 환호했다. 맺어질 수 없는 상황에서도 색시를 너무 사랑한 영구의 순정한 사랑에 국민들은 안타까워했다.

아이들은 모이면 대부분 "색시야, 색시야!" 하며 바보 영구의 모습을 흉내 내는 일을 즐겼다. 하지만 나이에 비해 의젓한 성만은 예외였다.

동네 사람들은 주인집으로 모여들었다. 대부분 동네 아주머니들이었다. 방 안이며 툇마루에 마을 사람들이 빼곡히 들어차 〈여로〉의 주제음악인 이미자의 노래가 들려오기를 기다렸다. 성만과 형제들도 하루라도 〈여로〉를 보지 못하면 종일 아무것도 할 수 없었다. 형제들은 세입자의 자격으로 방 안에서 드라마를 볼 수 있었다. 드라마를 보고 있을 때 숙자의 타박이 들려왔다.

"옷에서 먼지가 엄청나게 떨어져부렀네잉."

"아따 먼 냄새가 이렇게 지독하다냐? 니는 씻지도 않으냐?"

다른 때 같으면 자리를 조용히 피하면 될 일이지만 〈여로〉를 볼 때는 도저히 일어날 수 없었다. 형제들은 억울해도 방바닥의 먼지를 닦고, 숙자가 밀치는 대로 자리를 이동했다. 하지만 옆에서 아무리 숙자가 괴롭혀도 성만은 꿈쩍하지 않고 화면에서 눈을 떼지 않았다.

성만은 재성 형에게 다가가 옆에 앉았다.

"형아야, 속상하제?"

붉게 달아오른 눈자위로 재성이 성만을 바라보았다. 재성은 나이에 비해 어른스러운 성만을 보면 가끔 자신이 동생이 아닌가 하는 생각이 들 때도 있었다.

"아녀, 나는 괜찮어. 첨 있는 일도 아닝께 너가 맘 쓰지 말어라."

성만은 가만히 재성의 손을 잡았다. 형을 위해 자신이 해줄 수 있는 일이 없었다. 재성의 책가방을 씻은 어머니는 마당을 가로지르며 연결한 빨랫줄에 가방을 널었다. 어머니는 빨래를 널며 다짐했다.

'야들아, 엄마가 못나서 정말 미안하다. 나가 정말 악착같이 애끼고 살아서 너들 기 피고 살게 해줄 텡께 쫌만 참고 기다려라.'

어린 성만의 눈치살이는 7년에 걸쳐 지속됐다. 성만은 자신을 비롯한 형제들 때문에 어머니가 눈치를 보고 있다는 것을 알고 있었다. 그 생각을 하니 마음이 슬퍼졌다.

'엄마, 지가 할 수 있는 건 공부밖에 없고만요. 열심히 공부하고 나쁜 짓 안 하고 착하게 지낼게요.'

김복성은 가난한 살림에도 남을 돕는 일에는 인색하지 않았다. 그 시절 마을에 걸인들이 자주 찾아왔는데 그녀의 집을 방문하면 반상에 따뜻한 밥을 차려주곤 했다. 찬밥을 주는 일은 없었다. 걸인들이 현관 앞에서 쭈뼛거리면 반드시 방 안으로 들어와 식사를 하게 했다. 몇 년 후 조찬배는 어려운 이웃을 도와준 일이 있는데 문제가 생겨 10년에 걸쳐 빚을 갚아야 했다.

성만은 인사성 바르고 조용한 아이로 성장했다. 개구쟁이인 재성 형과 여러 면에서 달랐다. 책 읽는 걸 좋아했고, 학교에서 친구와 싸우는 일이 드물었다.

동생 태양이는 형제 중에 누구라도 맞거나 해를 입는 일이 생기면 반드시 찾아가서 따져 물었다. 때론 멱살잡이며 주먹다짐도 마다하지 않았다. 태양이는 불의를 보면 견디지 못하는 정의감이 넘치는 아이였다. 하지만 성만은 그런 일이 생기면 나서지 못하고 물끄러미 태양이를 바라보는 일이 많았다. 재성에게 성만은 동생이지만 어른스러워 가까이하기 어려운 동생이기도 했다.

어린 시절 성만은 고집 센 아이였다. 화나는 일이 생기면 하루 종일 방 구석진 곳에 눈을 감고 앉아 있었다. 문제가 풀릴 때까지 눈을 뜨지 않았다. 이처럼 고집 센 그를 형제들은 떼보(찌락소)라고 불렀다.

셋방살이 7년 만에 김복성과 조찬배는 그동안 모은 돈으로 집을 지었다. 성만은 가족들만이 살 수 있는 집이 생긴다는 생각에 설레었다. 1977년 전주시 금암동 545-145번지에 40평짜리 집이 완성됐다. 방 세 개와 마당이 있는 집이었다. 지금까지 조성만의 부모는 이 집에 살고 있다.

아들이 세상을 떠난 후 어느 날 조찬배가 말했다.

"여보, 이사 갑시다. 시내에 아파트를 알아보고 있응께 곧

방이 나올 거요."

김복성은 그 말을 듣고 안색이 변했다.

"아니, 무슨 말이에요. 전 여그가 좋은디."

"난 여기서 살기 싫어."

그 말을 듣자 김복성은 조찬배의 말을 이해했다. 아들의 기억이 자꾸 떠오르는 이 집을 떠나고 싶은 것이었다. 하지만 김복성은 아이의 숨결이 배어 있는 이 집을 떠난다는 것은 생각하기도 싫었다.

"성만이가 여깄는디 어디로 간단 소리래요? 난 죽기 전엔 이 집 못 떠나요."

김복성은 단호하게 자기 의견을 표현하는 사람이 아니었다. 하지만 이번엔 달랐다. 조찬배는 말을 누그러뜨렸다.

"그렇게 단정 짓지 말고 한 번 더 생각해봐요. 당신을 위해서 하는 말인디."

"갸 키운 추억을 나는 넘 못 주겄어요. 우리가 키웠는디 왜 넘을 줘요? 암도 못 줘요."

조찬배는 더 이상 설득하지 않았다.

지은 지 30년이 넘은 건물은 문틈이 벌어지고 흙벽이 갈라졌다. 겨울이면 외풍이 너무 심해 시린 손을 부비며 앉아 있어야 했다.

1980년 5월 18일

김복성이 현재까지 간직하고 있는 앨범에는 아들이 학창 시절 받은 상장 백여 개가 끼워져 있다. 반 남짓한 상장을 잃어버리고도 남은 것이다. 메달은 거의 남아 있지 않았다. 아들이 받은 메달만으로 한쪽 벽면을 다 채울 수 있을 정도였다.

성만은 어릴 때부터 수학에 특별한 재능을 보였다. 당시 유행하던 주산과 암산 능력은 타의 추종을 불허했다. 성만이 주산을 배우기 시작한 것은 국민학교 5학년 때 특별활동으로 주산부에 들어가면서부터다. 이때부터 주산에 재능을 발휘해 '전북의 별'을 수상했다. '전북의 별'은 전라북도 교육청에서 뛰어난 재능을 발휘한 어린이에게 시상하는 상이었다. 성만은 매주 월요일 전교생이 모이는 아침 조회 시간이면 허다하게 단상 앞으로 나가 상을 받는 단골 학생이었다.

그는 국민학교 시절 이미 주산 공인 8단이었다. 주산에 재능이 뛰어난 성인들도 따기 어려운 실력이었다. 그는 '한일학생 주산 실력평가 연합통신 경기대회'에서 2위를 했다. 조성만은 이때 1등을 놓친 일을 억울해했다. 일본 학생들이 사용하는 주판은 알을 정렬시켜주는 기능이 있는 데 반해, 그가 가져간 주판은 손가락으로 직접 정렬시켜야 했기 때문에 그만큼 셈의 속도에서 손해를 보는 면이 있었다.

조찬배와 김복성은 모든 면에서 아들이 믿음직했다. 성만이 주산학원을 다니게 된 것도 자신이 원해서였다. 성만은 어릴 때부터 스스로 판단하고 배울 것을 찾는 아이였다. 공부도 잘했고, 문제를 일으키는 성격도 아니었다. 책 읽는 것을 좋아하는 것도 보기에 흐뭇했다. 아들은 돼지저금통에 동전이 가득 차면 제일 먼저 책을 사러 가곤 했다. 두 사람은 아들이 원하는 것은 의심 없이 선뜻 수락했다.

마당이 있는 집에서 성만은 1977년 전주서중학교에 입학하고 1980년 해성고등학교에 입학한다.

성만은 조용하고 말수 적은 아이였지만 친구가 많았다. 어려운 아이들을 보면 먼저 도와준 뒤에야 자기 것을 챙기는 선한 성품이 친구들을 불러 모았다. 중학교와 고등학교 시절 성만의 집은 친구들의 집합 장소였다. 또래들이 놀러 갈 때 항상 모이는 곳이었다. 성만은 중학교 때부터 야구에 빠졌다. 친구들은 야구를 하러 가기 전 조성만의 집에 모였다. 주말이나 방학 때면 성만의 집이 북적거렸다. 조찬배와 김복성도 사람을 좋아하는 성격이라 성만의 친구들에게 푸짐하게 음식을 대접하고 아들처럼 대했다. 친구들은 성만의 집에서 솜씨 좋은 김복성의 음식을 먹을 수 있기 때문에 더 자주 들락거렸다.

1979년 10월 26일 박정희가 사망했다. 이에 앞서 1979년 10월 16일부터 19일까지 부산과 마산의 학생과 시민들이 "유신 철폐, 독재 타도"를 외치며 시위를 벌였다. 정부는 부산 지역에 계엄령을 선포하고 군을 투입했다. 마산·창원 지역엔 위수령을 선포했다. 부마항쟁은 전국으로 확산되었고, 박정희의 죽음의 계기가 되었다.

유신시대가 막을 내렸다. 하지만 그 자리에 신군부가 등장했다. 1980년 '서울의 봄'이 왔고 대학의 교정엔 철쭉이 피었다. 대학생들은 학원 민주화 투쟁을 위해 강의실 밖으로 나갔다. 노동자들은 민주노조를 만들었고 정부의 탄압으로 감옥에 갔다.

1980년 5월 13일, 전국의 대학생들이 가두시위를 벌였다. 학생들은 '계엄철폐'와 '유신잔당 퇴진' 구호를 외쳤다. '유신잔당'은 전두환 신군부를 이르는 말이었다. 5월 15일, 서울역 광장에 학생 10만 명과 시민 30만 명이 모였다. 대학생 지도부는 격론 끝에 서울역에서 철수한다. 이틀 후 신군부는 비상계엄을 전국으로 확대한다. 계엄령은 광주에서 비극을 불러왔다.

5월 20일, 전남도청 앞에 모인 20만여 명의 시민이 계엄군을 광주에서 몰아냈지만, 다음 날 광주는 고립되었고 학살이 시작되었다.

주한미군사령관 존 위컴은 자신의 지휘권하에 있는 4개 대대의 한국군을 광주 진압에 사용할 수 있도록 허락한다. 이로써 신군부 세력은 5월 27일 새벽, 도청을 진압한다. 5월 26일 밤 한 여성의 목소리가 어둠이 깃든 광주 시내에 울려 퍼진다.

"시민 여러분! 도청으로 나와주세요."

"지금 도청이 위험합니다. 제발 도청으로 나와주세요."

여학생은 차량을 타고 돌며 시민들의 참여를 호소했다. 시민들이 모여야 도청을 지킬 수 있었다. 도청을 지키는 것은 시민군과 민주주의를 지키는 일이었다. 시민들은 나갈 수 없었다. 나오지 않는 사람들을 향한 그 소리는 차라리 울부짖음이었다. 광주 시민들은 그 소리를 잊을 수 없었다.

살아남은 자들은 그 목소리로부터 자유로울 수 없었다. 그 소리는 80년대를 지배하는 소리였다. 어둠 속에서 귀를 찢는 총성이 울렸다. 총성과 함께 인간의 시간이 어둠 너머로 사라졌다. 학살의 새벽이 지나갔다. 정부는 언론을 통제했지만 광주의 진실은 살아남은 자들에 의해 조금씩 퍼져나갔다. 여학생의 목소리는 아주 조금씩 다른 도시로 퍼져나갔다.

광주에서 가까운 전주에도 그 목소리가 들려왔다. 1980년 5월 27일. 광주에서 시민군이 진압된 날이었다. 조성만은 이제 막 해성고등학교에 입학한 학생이었다.

1900년 설립된 전주의 가장 오래된 학교인 신흥고등학교 학생들이 운동장에 모였다. 광주학살 소식을 들은 학생들은 항의 시위를 벌였다. 학생들은 교문 밖으로 진출해 6개 고등학교 학생들과 도청으로 진입할 계획이었다. 누가 제작했는지 모르는 유인물이 곳곳에 뿌려졌다. 광주에서 벌어지는 일을 적은 유인물이었다.*

---

* 김환균, 〈1980년 5월, 신흥고등학교〉, 〈미디어오늘〉 칼럼, 2004. 5. 23. 참조.

신흥고 학생들이 운동장에서 반별로 스크럼을 짜고 교문 밖 진출을 시도했다. 하늘에선 군용헬기가 학생들을 위협했고, 교문 앞에선 무장한 군인들이 지키고 있었다. 학생들이 구호를 외쳤다.

"폭력진압 중지하고 전두환은 물러가라!"

교사들이 학생들 앞을 막아섰다.

"지금 나가면 너희들 다 죽는다."

학생들이 항의했다.

"불의를 보고 참으면 안 된다고 가르쳐주셨잖아요!"

교문이 막히자 학생들은 운동장과 강당에서 구호를 외치고 교가를 불렀다. 신흥고 교가는 만주의 독립운동가들이 즐겨 부르던 노래였다.

학생들은 진압되었다. 전주의 다른 고등학교 시위도 원천 봉쇄되었다. 조성만이 헐레벌떡 집으로 뛰어왔다. 해성고에서도 매일 전투경찰이 교문 앞을 지키고 있었다. 그는 형 조재성의 팔목을 붙잡았다.

"재성이 형, 큰일 났어. 경찰들이 마구 학생들을 때리고 끌고 가고 있어. 형, 빨리 가보자. 그대로 두면 큰일 날 것 같어."

그 모습을 본 김복성이 놀라 만류했다.

"무신 소리여? 어딜 간다고? 데모허는디 가믄 절대 안 된다."

조재성도 성만을 다독였다.

"성만아, 위험해서 안 돼. 광주에서 시민들을 다 죽여부렀는디 전주라고 안 죽이겠냐?"

"그런다고 이웃이 다치고 있는디 어떻게 가만히 있어?"

김복성이 애원했다.

"안 되어, 절대 안 되어. 못 간다. 거기 가믄 큰일 나."

성만은 형과 어머니의 만류로 결국 신흥고등학교에 가지 못했다. 그는 문정현 신부에게 들은 성경 구절을 떠올렸다.

"진실로 너희에게 이르거니와, 너희가 이 지극히 작은 내 형제들 가운데 하나에게 해주었을 때마다 나에게 해준 것이다."

성만은 신흥고 학생들을 돕는 것이 예수를 따르는 일이라고 생각했다. 그는 예수가 전경들에게 맞는 것을 돕지 못했다는 생각이 들었다. 그는 죽음을 각오하고 있었다. 그날부터 성만은 광주에 관한 무슨 소식이 들려오지 않을까 매일 라디오에 귀를 기울였다. 학교와 성당에 가면 친구들과 광주에서 벌어진 일에 관한 소문을 들으며 몸을 떨었다. 텔레비전 뉴스에선 언제나 첫머리로 전두환의 모습이 비쳤다. 이해할 수 없었다. 광주에서 사람들을 죽인 자가 대통령이었다. 대통령은 아무 일도 없었다는 듯 텔레비전에서 환하게 웃고 있었다. 성만은 세상에 비겁한 사람들이 많다는 것을 깨달았다. 성당의 문정현 신부만이 용기 있게 정부와 권력자를 비판하는 사람이었다.

신흥고 시위를 주도한 학생들은 광주 상무대 교도소에 수감되었다. 총 27명의 학생들이 정학, 무기정학, 퇴학을 당했다.

학교는 휴교에 들어갔고, 학생들은 학교에서 쫓겨났다. 그 일은 어느 신문에도 보도되지 않았다.

조성만의 집은 전북대학교에서 가까운 곳에 위치해 종종 대학생들이 스크럼을 짜고 팔달로를 행진하는 모습을 볼 수 있었다. 그런 날 성만은 옥상에서 대학생들이 시위하는 모습을 구경했다. 전경들에게 쫓겨 마을 골목을 뛰어가는 대학생들도 자주 볼 수 있었다. 시위 도중 전북대 학생이 성만의 집에 들어와 피신한 적도 있었다. 시위가 있는 날엔 최루가스가 마을에 퍼져 외출을 할 수 없었다.

문정현 신부를 만나다

해성고는 천주교 재단의 학교였다. 학교에서 천주교 신앙을 갖게 된 성만은 해성고에서 종교감을 지낸 문정현 신부의 이름을 접하게 된다. 그는 문정현이 있는 중앙성당을 찾아가 미사에 참여하기 시작했다. 문정현은 1980년 1월 16일 전주 중앙성당에 부임했다. 중앙성당엔 문정현과 함께 박인호 보좌신부, 문규현 신부가 있었다.

중앙성당에는 동아리인 여러 개의 셀(cell)이 있었다. 해성고 학생들의 모임은 에뚜왈 셀이었다. 그는 에뚜왈 셀에서 윤석정, 서길석, 문기연 등과 함께 활동한다. 에뚜왈 셀은 중앙성당

내 교리연구실에서 모임을 가졌다. 셀의 학생들은 《공동번역 성서》를 함께 읽고 신앙을 나누었다. 셀에서 활동한 친구들에게 조성만은 신앙이 진지한 친구였다. 그는 친구들에게 말하곤 했다.

"나는 나중에 신부가 될 거야."

신부를 꿈꾸는 신앙인 조성만은 문정현 신부에게 영세를 받는다. 세례명은 요셉이었다. 이때 교리를 가르친 수녀가 현재 인보성체 수녀원에 있는 목 수녀이다. 목 수녀는 그에게 영세를 받은 기념으로 묵주를 선물했다. 이 묵주는 조성만이 죽기 전까지 간직한다. 중앙성당의 문정현 신부와 그의 동생인 문규현 신부는 사춘기 시절 조성만의 삶을 이끈 목자였다.

성만은 문정현 신부에게 고등학교 시절부터 편지를 보낸다. 편지는 군 제대 후까지 쓰인다. 편지엔 신앙에 대한 진지한 관심과 궁금증이 담겼다. 그는 예수가 궁금했다. 퍼내도 마르지 않는 샘물처럼 예수는 많은 비밀을 간직한 사람이었다. 고등학생답지 않은 성숙하고 진지한 내용의 편지를 읽은 문 신부는 인상적인 이 학생을 기억하고 답장을 쓴다.

영세를 받던 날, 비록 어린 학생이었지만 조성만은 평생 예수의 뜻을 따라 살기로 약속한다. 그는 일요미사는 물론 새벽미사, 학생부 수련회 등 성당 활동에 참여하며 신앙생활을 한다. 그리고 동은교회에 다니던 형 재성과 종교에 관한 토론을 자주 나누었다. 성만은 절에 다니는 어머니와 형제들에게 예수와 성모 마리아에 대해 종종 설명했다.

"엄마, 예수님은 목수였대요. 나도 목수가 될까?"

김복성이 웃으며 대답했다.

"예수님이 목수 되랬다고 성경에 써 있냐? 사람들이 목수도 허고 농부도 허고 의사도 혀야지 다 목수만 하믄 어떻게 먹고 살겄냐?"

성만은 목 수녀에게 받은 묵주를 항상 손목에 걸고 다녔다. 그의 책엔 대부분 성모 마리아의 모습과 함께 성경 말씀이 적힌 책갈피가 꽂혀 있었다. 교과서 맨 뒤페이지엔 그가 적은 성경 구절이 있었다. 유품인 그가 쓰던 성경책의 책갈피엔 이런 구절이 적혀 있다.

말씀이 세상에 계셨고 세상이 이 말씀을 통하여 생겨났는데도 세상은 그분을 알아보지 못하였다.

고등학교 때 쓰던 성경책 앞장 여백엔 그가 영어로 직접 쓴 구절이 있다.

예수가 말했다. 나는 길이요, 진리요, 생명이라. 누구도 나로 말미암지 않고는 아버지께 올 사람이 없다.(요한복음서 14:6)

섬세하고 여성스러운 그는 성경책을 사면 겉면을 종이로 싸서 보관했다.

성만은 고등학교 시절 자전거를 타고 학교와 집, 독서실에 다니는 규칙적인 생활을 했다. 학교에서 그는 오전 7시 50분부터 자율학습을 시작했고, 수업을 마친 후 다시 오후 8시부터 11시까지 야간학습을 했다. 야간학습을 마치면 독서실에서 늦은 공부를 하고 귀가했다.

성만은 고등학교 3학년 때 교사 백무정을 만났다. 조성만은 이과반인 3학년 8반이었고, 백무정이 담임이었다. ROTC 장교 출신의 백무정은 학생들 하나하나에 관심이 많은 열정적인 젊은 교사였다. 당시로선 드물게 학생들과 상담을 자주 했다. 백무정은 아침 조회 시간에 출석부를 보지 않고 1번부터 마지막 순번까지 학생들의 이름을 정확하게 호명했다. 조성만은 젊음을 온통 교육에 바치는 백무정을 존경했다. 그의 제자들 중엔 조성만을 비롯해 나중에 운동권 학생이 되거나 민주화운동에 뛰어든 학생들이 많았다.

윤리 교사인 백무정은 학교의 동향을 파악해 정부에 보고하는 역할을 맡고 있었다. 당시 전국의 고등학교 윤리 주임이면 누구나 맡는 일이었다. 윤리 주임들만 알고 다른 교사들은 모르는 비밀 업무였다.

책 여러 권 두께의 보고서엔 교사와 학생들의 행동에 이상한 점이 없는지 구체적으로 묻는 질문이 많았다. 그는 매 항목마다 '해당 없음'이라고 적었다. 이러한 불성실한 보고가 문제가 되어 그가 안기부 대공분실에 끌려간 일이 있었다. 조사실에 들어섰을 때 그가 만난 사람은 안면이 있는 ROTC 선배였다. 아는 사람이라 반가운 마음이 들었지만 그 선배는 처음부터 반말이었다.

"야 새꺄, 너 죽을래? 다른 학교는 다 있는데 왜 너네는 없어? 해성고하고 성심여고는 왜 없어?"

학생들에게 불온한 사상을 전파하는 교사들이 왜 해성고엔 없느냐는 말이었다. 해성고와 성심여고는 전주에서 둘뿐인 가톨릭 재단의 고등학교였다.

"없는 걸 어떡합니까? 구체적인 게 나오면 내가 책임지겠습니다. 그땐 나를 잡아가세요."

말을 마치자마자 구타가 시작됐다. 백무정은 그 후에도 교사들에게 해가 되는 내용을 피해 보고서를 작성했다.

가톨릭 재단의 해성고는 전주의 고등학교들 중 반체제 의식이 강한 교사들이 많았다. 수업 중에도 거리낌 없이 정부를 비판하는 발언으로 교사들은 학생들의 존경을 받았다. 당시엔 수업 중 발언이 문제가 되어 '남산'에 불려간 후 폐인이 된 교사들이 적잖았다.

백무정이 담임을 맡은 3학년 8반 실장은 박동민, 부실장은 조성만이었다. 실장과 부실장 사이가 돈독해 다른 반 교사들이 부러워할 정도로 융합이 잘되는 반이었다. 백무정에게 조성만은 나무랄 데 없는 학생이었다. 처음부터 눈에 띄는 용모였다. 키가 크고 잘생긴 데다 호감이 가는 학생이었고, 이과 전체에서 7, 8등의 성적을 유지하는 수재였다. 모난 행동이 없어 학생들의 지지를 받았고, 조용한 성격이었지만 통찰력이 깊고 명석했다. 그의 조용한 리더십은 학생들 사이에서 협동을 잘 이끌어냈다. 이 시절 조성만은 윤석정, 양계모 등과 가깝게 지냈다.

삶의 고비랄 만한 게 없는 평화로운 시간이 흘러갔다. 부모님은 그가 요구하는 것은 어려움을 감수하고서라도 무엇이든 들어주려 노력했다. 그가 원하는 것은 야구를 제외하곤 대부분 배움의 열의에서 나온 것이었다.

한번은 성만이 바이올린을 사달라고 부탁했다. 당시 바이올린은 비싼 악기라 선뜻 대답하기 쉽지 않았지만 조찬배는 고민의 여지 없이 그러마라고 했다. 성만은 음악학원에 다니며 바이올린을 배웠다. 학원에 다녀오면 자기 방으로 들어가 조용히 악기 연습에 열중했다. 한 번 방 안에 들어가면 바이올린 연주에 빠져 몇 시간이고 나오지 않았다. 성만의 바이올린은 줄 하나가 끊어진 채로 지금까지 김복성이 간직하고 있다.

군부정권은 광주민중항쟁을 무력으로 진압한 후 3S(스포츠, 섹스, 스크린)정책을 도입했다. 사회에 대한 국민들의 관심을 돌리기 위한 목적이었다. 1980년 12월 1일 컬러텔레비전 방송이 시작되었다. 첫 컬러텔레비전 방송 프로그램은 KBS에서 방영한 수출의 날 기념식이었다. 컬러텔레비전은 이미 1974년부터 제작되고 있었지만 군사정권은 '사치풍조를 조성한다'는 이유로 국내 판매를 금지하고 있었다. 1981년엔 아시안게임과 올림픽게임을 유치했다. 1982년, 37년 만에 야간통행금지를 풀었다. 그리고 그해에 프로야구가 출범했다.

야구는 성만이 학창 시절 유일하게 좋아한 스포츠다. 실업야구 시절부터 그는 모자, 방망이, 글러브 등을 갖추고 친구들과 야구를 즐겼다. 프로야구 출범과 함께 전국은 야구의 열기로 들끓었다. 학생들은 순식간에 야구의 매력에 사로잡혔다.

성만과 친구들은 해태 타이거즈 팬이었다. 1982년 원년 우승은 OB베어스가 차지했지만 성만과 친구들의 우상인 김봉연 선수가 홈런왕을 차지했다.

성만이 좋아한 고교야구 팀은 군산상고였다. 2학년 때는 수학여행 중에 군산상고와 천안북일고의 결승전 경기가 열렸다. 성만은 친구들과 함께 라디오를 들으며 조계현, 장호익 선수의 활약에 열광했다.

성만의 포지션은 투수였다. 그는 강속구 투수로 유명했다. 직구엔 능했지만 변화구에 약해 제구력이 좋은 편은 아니었다. 성만은 방과 후나 시간 나는 틈틈이 해성고 운동장에서 공을 던지며 피칭 연습을 했다. 운동장에선 성만의 강속구가 글러브에 빨려 들어가면서 나는 시원한 소리가 들리곤 했다. 학창 시절 그와 함께 야구를 즐기던 친구는 윤석정, 이정인, 김명원,

류기수 등이었다.

조성만은 야구 유니폼을 직접 도안해서 동생 성환에게 선물하기도 했다. 그는 그림 그리는 것을 좋아해 책 겉표지에 다양한 문양을 새겨 넣거나 타이포그래피로 장식하곤 했다. 나무를 깎아 조각하는 일도 즐겼다. 코끼리나 토끼를 조각해 책상에 올려두고 감상했다.

대학 1학년 때는 '재경 해성고 동문회' 친구들과 '딱따구리'라는 야구 동아리를 만들어 정식으로 유니폼을 입고 야구 경기를 했다. 한 달에 한두 번 만나 다른 동문회 야구팀이나 야구동호회 팀과 정식 경기를 벌였다.

'딱따구리'엔 고등학교 친구들인 김명원, 윤석정, 김영백, 이정인, 장재명, 윤희수, 김영백, 조민영이 함께했다. '딱따구리'는 자주 훈련을 하기 어려웠기 때문에 실력이 좋은 팀은 아니었다. 실력 차를 고려해 '상대 팀은 도루하지 않기' 등의 변칙적인 룰을 만들어 경기를 했다. 조성만은 선발투수였고 제구력이 좋은 김영백은 중간계투였다.

고등학교 시절 성만의 생활기록부 '진로' 항목엔 부모님의 희망과 학생의 희망이 별도로 표기되어 있다. 부모님의 희망 진로는 '경영학과와 공대'였고, 성만의 희망 진로는 '의사'였다. 진로를 결정해야 하는 3학년이 되자 성만은 부모님에게 대학에서 배우고 싶은 것을 얘기했다.

"아버지, 저는 의대에 입학해 의사가 되고 싶어요."

조성만이 가고 싶은 학교는 가톨릭의대였다. 가톨릭의대는 천주교에서 운영하는 의사 양성 교육기관이었다. 의대는 조찬배가 염두에 둔 과가 아니었다. 의대에 보내려면 적잖은 학비가 부담이었다. 그는 난색을 표했다.

"왜 의대에 가고 싶은디?"

"가난한 농민들을 도와주는 사람이 되고 싶어서요. 병이 생겨도 돈이 없어서 고치지 못하고 죽어가는 농민들이 많아요. 섬에 사는 가난한 어민들도 무료로 치료해주면서 살고 싶어요."

조찬배는 한동안 말을 잇지 못했다. 김복성은 옆에서 가만히 바라볼 뿐이었다. 조찬배가 고민 끝에 입을 열었다.

"네 뜻은 이해하지만 의대는 보내줄 수 없다."

조찬배는 이유를 설명했다.

"재성이 학비도 대야 허고 니 밑으로 또 태양이, 성환이도 대학을 보내야 허는디 6년씩이나 니 뒷바라지할 형편이 안 뎅께 그리 알아라."

조찬배는 박봉의 공무원 월급으로 버거운 네 형제의 학비를 고려해야 했다. 큰형 재성이 전북대학교에 다니고 있을 때였다.

성만은 가정 형편이 어렵다는 말에 더 대꾸할 수 없었다. 그는 가톨릭대학교에 가고 싶었지만 어떤 연유에선지 부모에게 신부가 되겠다는 계획을 감추고 있었다.

어머니 목숨을 건 대학시험

한겨울의 차가운 어둠 속에서 대문 닫히는 소리가 쾅 하고 들렸다. 좁은 골목을 달리는 발자국 소리가 연달아 들렸다. 성만이 황급히 집을 나서고 있다. 그의 귀엔 자신의 거친 숨소리와 빠른 심장박동 소리만이 들려왔다. 성만은 서둘러 택시를 잡아타고 전북대병원으로 향했다. 택시에 오르고서야 한숨을 돌릴 수 있었다. 그는 어머니가 병원에서 수술을 마쳤다는 소식을 방금 들었다.

그가 대학 입학을 위한 학력고사를 보고 있는 동안 어머니는 수술을 받고 있는 중이었다. 같은 시각, 두 사람은 인생의 기로에 서 있었다.

김복성이 자궁암 초기 진단을 받은 것은 6개월 전이었다. 자궁암 증세는 1년 전부터 나타났다. 어느 날부턴가 하혈이 시작되었다. 처음엔 대수롭지 않게 생각했지만 갈수록 증세가 심해졌다. 성만의 학업을 생각한 김복성은 병원에 가는 일을 미뤘다. 하지만 갈수록 몸 상태가 심상치 않았다. 그녀는 전북대병원을 찾아갔다. 조직검사 후 결과가 나왔다. 의사의 진단은 희망적이지 않았다.

"자궁암입니다. 다행히 암 초기입니다. 증세가 있었을 텐데 왜 이렇게 늦게 오셨어요?"

김복성은 오히려 암 초기라는 데 다소 안도했다. 의사가 말했다.

"바로 수술하셔야 되겠어요."

김복성은 날짜를 헤아렸다. 성만의 시험일이 반년가량 남아 있었다.

"지금은 안 돼요. 우리 아들이 고 3인디 제가 병원에 누워 있으믄 누가 뒷바라지를 혀요? 제 상황이 그려요."

의사는 황당한 표정을 지었다. 하지만 김복성은 진지했다. 그녀는 매일 두 개의 도시락을 싸서 성만을 학교에 보냈다. 뒷바라지를 대신할 사람이 없었다. 게다가 어미가 암 수술을 하면 성만의 마음이 흔들려서 공부가 제대로 될 리 없다고 생각했다.

"제가 수술할 날은 우리 아들 시험 보는 날이랑께요."

수술 날짜는 성만의 시험 날짜와 같은 날로 결정되었다. 한 달, 두 달이 지나면서 하혈 양이 많아졌다. 요강 위에 앉으면 피가 쏟아져 내렸다. 서너 달이 지나면서부터 하혈할 때마다 요강을 채울 만큼 피가 가득했다. 김복성은 조금만 더 참자고 속으로 기도했다. 시험 날짜가 가까워오면서 현기증이 시작됐다. 집안일을 하다 어지럼증이 일어 일을 멈출 때가 많았다. 병원에 다시 찾아갔을 때 의사는 조바심을 냈다. 수술을 서둘러야 한다고 누차 강조했다.

"참말로 못헌당께요."

한번 굳힌 김복성의 결심은 바뀌지 않았다. 그녀는 아들의 인생을 그르칠 수 없다고 생각했다. 고통이 느껴질 때마다 태몽을 생각했다. 세상에서 큰일을 할 아이의 앞길을 자신이 막을 수는 없었다. 시험을 몇 주 앞둔 때부터 하혈과 현기증 증상이 심해졌다. 시시때때로 일을 멈추고 부엌 의자에 앉아 호흡을 고르고 요강 가득 하혈을 했다. 혹시나 성만이 눈치챌까 내색을 하지 않기 위해 무던히 애를 썼다. 그런 와중에도 불공드리는 일을 게을리하지 않았다.

김복성은 아기들이 사용하는 기저귀를 사서 속옷 대신 입었다. 시시때때로 흘러나오는 피를 막기 위해서였다. 부엌에서 요리를 하는 중에도 피가 주르륵 흘러나왔다. 아들에게 찬밥을 주는 일은 없었다. 매일 기저귀를 찬 채 시장에 가고, 찬거리를 다듬고, 빨래를 하고, 청소를 하고, 요리를 했다. 새벽 일찍 일어나 남편과 성만, 그리고 세 아들의 도시락을 준비했다. 하루 서너 시간밖에 잠들지 못하는 날도 많았다. 고통을 견딜 수 없을 때면 방바닥에 누워 부처님께 기도했다.

'나무아미타불. 제발 우리 성만이 시험 때까지는 살려주서요.'

자식을 대학에 보낼 수 있다면 자신은 죽어도 좋다고 생각했다.

학력고사 날이 되었다. 김복성은 이날 아침까지도 성만의 아침을 준비했다. 성만이 시험을 보러 집을 나선 후에야 그녀는 보따리를 쌌다. 조찬배와 함께 병원으로 향하면서도 김복성은 점심시간에 맞춰 도시락을 보내주지 못하는 게 마음에 걸렸다. 수술은 오후 3시에 예약되어 있었다. 조찬배와 성만의 큰고모가 병원을 지켰다. 자궁을 들어내는 수술은 다섯 시간에 걸쳐 진행됐다. 같은 시각, 아들은 시험 문제를 풀고 있었다. 수술은 성공적으로 끝났다. 학력고사를 마친 성만이 병원에 도착했을 때 그녀는 수술의 통증에서 회복되고 있는 중이었다.

"성만아, 섬 잘 봤어?"

성만이 병실에 도착했을 때 그녀가 건넨 첫마디였다. 성만은 망연자실했다. 김복성이 말했다.

"엄마 오늘 수술했어."

김복성은 수술을 하고 난 이제야 자궁암에 걸렸다는 사실을 밝혔다. 아들은 지친 모습으로 누워 있는 어머니를 제대로 볼 수 없었다.

"네, 엄마. 시험 잘 봤어요."

"그려? 아이고, 고맙다. 잘했다, 잘했다."

시험을 잘 봤다는 말에 순식간에 병이 다 사라지는 것 같았다.

합격자 발표를 보기 위해 성만은 서울로 향했다. 서울대학교에 도착했을 때 이미 많은 학생들이 벽에 나붙은 합격자 명단을 바라보고 있었다. 성만은 모여 있는 학생들을 향해 천천히

다가갔다. 지난 3년 노력이 결실을 맺을지 물거품이 될지 곧 알게 될 것이다. 성만은 숨죽이며 천천히 눈을 들어올렸다. 그가 지원한 '유전공학과'가 쓰인 벽보 아래 명단을 하나씩 읽어 내려갔다. 그의 이름이 없었다. 되풀이해 명단을 읽었지만 자신의 이름을 찾을 수 없었다. 겨우 3점 차이로 낙방한 것이었다. 아쉬운 점수 차였다. 성만은 자신이 한없이 초라하게 느껴졌다. 초라함보다 부끄러움이 더 크게 고개를 내밀었다. 어머니를 볼 면목이 없었다.

주변의 학생들이 지르는 환호성이 들렸다. 성만은 고개를 수그리고 환호성 밖으로 빠져나왔다. 암과 싸우며 성만의 미래를 위해 자신을 희생한 김복성의 바람과 달리 결과는 그 겨울의 날씨처럼 추웠다.

교정을 빠져나온 성만은 종로학원을 향해 지하철을 탔다. 종로학원은 재수생들의 대입 준비 학원으로 유명한 곳이었다. 학원에서 등록을 마치고서야 고향에 전화를 걸었다. 낙방 소식을 안고 내려가는 겨울의 호남선 열차는 쓸쓸했다. 기차 안에서 그는 자신의 나태를 꾸짖었다. 실패를 되풀이할 수 없었다. 성만은 집에 도착하자마자 짐을 싸서 서울로 올라갔다.

부모님은 "열심히 해라"라는 한마디뿐 더 이상의 말과 간섭은 없었다. 뜻하는 바는 기어코 해내고 마는, 집념이 강한 아들에 대한 믿음을 놓지 않았다.

성만은 서울에 도착해 독서실에 짐을 부리고 외로운 싸움을 시작했다. 그는 종로학원 이과 21반이었다. 류기수 등의 친구들과 함께 재수를 했고, 전주에서 재수를 하는 김명원 등과 편지를 주고받았다. 조성만이 보내는 엽서와 편지 맨 위에는 언제나 '찬미 예수님!' 이라는 문구가 적혀 있었다.

가끔 주말엔 안양에서 노량진 학원을 오가는 재수생 윤석정의 집에 찾아가 얘기를 나누다 자고 오곤 했다. 윤석정과 조성만은 고향 모산마을에서 위아랫집에 살던 어린 시절 친구였다.

학원과 독서실을 오가는 날의 반복이었다. 숙식은 독서실에서 해결했다. 그가 머무는 독서실은 서너 평가량의 작은 방이었다. 방 안에서 네 명의 재수생이 함께 생활했다. 한 사람당 책상을 포함해 한 평도 되지 않는 공간이 주어졌다. 네 개의 책상이 있었고, 취침 시간이면 책상과 책상 사이에 담요를 깔고 몸을 새우처럼 구부려 잠들었다. 다리는 책상 밑으로 뻗었다. 숙면을 취하지 못하고 자다 깨는 일이 많았다.

하루는 김복성이 성만의 독서실을 방문한 적이 있었다. 그녀는 아들이 공부하는 독서실을 둘러본 후 식당에 내려갔다. 주방에서 일하는 주인아주머니가 식탁 위에 밥을 차려주고 있었다. 그런데 김복성이 보니 다른 학생들 밥 위엔 계란 프라이가 얹혀 있는데 성만이 밥 위엔 없었다. 이상하게 여긴 그녀가 아주머니에게 물어보았다.

"아주머니, 계란 프라이는 다들 주는 거 아닌가요?"

"아니에요. 돈을 더 주는 사람은 얹어주고, 더 주지 않는 사람은 못 주죠."

그녀는 아들이 돈이 없어 계란 프라이를 먹지 못한다는 생각에 마음이 불편했다. 그래도 다들 제 자식 같은 학생들이 와서 공부하는데 계란 하나 아끼려는 서울 인심이 야속했다. 지난해처럼 전주에서 데리고 있으면서 끼니를 챙겨주지 못하는 상황도 안타까웠다.

종로학원에서 1년을 보낸 후 성만은 고향집으로 내려왔다. 학력고사는 전주에서 치러야 했다. 학력고사를 치른 후에야 성만은 시험 준비의 중압감과 긴장에서 벗어날 수 있었다.

학력고사를 본 다음 날이었다. 긴장에서 풀려나자 잠재된 병증이 밖으로 튀어나왔다. 그는 기침을 뱉기 시작하더니 연거푸 쿨럭거렸다. 기침은 점점 심해지고 멈출 수 없었다. 방바닥에 앉으려 할 때 이번엔 쥐가 났다. 무릎 관절이 펴지지 않았다. 곧이어 온몸이 굳고 다리에 견딜 수 없는 통증이 엄습했다. 김복성은 음식을 준비하고 있었다. 갑자기 성만의 방에서 신음소리가 들려왔다.

"엄마! 엄마!"

부엌에 있던 김복성은 성만의 방으로 향했다. 방 안에서 성만이 뒹굴고 있었다.

"아가, 왜 그러냐?"

김복성은 아들을 끌어안았다. 어지간한 고통은 표현하지 않는 참을성 많은 아이였다.

"나 죽겠어요. 다리가 펴지지 않아."

성만은 몸부림을 쳤다. 고통이 심해 절로 눈물이 나왔다.

"엄마! 어떡해요? 다리가 끊어질 것 같아요."

성만은 몸을 어머니의 무릎에 기댔다.

"아가, 왜 그려? 왜 그려?"

김복성도 성만을 끌어안고 함께 울었다. 마냥 그러고 있을 수 없었다. 어머니는 성만의 다리를 주물렀다. 잠시 후 성만이 이를 악물고 말했다.

"제가 독서실에서 다리를 뻗고 자본 적이 없어요. 그래서 안 펴지나 봐요."

김복성은 좁디좁은 독서실 방을 떠올렸다. 그녀는 성만을 부축해 택시를 탔다. 일주일 동안 치료한 후 성만은 서서히 건강을 되찾았다.

성만이 이번에 지원한 곳은 서울대 자연대 화학과였다. 삼수까지 도전할 형편은 안 되었기에 합격 가능한 곳으로 낮춰 지원했다. 조성만은 지난해보다 1점 높은 점수를 얻었다. 결과적으로 1점을 더 얻기 위해 지난 1년간 공부한 것이다.

합격자 발표가 나던 날, 김복성은 아침부터 안절부절못했다. 결과가 어떻게 나올지 전전긍긍하며 집 안과 마당을 맴돌았다. 전화벨 소리가 울릴 때면 가슴이 덜컥했다. 안방과 작은방, 부엌과 화장실을 끊임없이 왔다 갔다 하며 전화벨 소리만 기다렸다. 다시 1년을 더 공부해야 하는 상황을 생각하면 막막하기 그지없었다. 지난 2년 동안은 자신도 수험생이나 다름없는 시기였다. 점심시간이 넘어서부터 마음이 더 조급해졌다. 합격하면 전화가 올 것이고 합격하지 않으면 전화를 하지 않을 것이다. 여느 날보다 긴 하루였다. 전화벨이 울렸다. 아예 전화기 앞에서 대기하던 김복성은 냉큼 수화기를 들었다. 학수고대하던 성만의 목소리였다.

"엄마, 나 합격했어요."

그 소리를 듣자 모든 긴장이 풀렸다. 합격 소식이 전해지던 그날은 조성만의 가족사에서 가장 행복한 날이었다. 조찬배와 김복성은 이날부터 한 달 동안 인생에서 가장 행복한 시간을 맛보았다고 회고했다. 만나는 이들마다 아들의 합격을 축하했다.

대학생이 된 조성만은 서울대학교에서 인생의 2막을 시작했다. 1980년대의 다른 대학생들처럼 그도 무대에 서는 법을 미리 배울 여유는 허락되지 않았다. 데모 진압용 페퍼포그 차량에서 발사되는 최루탄처럼 대학 시절은 예상치 못한 방향으로 그를 내몰았다.

3부
1984

슬퍼하는 사람은 복이 있다. 하느님이 그들을 위로하실 것이다.
의에 주리고 목마른 사람은 복이 있다.
그들이 배부를 것이다. 평화를 위하여 일하는 사람은 복이 있다.
하느님이 그들을 자기의 자녀라고 부르실 것이다.
옳은 일을 하다가 박해를 받는 사람은 복이 있다. 하늘나라가 그들의 것이다.

마태오복음서 5장 중에서

80년대와 빅 브라더

조성만이 서울대학교에 입학한 해는 1984년이다. 그해는 조지 오웰이 전체주의 디스토피아의 세계를 그린 소설 《1984》의 시간적 배경이 되는 해다. 《1984》는 일본의 소설가 무라카미 하루키의 소설 《1Q84》의 집필에 계기를 준 소설이다. 조지 오웰이 1949년 이 책을 집필하면서 상상한 30년 후의 미래는 실제 조성만이 대학을 다닌 1984년의 한국 사회와 묘하게도 닮아 있다.

《1984》의 세계는 통제와 검열의 시대를 그리고 있다. 개인의 삶이 존재하지 않는 세계. 그 중심엔 큰형님 '빅 브라더'가 있다. 짙은 눈썹과 수염, 매서운 눈의 그는 독재자이다. 주인공의 언어와 행위, 일과 휴식은 모두 빅 브라더에 의해 감시되고 통제된다. 심지어 일기를 쓰는 것까지. 표정 하나까지도 누군가에 의해 관찰된다. 이런 세계에서 한 개인의 주체적이고 자유로운 발언은 용납될 수 없다. 사회에 대한 비판은 허용되지 않고, 진실은 은폐되어 있다.

소설 속에서 세계는 유라시아, 이스트아시아, 오세아니아 세 개의 국가로 나뉘어 있다. 세 개의 국가는 언제나 전쟁 중이다. 주인공의 국가인 오세아니아 언론은 자국 정부를 찬양하고 타국에 대한 적개심을 부추긴다.

1980년대 한국 사회는 광주에서 시민들을 학살한, 독재자 빅 브라더에 의해 통제되는 사회였다. 권력은 남북 분단과 휴전 상황을 이용해 국가보안법으로 국민들의 저항을 통제했다. 보도지침에 의해 언론은 독재자가 원하는 내용만 기사로 쓸 수 있었다. 국민들은 실제 사회의 모습이 아닌, 빅 브라더가 원하는 것만 알고 있었다.

정부는 방송과 언론을 장악했다. 전 국민의 일거수일투족을 감시하는 소설 속의 미디어 '텔레스크린'처럼 보도지침과 검열은 일상적인 것이었다.

하지만 민주주의 염원의 가냘픈 몸짓은 어두운 시대에 작은 촛불을 켜고 새 시대를 예비하고 있었다. 대학생들은 '빅 브라더'에 맞서 저항했다.

학생들은 독재자의 눈을 피해 지하실에서 등사기로 정부를 비판하는 글을 인쇄했다. 그것은 유인물이라고 불렸다. 알려지지 않은 세상의 다른 모습이 유인물을 타고 조금씩이나마 사람에서 사람으로 전달되었다. 빅 브라더는 '운동권'이라는 용어를 만들어 학생들을 분리했다. 빅 브라더는 때론 학교에 군인을 투입했고, 때론 경찰을 상주시켰다. 교수들은 빅 브라더에게 충실히 봉사했다. 당시 서울대를 다니던 학생들이라면 누구나 알고 있는 일화가 있다. 중화요릿집 '왕도장'에서 벌어진 일명 '왕도장 사건'이다.

1983년 5월, 서울대 자연대에서 봄 축제가 한창일 때 체육대회를 마친 학생들이 회식을 하기 위해 봉천동의 중화요릿집 왕도장을 찾아 걸어갔다. 무리 지어 걸어가던 학생들은 장난삼아 스크럼을 짰다.

학생들이 중화요릿집에 도착해 술을 마시고 있을 때 전경들이 건물을 포위했다. 스크럼 짜는 모습을 본 경찰에서 이를 실제 상황으로 오인한 것이다. 전경들과 함께 도착한 자연대 교수들이 집단으로 식당 입구를 막아섰다. 교수들은 학생들을 경찰에 넘기기 위해 온 것이다. 그중 자연대의 대표 교수인 학장이 식당 입구에서 마이크를 잡고 소리쳤다.

"너희들은 완전히 포위됐다. 순순히 항복하라!"

학장님의 선무(宣撫) 방송은 수차례 계속되었다. 학생들은 강의실에서 만나야 할 교수들이 집단으로 찾아와 제자들을 위협하는 상황에 어처구니가 없었다. 전경은 술을 마시고 있던 학생들 전원을 현장에서 조사했다. 학생들은 조사를 받은 후 모두 풀려났다. 잡아들이려 해도 학생들은 스크럼 짜는 장난을 하고 술을 마신 죄밖에 없었기 때문이다. 다음 날 수업을 받기 위해 강의실에 갔을 때 교수들이 다시 1학년 학생들을 불러 현장에 있던 선배들의 이름을 대게 했다.

소설에서 스미스와 줄리아는 텔레스크린을 피해 숲속에서 만난다. 1980년대의 숲속은 대학교였다. 대학교는 유일한 비판과 소통의 공간이었다. 이 숲속에서 사람들과 소통하고 체제를 비판하는 학생들은 고문을 받고 어딘가로 끌려갔다. 소설이 그린 세계처럼 학생들은 순식간에 사라졌고; 어디로 갔는지 알 수 없었다. 그들은 때로 변사체로 떠올랐고, 때로 감옥에서 고문에 의해 사망했으며, 때로 군대에 보내져 시체가 되었다.

디스토피아의 세계에서 학생들의 젊음은 5월 한철 피는 꽃처럼 금세 져 내렸다. 서울대 학생들의 경우만 해도, 1981년 도서관에서 투신한 김태훈, 시위를 벌이며 밧줄을 타고 내려오던 황정하, 그리고 녹화사업으로 군대에 끌려간 많은 학생들이 목숨을 잃었다.

그런 상황에서도 1980년대의 대학생들은 희망을 잃지 않았다. 조지 오웰이 '프롤'에게 희망을 지녔듯 대학생들은 모든 것을 잃은 자들, 즉 무산자인 '프롤레타리아'에게 희망을 지니고 있었다.

대학 시절 조성만은, 왼발은 서울대학교에, 오른발은 명동성당에 디디고 있었다. 그가 주로 활동한 공간은 명동성당이었다. 같은 과 동기이면서 자연대 지하서클에서 함께 활동한 신건승(서울대 화학과 84학번)은 같은 과이면서도 조성만을 서클에서 처음 만났다고 회고했다.

조성만이 서울대에 입학한 1984년은 '학원 자율화 조치'로 교내에서 사복경찰들이 물러난 해이다. 하지만 정보과 형사들이 교내 도처에서 활동하고 있었다.

1983년 12월, 전두환은 구속자 석방, 제적학생 복교 조치 등

자율화 시책을 편다. 1984년 6월 학생들과 노동자, 농민, 재야 인사들이 모여 민중민주운동협의회(민민협)를 결성한다. 학원가는 반(半) 합법 공간이 되면서 분위기가 활발해진다. 이른바 유화 국면에서 학생들은 저항의 세를 확대한다.

1984년이 되자 학교 분위기는 1983년과 달라져 숨죽였던 새싹들이 조금씩 밖으로 얼굴을 내밀었다. 이와 함께 공식적인 집회가 열렸다. 이전까지의 시위는 집회를 주도하는 사람이 도서관 난간 등에 갑자기 나타나 선전물을 뿌리는 방식이었다. 대자보는 구경할 수도 없었다. 그러나 공개적인 집회와 함께 교내 곳곳에 대자보가 붙기 시작했다. 언론이 정부의 선전물로 전락하자 가장 직접적인 형태의 언론인 대자보 문화가 활발해진 것이다.

조성만도 대자보를 통해 사회를 읽었다. 대자보의 상당수는 광주민중항쟁에 관한 내용이었다. 조성만이 대자보를 읽을 때 옆에 있던 학생이 처참한 학살의 풍경을 보고 울음을 터뜨린 적도 있었다. 대자보에 인쇄된 사진 속에 공수부대에 의해 학살된 시체가 널브러져 있었다. 조성만은 차마 사진을 계속 바라볼 수 없어 눈을 감았다. 그때 갑자기 옆에서 사진을 보던 여학생이 흐느끼는 소리가 들렸다. 눈을 감은 그의 귀에 여학생의 울음소리가 너무도 생생하게 들려와 조성만은 깜짝 놀랐다. 여학생의 흐느낌은 멈추지 않았다. 여학생은 무릎에 얼굴을 파묻고 대자보 앞에서 계속 울고 있었다. 깊은 밤 소쩍새의 피울

음처럼 울음소리는 조성만의 가슴을 파고들었다.

　조성만이 입학한 해인 1984년과 이듬해인 1985년은 학생운동이 활발하게 꽃을 피우고 있었다. 학생들은 빠르게 공개적인 동아리, 비합법 지하서클 등을 만들어 후배들을 교육시켰다. 집회가 열리면 거의 모든 학생이 참여했다. 다른 학생들처럼 조성만도 거의 모든 집회에 참여하여 '독재정권 타도'를 외쳤다.

　1970년대 대학가를 누비던 통기타 문화는 이 시기에 이미 자취를 감췄다. 노래 동아리는 '메아리'가 유일했다. 1981년 어용 조직인 학도호국단의 주도로 대학축제에 그룹사운드 '갤럭시'를 초대한 적이 있다. 그룹사운드는 공연이 있던 날 학생들의 격렬한 반발로 줄행랑을 쳐야 했다. 그 후 서울대에서 통기타니 낭만이니 하는 말은 감히 꺼낼 수 없었다.

　조성만이 입학하던 무렵 서울대 앞 녹두거리는 막걸리집이 성행했다. 그때부터 호프집도 하나둘 생기고 있었다. 호프집은 여유 있는 선배를 만났을 때나 가끔 찾아갈 수 있는 곳이었다.

　일부 다른 문화를 향유하는 소수의 학생들이 있었다. 이들은 학생들이 금기시하는 나이키 신발을 신고, 고급 청바지를 입고, 머리에 파마를 하고, 카드놀이를 했다. 학생들은 이들을 부르주아라 불렀고, 심지어 타도의 대상으로 생각하기까지 했다. 교내에서 양담배를 피우거나 콜라를 마시는 행위는 보통의 학생들에겐 상상할 수도 없는 일이었다.

지금과 달리 교육의 평준화 정책이 시행되던 시기라 서울대생 대부분은 지방에서 올라온 학생들이었다. 서울 출신 학생들이 문화적인 소외감을 느낄 정도로 지방 학생들이 다수였다. 지방 출신 학생들은 대체로 가난했다. 호주머니에 천 원짜리 지폐 한 장 들어 있지 않은 학생이 대부분이었다. 더러 부유한 집 학생들도 배경을 감추고 용돈을 받지 않는 등 가난한 삶을 실천했다. 그것이 친구들에 대한 최소한의 도리라고 생각했기 때문이다.

첫 만남

1984년 4월, 조성만은 서울대학교 입학과 함께 명동성당의 청년 모임인 가톨릭민속연구회에 가입한다. 그가 가민연에 가입한 이유는 농민과 농촌문화에 대한 관심 때문이었다. 농민에 대한 관심은 자연스레 우리 민속문화에 대한 관심으로 이어졌다. 가민연에 가입하기 전인 1983년에도 성만은 이 모임을 찾아온 적이 있다. 재수 시절이었다. 서울에 올라온 후 그는 일요일이면 명동성당 미사에 참여했다. 종로학원과 독서실을 오가는 기계 같은 단조로운 생활에서 유일하게 숨통을 틔워주는 곳이 명동성당이었다. 미사를 드리는 동안은 시험의 중압감에서 벗어날 수 있었다.

그에게 명동은 낯설었다. 고층 빌딩들이 줄지어 늘어서 있고 점심시간이면 은행원들과 직장인들이 골목에서 쏟아져 나왔다. 명동의 야트막한 고개를 오르면 높이 솟은 첨탑과 십자가가 보였다.

재수 시절, 조성만은 명동성당에서 농민복을 입고 성모동산에서 풍물을 하는 청년 무리를 발견했다. 청년들은 가민연 회원들이었다. 가민연은 명동성당에서 이제 막 창립된 신생 모임이었다. 하루는 용기를 내어 가민연 사무실을 찾았다.

문을 열고 들어서자 김현순(바울라)이 그를 맞이했다. 그녀는 문이 열리는 소리에 고개를 돌렸다. 앳된 청년 한 명이 입구에 서 있었다.

"어떻게 오셨어요?"

성만은 대뜸 대답했다.

"여기서 활동하고 싶어서 찾아왔어요."

김현순은 성만의 행색을 살폈다. 얼굴은 하얗고 이목구비가 선명한 미남이었다. 예쁘다는 생각이 들었다. 얘기를 나누면서도 언뜻언뜻 성만의 얼굴을 쳐다보았다.

'곱게 자란 부잣집 아이처럼 곱상한 친구로군.'

그는 외모로만 볼 때 가민연에서 활동할 만한 인물이 아니었다. 김현순은 에둘러 말하는 사람이 아니었다.

"여기 말고 다른 곳은 어때요? 성당엔 우리 말고도 여러 모임들이 있는데."

그녀는 명동성당 청년단체연합회의 여러 모임들을 설명해주었다.

"저는 여기서 활동하고 싶어요."

그의 말에서 어떤 고집이 느껴졌다. 김현순은 그의 얼굴을 다시 바라보았다. 눈빛이 초롱초롱 빛나고 있었다. 목소리는 차분하고 조용했다. 그러면서도 왠지 모르게 날카로움과 예리함이 느껴졌다. 인상에서 뭔가 강한 것이 느껴졌다. 예술가적인 기질이 엿보였지만 '풍물 끼'는 아니었다.

조성만은 가민연 회원들의 분위기에 비해 이질적이었다. 문화패 회원들의 추레하고 자유분방한 차림새와 너무 달랐다. 회원들은 더러 껄렁껄렁한 느낌이 들 만큼 반항적인 기질이 다분한데 그는 딱 봐도 모범생 티가 났다.

조성만은 자신의 신앙관을 정리하듯 차분하게 말했다. 가민연의 정체성과 방향을 잘 이해하는 친구였다. 하지만 얘기를 나누던 중 김현순은 그가 대학생이 아닌 재수생인 것을 알게 되었다. 성의 있게 단체 설명까지 했기 때문에 그녀는 허탈한 기분이 들었다. 재수생인 줄 알았으면 더 이상 설명하지 않았을 것이다. 그녀는 바로 말을 낮췄다.

"너 진작 이야기하지. 니가 대학생인 줄 알았잖아! 지금은 안 되고 니가 꼭 여기서 활동하고 싶으면 대학에 입학하고 나서 다시 와."

그녀는 대학에 입학할 때까지 가입은 안 된다고 단호하게 못을 박았다. 조성만은 실망했다. 김현순은 그가 재수생인 사실을 알고 난 후엔 그의 말에 그다지 관심을 두지 않았다.

"넌 지금 공부해야 할 때야. 시골에서 고생하시는 부모님을 생각해봐."

조성만은 뜨끔했다. 더 고집을 부릴 수 없을 만큼 김현순은 단정적이었다. 조성만은 가민연 사무실을 나올 수밖에 없었다.

조성만은 가민연 활동의 꿈은 접었지만 종종 일요일이면 미사를 드리기 위해 명동성당에 얼굴을 내밀었다. 김현순은 스쳐 가듯 그를 만나곤 했다. 더러 명동이 아닌 다른 지역에서 공연할 때 그의 모습이 보일 때도 있었다. 미련을 버리지 못한 모양이었다.

대학에 입학한 조성만은 가민연에 가입할 자격을 얻었다. 명동성당의 가톨릭민속연구회는 조성만이 가입하기 1년 전인 1983년 4월 창립되었다. 가민연 창립은 당시 학생운동의 환경과 상황에서 비롯되었다.

광주항쟁 이후 군부정권의 탄압 속에서 학생운동권은 활로를 모색했다. 그때 등장한 것이 '외피론'이다. 독재 시절, 종교는 유일하게 공개적으로 활동할 수 있는 공간이었다. 외피론이란 엥겔스의 《독일농민전쟁》에서 유래한 말로, 신앙인은 아니지만 교회나 성당 등의 종교 공간을 찾아가 사회변혁운동을 실천하는 것을 이른다. 외피론에 힘입어 학생들이 찾아간 곳은 명동성당, 그리고 성당에서 가까운 향린교회, 제일교회 등이었다. 교회와 성당은 탄압을 피할 수 있는 드문 활동 공간이었다. 조성만이 다니던 서울대는 1980년대 가장 활발한 학생운동 공간이었고, 명동성당은 한국 가톨릭 청년운동의 본거지로 부상하고 있었다.

가민연이 창립되기 전인 1981년, 명동성당에서는 청년들의 신앙 모임 20여 개로 구성된 명동성당 청년단체연합회가 설립되었다. 명청의 모임들은 주로 신앙 활동과 봉사 활동을 하고 있었다.

1980년대 들어 가톨릭 신자들의 사회에 대한 관심이 늘기 시작했고, 신앙 모임은 점점 사회적 색채를 띠기 시작했다. 아울러 광주민주화운동 이후 사회변혁에 대한 청년들의 관심은 신생 단체를 만들게 했다. 명청은 기존의 청년 모임과 새로운 시대 분위기 속에서 탄생한 사회적 성격을 띤 모임을 망라해 만든 연합기구였다.

명청은 봉사위원회, 성서와 신학 연구를 주로 하는 성서위원회, 선교위원회, 문화위원회 등으로 구성되었다. 가민연은 그중 문화위원회 소속이었다. 노래 모임인 '신새벽', 성서연구모임인 '아미꾸스', '예언자', 그리고 선교 모임인 '가톨릭선교회', '가톨릭문학연구회', '공동체놀이연구회' 등 20개 남짓한 모임들이 있었다. 명청에서 활동하는 청년들은 800~900명가량이었다. 명청 탄생과 함께 가톨릭 청년들은 신앙의 보수성을 넘어 사회의 빛과 소금이 되는 길을 향해 나아갔다.

명청과 가민연의 창립은 서울대 물리학과 출신인 이대훈의 제안이 계기가 되었다. 명청엔 외피론을 따라 찾아온 서울대 출신 학생들이 많았다. 이대훈은 가톨릭 신자는 아니었다. 명동성당을 찾아올 즈음 그는 강제 징집당해 군 복무 중이었다. 방위병으로 서울에서 근무하던 중이라 퇴근 후 활동할 공간을 찾았던 것이다. 그는 친구 김대영을 통해 명동성당에 가게 되었다. 김대영은 명동성당에서 청년회를 만들어 활동하고 있던 중이었다.

이대훈은 금세 명동의 청년 공동체에 융화되었다. 학교의 지하서클 활동과 달리 성당 청년들은 인간적인 교감의 폭이 넓었다. 그런 분위기에 반해 처음부터 성당 활동에 적극적이었다.

연극반에서 활동했던 이대훈은 청년들을 대상으로 탈춤, 풍물, 민요, 마당극 등을 배울 수 있는 강습반을 열었다. 첫 번째 강습에 20~30명의 청년들이 와서 강습을 받았다. 민속문화에 대한 관심은 예상보다 컸다. 강습 후 청년들은 자연스럽게 공연을 해보자는 열의를 나타냈다.

1983년, 명동성당 역사상 처음으로 장구 소리와 꽹과리 소리가 들려왔다. 마당극 〈예수전〉이 명동성당 앞마당에서 열린 것이다. 김대영이 가져온 마당극 대본으로 공연을 했다. 예수를 정치권력에 저항하는 민중의 대변자로 그린 작품이었다. 공연은 수백 명이 모인 가운데 성황리에 열렸다. 이 마당극에 참여한 회원들이 가민연의 창립 회원이 된다. 〈예수전〉 공연 후 명동성당 평신도 대표인 사목위원들이 문제를 삼는 분위기가 느껴졌다. 그런데 공연 다음 주 주일미사에서 학생들의 우려를 말끔히 씻는 일이 벌어진다. 미사를 집전한 김수환 추기경이 학생들이 공연한 〈예수전〉을 보고 평가한 것이다.

"지난주 명동의 청년들이 우리 사회의 모습을 생각하게 하는 공연을 열었습니다. 예수가 이 땅에 오신 이유가 무엇인지 생각해볼 수 있는 공연이었습니다."

미사에 참여한 학생들이 그 얘기를 듣고 감동의 눈물을 흘렸다. 학생들의 활동을 감싸주는 발언이었다. 성당에서 풍물 소리를 내고, 마당극을 여는 일을 우회적으로 지지하고 승인해준 발언이었다. 김수환 추기경의 발언은 가민연 창립과 명동성당 청년들의 사회참여 활동에 중요한 시발점이 된다.

이런 분위기는 가톨릭문화의 토착화를 목적으로 한 가톨릭민속연구회 창립으로 이어진다. 서광석, 김범, 김현순이 창립 멤버이고, 곧이어 노순, 김광훈과 이대훈의 연극반 후배 나도은 등이 합류했다. 초대 회장은 서광석이 맡았다. 창립 후 가민연은 다른 성당들에 민속문화를 전파하는 역할을 맡는다. 천주교 역사에서 청년들의 민속문화운동은 가민연과 함께 태동했다. 가민연은 민속문화 전파 외에도 사회문제에 관한 세미나를 정기적으로 하며 문화운동가를 배출한다.

가민연의 동아리방은 명동성당 본당 옆 문화관 지하에 있었다. 다섯 개 동아리가 함께 쓰는 공간이라 서로 모임 시간을 조율해가며 함께 사용했다.

가민연이 풍물 등 민속문화 기능을 전수받은 곳은 '애오개'이다. 1980년대 문화운동은 애오개에서 시작되고 있었다. 유화 국면이 조성되면서 문화계도 서서히 활동을 시작했는데, 많은 문화운동가들이 애오개로 모여들었다. 문화운동의 2세대로 불리는 임진택, 최지아 등의 후배 세대들이 애오개를 찾았다. 실제 위치도 애오개였던 이곳은 문화운동가들의 아지트였다.

명동성당 청년들은 종교적인 신앙이 있는 사람들과 사회운동을 위해 찾아오는 사람들이 뒤섞여 있었다. 노래패 '신새벽'에서 활동한 이원영의 경우 서울대 노래패 '메아리'에서 활동하던 중 병으로 활동을 하지 못하게 되자 '메아리' 선배들의 권유로 명동성당에서 활동을 시작한다.

명동의 열두 제자들

가민연 회원들 가운데는 개성과 끼가 넘치는 청년들이 많았다. 입심 좋고 흥을 잘 타는 회원들 사이에서 조성만은 눈에 띄지 않게 어울렸다. 그는 가민연에서 풍물과 민요, 탈춤의 기본기를 배우며 민속문화를 접했다. 기예를 접하면서도 그의 관심은 농민들의 삶과 문화에 있었다. 그리고 성당에서 자주 열리는 사회단체의 세미나와 강연에 관심을 두고 참여했다. 가민연 세미나는 창립 초기에는 주로 이대훈이 맡아 이끌었고, 조성만 입회 당시에는 김현순, 김범, 김진수, 김만곤, 민경란 등이 이끌었다.

가민연의 세미나에 사용된 책은 '자구발'이라고 일컫던 《자본주의 구조와 발전》, '해전사'로 일컫던 대학생들의 필독서인 《해방 전후사의 인식》, 아르놀트 하우저의 《문학과 예술의 사회사》, 《리얼리즘이란 무엇인가》, 브레히트의 《서사극 이론》 등이었고, 민중문화 이론서, 민속문화 관련서, 한국근현대사, 그리고 해방신학과 서남동, 안병무 등의 민중신학 이론 등을 세미나 주제로 다루었다.

조성만은 얼굴이 맑고 환했다. 하얀 얼굴은 청순하다는 느낌마저 들었다. 옷차림과 몸가짐은 흐트러짐 없이 말쑥했다. 머리도 언제나 단정하게 자르고 다녔다. 눈빛은 온순하고 차분했다. 치열이 고르면서 치아가 하앴다. 치아를 드러내며 환하게 웃는 모습이 인상적이었다. 씩 하고 미소 짓는 모습이 미소년 같아 성당의 여성들을 설레게 했다. 명동의 청년들은 그의 특별한 미소가 요즘 말로 '살인 미소'였다고 설명했다.

어떤 회원들은 '부잣집 아들'처럼 말쑥하게 생긴 그의 활동이 오래 지속될 거라고 보지 않았다. 외모로 볼 때 그는 '활동가'보다는 '신부'가 더 어울려 보였다.

술자리에서 회원들은 시국 사건을 토론하면서 목소리를 높이고, 술기운을 빌려 슬픔과 분노를 표현했다. 조성만은 토론이 진행될 때 가만히 듣는 편이었다. 여러 의견을 두루 듣고 난 후 마무리할 즈음에 머릿속으로 정리한 한두 마디를 던졌다. 그때 나오는 한두 마디는 오랜 사유 끝에 나온 것이었고, 사람들의 고개를 끄덕이게 하는 인상적인 발언이었다.

끼 많은 회원들 사이에서 그의 모습은 밀레의 그림 속에서 기도하는 농민처럼 언뜻언뜻 스치듯 보이는 신심 깊은 신자의 인상이었다. 가민연 회원들이 농활에 다녀온 후, 조성만이 참가했는지를 두고 토론을 벌인 적도 있었다.

조성만은 기예에 재능이 있는 편은 아니었다. 교황 방문을 앞두고 공연을 준비할 때의 일이다. 조성만이 징을 치는 모습을 보다 못한 김현순이 북을 건네주며 말했다.

"성만아, 안되겠다. 넌 북 쳐."

조성만은 풍물을 할 때도 탈춤을 출 때도 '젓가락 같다'는 놀림을 받곤 했다. 이번엔 북을 치는 모습을 보고 김현순이 다시 말했다.

"안되겠다. 넌 그냥 징 쳐라."

조성만은 이번엔 다시 징을 들었다. 징 치는 모습을 바라보던 김현순은 결국 징을 빼앗고 말았다.

"넌 어째 애가 다 안되냐? 만장을 드는 게 좋겠다."

결국 조성만은 악기를 내려두고 만장을 들었다.

조성만은 주로 북을 쳤다. 언젠가 가민연 회원 김미영이 북을 드는 모습만 보여주는 그를 보고 물었다.

"형은 왜 만날 북만 잡아?"

"응, 난 북 치는 게 참 좋아."

1984년 가민연 회원은 30명가량이었다. 이들 중 조성만은 서광석, 김범, 김만곤, 민경란 등과 가깝게 지냈다.

예능에 끼가 많은 김만곤은 서울대 자연대 학생이었는데 제적당한 후 명동성당에 오고 있었다. 1985년엔 명청에 물리학과의 나도은, 수학과의 이원영 등 자연대 및 공대 졸업생들이 여러 명 가입했다. 변혁운동에 대한 신념이 뚜렷했던 김만곤은 지하서클 선배들과 논의해 명동성당에서 활동하기로 하고 1984년 4월 가민연에 가입했다. 그가 활동하던 지하서클은 다음 학기인 2학기에 조성만이 가입해 활동하게 될 서클에서 분가한 조직이었다.

슈바이처 박사처럼 사는 게 꿈이었던 김만곤은 고등학교 때 만주에 의료선교사로 갈 수 있게 해달라고 기도를 했다. 하지만 집안 형편 때문에 의대를 선택할 수 없었다. 그런 면에서 조성만과 비슷했다.

그는 재수 시절 종로학원에 다녔는데 학원 수업을 마치고 서울역에서 대학에 다니는 친구를 만났다. 방금 시위를 마친 서울역 광장엔 매캐한 최루탄 연기가 가득했다. 그는 친구를 만나자마자 언성을 높였다.

"너희들은 운동한다고 하는 녀석들이 왜 비겁하게 도망을 가냐? 친구들이 전경에게 잡혀가면 끝까지 싸워야지."

그는 이때 대학에 들어가면 심지가 굳은 신앙인들을 따로 모아 학생운동을 하기로 마음먹는다. 김만곤은 가민연에 가입하기 직전인 1984년 2월 학교에서 제적당한다. 그는 실천이 앞서는 선배였다.

조성만은 가민연에 들자마자 교황 방문 행사 준비에 들어갔다. 교황은 1984년 5월 3일 한국을 방문했다. 장충실내체육관에서 미사와 함께 '젊은이들과의 대화'가 열릴 예정이었다. 그날 행사에서 가민연은 문화행사를 맡기로 했다. 교황 방문을 앞두고 김만곤은 한국의 현실을 알리는 시위를 벌이자고 주장했으나 선배들의 반대에 부딪혔다. 김만곤은 실망했다.

행사가 열리기 전날, 새문안교회에서 내일 시위를 벌인다는 첩보가 들어왔다. 다음 날, 장충체육관에서 김만곤이 김범에게 말했다.

"형, 전 만장을 드는 것보다 새문안교회에서 열리는 시위에 참여하고 싶어요."

김만곤은 만장을 맡기고 체육관을 떠났다. 만장은 서광석, 조성만 등이 맡았다. 가민연 회원들은 '자유천하지대본야(自由天下之大本也)', '민주천하지대본야(民主天下之大本也)'라고 쓰인 만장을 내걸었다. 행사를 앞두고 이대훈이 서광석에게 찾아와 겁을 주었다.

"형, 절대 이거 뺏기면 안 돼요. 안기부 애들이 이 안에 깔려 있어요. 덮쳐서 빼앗으려고 할 거예요."

장충체육관은 말 그대로 교황을 보기 위해 몰려든 시민들로 인산인해였다. 명동성당의 청년들은 만장을 휘두르고 공연을 무리 없이 마쳤다. 만장을 뺏기는 일은 없었지만 예기치 못한 사건이 벌어졌다. 행사 도중 한 청년이 손을 들고 외치듯이 교황에게 질문을 던졌다.

"한국 사회의 불의한 권력에 대해 어떻게 생각하십니까?"

질문을 마치자마자 사복을 입은 남자들이 그 청년을 끌고 나갔다. 실내체육관이 술렁였다. 교황이 통역에게 청년이 무슨 말을 했는지 물어보는 것 같았다. 잠시 후 끌려간 청년을 신부들이 구출해왔다.

가민연 회원들은 풍물이나 민요 연습을 마친 후 판넬골목으로 향했다. 판넬골목은 명동성당에서 향린교회로 내려가는 길에 즐비한 판넬가게들 때문에 붙여진 이름이었다. 10미터가량 내려가면 단골 술집 '지하촌'이 있었다. 회원들은 주로 이 술집에서 뒤풀이를 했다. 어두컴컴한 지하계단을 내려가야 하는 술집이었다. 회원들은 술집에서 자기들만의 방식으로 성호를 긋고 술을 마셨다.

창립 멤버인 김현순, 김범, 서광석은 타고난 재능의 소유자들이었다. 조성만은 이 중에서 김범과 서광석을 좋아했다. 이들은 마당극 연습을 하며 서로 가까워졌다. 마당극에서 김범은 주로 주연을 맡았다. 1984년 공연 〈돌들의 외침〉에서 그는 주

연인 '고뇌하는 신부'를 연기했다. 조성만은 '고뇌하는 교회 청년'을 연기했다.

김범은 밀양북춤과 탈춤을 성만과 후배들에게 가르쳐줬다. 서광석은 주로 연기를 지도했다.

두 사람은 가민연의 말뚝이였다. 말뚝이는 가민연에서 흥을 잘 타고 입심이 좋아 대중들과 호흡을 잘 맞추는 사람이 대를 이어 물려받는 호칭이다. 봉산탈춤의 '말뚝이'에 빗대 그런 회원을 말뚝이라고 불렀다. 1대 말뚝이는 서광석, 2대는 김범, 3대는 김진수였다. 김범은 생긴 것도 말뚝이를 닮았다.

김범과 서광석은 술집에 가면 분위기를 이끌고 좌중을 휘어잡았다. 두 사람은 연기 궁합이 잘 맞는 상대였다. 마치 사람들을 웃겨야 한다는 강박관념이라도 있는 듯 이들이 결합했다 하면 그곳이 어느 장소라도 금세 공연장이 되었고 주변에서 사람들이 우르르 몰려들었다.

조성만보다 여덟 살 많은 서광석은 막내뻘인 조성만을 각별히 아꼈다. 가민연에서 가장 나이가 많은 서광석은 서울예전 연극과 출신으로 연극연출 전문가였고, 기성 영화인이었다. 그는 이장호 감독과 김수용 감독의 연출부에서 조감독을 맡았다. 그가 조감독을 맡은 영화가 〈물보라〉(김수용 감독, 1980)이다. 타고난 반골 기질이 있는 그는 1980년 광주민중항쟁의 유혈사태를 접한 후 군사독재하에서 영화를 하는 게 맞나 하는 의문에 빠졌다. 자신의 재능을 사회변혁에 사용하고 싶었다. 1977

년부터 명동성당 신자로 성서연구회 '아미꾸스'에서 활동하던 그는 가민연 창립과 함께 민속문화 운동에 투신했다.

김현순은 무당굿에 관심이 많았다. 그녀는 대표적인 무당인 김금화와 서울대 미대 출신의 무당 김경란을 찾아가서 직접 배우기도 했다.

가민연 창립 회원인 김범은 드물게 조성만이 먼저 친해지고 싶어 다가간 사람이었다. 두 사람은 술자리가 파하면 김범이 사는 방배동에 가서 한 차례 술을 더 마시곤 했다. 조성만은 그의 집에서 잠드는 날이 많았다. 김범은 부유한 환경에서 자랐다. 할아버지가 1960년대에 공화당 국회의원을 했고, 아버지도 기업의 경영자였다. 하지만 명동성당을 다니며 가정 분위기와는 다른 길을 걷고 있었다.

두 사람은 잠자리에 누워 밤이 늦도록 시국에 대해 토론하고 사적인 이야기를 주고받았다. 조성만은 유머가 풍부하고 품이 넉넉한 김범에게 스스럼없이 속말을 꺼내곤 했다. 하루는 둘이 함께한 술자리에서 조성만이 진지한 표정으로 고민을 털어놓았다.

"범이 형, 전 군대를 마치면 신학대를 가고 싶어요."

김범은 그동안 조성만의 신실한 신앙생활을 떠올리며 고개를 끄덕였다. 가민연은 신앙보다는 사회 참여와 문화공연을 중심에 두고 있었다. 김범은 조성만의 얼굴을 보고 문득 예수의 모습을 닮았다는 생각이 들었다. 김범의 대답은 다소 엉뚱했다.

"넌 예수처럼 생겼으니까 사제가 되는 게 좋겠다."

김범다운 대답에 성만은 웃고 말았다. 조성만은 김범이라면 자신의 계획을 흔쾌히 지지해주리라 예상하고 있었다. 또 한번은 김범과 함께 잠자리에 누웠을 때 조성만이 이성에 대한 고민을 털어놓았다.

"형, 저 고민거리가 있어요."

서두를 이렇게 시작할 땐 꽤 중요한 얘기였다. 어렵게 꺼낸 얘기라는 것을 알 수 있었다. 내성적인 성격의 조성만은 어지간한 고민은 혼자서 해결하려 했다.

"응, 뭔데?"

"학교에 절 좋아하는 여자애가 있어요."

김범은 반색했다. 그는 질문을 쏟아냈다.

"그래?"

"누군데?"

"예뻐?"

조성만의 표정은 무거웠다.

"좋은 일이구만 왜 표정이 그렇게 진지하냐?"

조성만은 입을 떼려다 말고 금세 또 심각한 표정이 되었다.

"야, 빨리 이야기해라. 기다리다 속 터지겠다."

조성만은 이렇게 이야기를 할 듯 말 듯 애를 태우곤 했다.

"그게 너무 마음에 걸려서요."

"왜 마음에 걸려?"

"전 신학대를 가야 하잖아요."

김범은 다시 웃고 말았다.

"지금 사귄다고 결혼할 건 아니잖아. 아직 그런 단계도 아닌데 고민이 너무 앞서는 것 아냐?"

조성만의 생각은 달랐다.

"제가 신부가 될 거라고 여러 번 얘기했는데 받아들이지 않아요."

"성만이 큰일 났네. 어떡하냐? 나같이 외로운 남자에겐 여자들은 시선도 주지 않고 다들 성만이만 좋아하는구나. 넌 무슨 재주로 여자들을 달고 살지?"

"형도 참 내."

조성만은 김범의 놀림에 할 말을 잃고 웃음을 터뜨렸다. 그 후로도 조성만은 김범에게 자신을 좋아하는 그 여학생에 대한 고민을 몇 차례 꺼내었다. 김범은 그가 결국 자신의 길을 가게 될 것을 알고 있었다.

"성만아, 잘 정리하고 니가 가고 싶은 길을 가라."

조성만은 고개를 끄덕였다. 자신도 그렇게 해야 한다는 것을 알고 있었다.

변혁운동에 투신한 학생들에게 연애는 금지되었다. 심지어 '연애는 마약이다'라는 말이 격언처럼 떠돌 정도였다. 연애를 하면서 서클을 탈퇴하거나 운동을 게을리하는 일이 빈번해 생긴 문화였다. 적잖은 지하서클 선배들은 아예 새내기 때부터 후배들의 연애를 금지했다. 더러 금기를 깨고 연애 사건이 발생하면 추방 결정이 내려지기도 했다. 조성만이 활동한 자연대 서클에서는 아예 여성 회원을 받지 않았다.

실제 자연대 서클에서 몇 해 전 여성 회원 한 명을 뽑았는데 모두가 우려한 연애 사건이 발생했다. 그 사건이 미친 영향도 있지만 자연대엔 여성들끼리 만든 지하서클 '여우회'가 따로 존재했다. 조성만에게도 어느 선배가 말했다.

"연애 같은 거 하려거든 3학년 되면 내가 소개해줄 테니 1, 2학년 때는 절대 하지 말고 기다려."

물론 3학년이 된다고 여학생을 소개해줄 리 만무했다. 그 말은 학생운동이 아닌 연애에 신경을 쓸까 우려해 선배들이 후배들에게 주로 써먹는 말이었다.

조성만은 이성에 관심이 없었지만 그를 남몰래 좋아한 자연대 학생들이 여럿 있었다. 여성들은 얘기를 잘 들어주는 그의 모습과 과묵함, 잘생긴 외모에 반했다. 그중에서도 한 여대생이 그를 매우 좋아했다. 조성만은 이 때문에 많은 고민에 빠져 있었고, 김범에게 고백을 한 것이다.

그는 신부의 꿈을 간직하면서 여자 사귀는 것을 생각해본 적이 없었다. 그래서 고백을 듣고 나서 난데없는 고민을 해야 했다. 고백을 들은 후부터 가끔 그녀의 모습이 어른거렸고 그에게 심각한 고민을 안겨주었다. 그것은 신부의 길에 대한 작지 않은 도전이었다. 그 일을 계기로 그는 자신에게 진정 신부가 되려고 하는지 아크로폴리스 계단에 앉아 여러 번 묻곤 했다. 성당에 홀로 앉아 신에게 기도하며 자신의 길을 물었다. 어느새 자신도 그 여자를 좋아하고 있다는 것을 깨달았다. 1984년의 첫사랑은 바람 앞의 등불처럼 흔들리고 있었다.

여성들은 조용한 조성만 앞에 있으면 스스럼없이 고민을 털어놓았다. 조성만은 자신의 일처럼 관심을 가져주었다. 그는 명동성당에서 여성들에게 가장 인기 있는 청년이었다. 하지만 그는 여성들이 다가오면 선을 두고 피했다. 더 다가서려 하면 거리를 두었다. 자신은 신부가 될 사람이라며 분명한 선을 그을수록 여성들은 좋아하는 마음을 더 깊게 가질 수밖에 없었다.

한번은 판넬골목의 술집에서 김범, 김만곤, 조성만이 모여 술을 마시고 있었다. 가민연 활동에 관한 얘기들을 주고받다가 김범이 말을 꺼냈다.

"너희들 그거 알아?"

"뭐요?"

"성당은 결국 신부야. 신부가 모든 권력을 갖고 있잖아. 신부가 오케이해야 뭐든 되잖아. 신부가 거절하면 뭐든 하기 힘들어. 그러니까 우리 편에 좋은 신부가 와야 되는데 그게 어렵잖아. 그러니까 더 나아가서 차라리 우리가 신부가 되는 게 길이야. 그게 빠른 거야."

김만곤과 조성만이 진지하게 얘기를 경청했다.

"내 말인즉슨, 너희가 신부가 돼야 한다는 거야."

말을 마치자마자 독실한 신앙인인 조성만과 김만곤의 얼굴에 화색이 돌았다. 김만곤은 언제든 천주교 사제가 될 준비가 되어 있었다. 누가 먼저랄 것도 없이 잔을 높이 쳐들었다. 조성만이 먼저 외쳤다.
"좋아요. 그럼 우리 대학 마치고 광주에 있는 가톨릭신학교로 가요."
김만곤도 대답했다.
"그러자, 성만아. 나도 신부 될란다. 범이 형, 우리 신부가 됩시다."
세 사람은 잔을 부딪치면서 나중에 신부가 되기로 맹세하고 결의를 했다.

돌들의 외침

1984년 5월, 서울대학교에서는 광주민중항쟁을 알리는 최초의 공개적인 행사가 열렸다. 학생들은 대대적으로 가두시위를 벌였다. 조성만은 가두시위에 참여해 학교에서 청량리역까지 행진하며 시민들에게 유인물을 나눠줬다.
5·18 기념일을 하루 앞둔 1984년 5월 17일 저녁. 성만은 막내동생 태양에게 편지를 썼다. 동생에겐 처음 쓰는 편지였다.
동생 태양이는 그해 고등학교에 입학했다. 동생 앞에 펼쳐진

고등학교 생활의 어려움을 걱정하며 그는 여러 장의 편지지에 긴 글을 쓴다. 돌이켜보면 그에게 고등학교 시절은 인생의 시발점이 된 시기였다.

그는 편지에서 "인생은 어려운 여행이란다"라는 말로 솔직하게 태양이 맞이할 고교 시절을 표현한다. 그러면서 어려운 인생을 살아가면서 '주체성' 있는 삶을 살 것을 편지에 여러 차례 강조했다. 주인 된 삶은 이 시기 성만의 중요한 고민이었다. 태양에게 보낸 편지는 이제 고등학생이 된 동생에 대한 형으로서의 애정 어린 당부이자 동시에 자신에게 하는 당부이기도 했다.

"갈증을 풀어주고도 고맙다는 말을 듣지 않는 샘물이 되어라."

성만은 편지지 맨 위 여백에 이 같은 인용구를 적었다.

이제 태양이 너두 고등학교 학생이 되었구나.

고등학생이면 이제 어린이는 아니야. 너가 너의 이상과 꿈을 품고 '너의 의지'와 '주체성'에 의해 생을 이끌어가야 해. 더 이상 어린아이같이 남이 시키는 대로, 남의 영향권 아래에서 피동적으로 움직이는 생이 되어서는 아니 돼. 중요한 것은 너 자신의 생이 너의 것이 되어야지, 남의 의지에 의해 이끌리게 되어서는 아니 된다는 거란다.

(중략)

태양아, 공부에 대해서 그렇게 큰 부담감(압박감)을 느끼지 않는 게 좋단다. 어떻게 보면 이 일생이 공부의 연속이지. 세상 사람들이 단지 학생이 하는 공부만 공부라고 칭할 뿐, 인생에서는 수많은 배움(공부)을 하게 되지. 끊임없이. 시행착오를 거치구 새로운 것을 알기도 하고, 어른들의 말씀에서 배우기도 하고, 이 배움을 통해서 인간은 성장하게 되는 것이란다. (중략) 그렇지만 이 공부가 가장 중요한 것은 물론 아니란다. 이것은 사람이 성장해나가는 데에 보조역을 해주고 영향을 주는 정도야. 이 공부 자체를 목적으로 공부를 하지 말아달라고 부탁하고 싶구나.

'인간'이 되는 데 이 공부를 보조역으로 삼아야지, 이것 자체를 위해서 자기의 역량을 모두 다 소모시킨다는 것은 너무나 시간이 아깝다는 생각이 들지. (중략) 태양아, 공부는 억지로 해서는 아니 되는 것이라는 것을 너두 알고 있을 것이야. "공부를 왜 해야 하는가" 하는 물음에 답을 구하며 배움의 길을 걸어 나아가야 할 것이야.

아무 의도나 목적도 없이 남들이 공부하니깐, 나도 공부한다는 식의 자기 주관이 없는 생활을 하지 말아달라고 부탁한다.

너는 너의 인생을 살아가야 할 책임과 권리가 있어.

(중략)

인생에서 가장 중요한 것 세 가지를 들자면 좋은 아내, 좋은 친구, 좋은 스승이라고 어느 어른께서 말씀하셨지. 이 중에서 좋은 아내는 태양이의 현재 상태에서는 거리가 있는 것이구, 나머지 친구와 스승의 중요성을 깨달아야 해.

인생에서 가장 중요한 친구를 네가 주위에서 찾기 전에 우선 그들에게 진정한 친구가 되어보려구 해봐.

형은 가장 중요한 친구를 사귀었단다. 이 친구를 위해서 나의 모든 것을 줄 수가 있어. 형에게 가장 중요한 존재야. 이 친구는 형에게 따끔한 충고를 하며, 형을 위해서 도움을 많이 주고 있어. 고등학교 시절의 가장 큰 열매야.

(중략)

학과 공부 이외에 중요한 것 하나 이야기해줄게.

책에 관한 이야기야. 형이 요즘에 와서 아쉽게 느끼는 점은 고등학교 시절에 '나의 사상관' 정립을 위한 노력이 적었다는 것이란다. 고교 시절에 여러 사상에 관한 서적을 대하지 못한 것이 아쉬워.

태양아 너는 이것을 염두에 두고 시간이 나는 종종 이러한 사상책을 접해보도록 해. 고등학생 수준에 맞는 책을 재성이 형님에게 골라달라구 해서 조금씩이나마 접하도록 해요. 형이 도움을 많이 줄 터이니까.

(중략)

p.s. 남의 인생을 살아가는 바보가 되진 말아다오. 너 자신의 생을 살아가야 해. 너 자신의 생을……

Veritas lux mea(진리는 나의 빛)

1984년 가을, 가톨릭민속연구회는 목동 철거민들의 싸움을 소재로 한 마당극 〈돌들의 외침〉을 준비한다. 이 공연은 창립 세대인 이대훈, 이도준, 김범, 김현순, 서광석이 주도했다.

공연 대본은 집단창작으로 만들었는데, 서광석이 주로 썼다. 집단창작은 그 시기 대두된 대안적인 창작방법론이었지만 여러 면에서 어려움이 있었고 실제 성공적인 작품이 드물었다. 하지만 〈돌들의 외침〉은 보기 드물게 완성도 높은 작품이었다.

마당극의 제목 〈돌들의 외침〉은 성경 구절 "내가 너희에게 말하노니, 만일 저들이 침묵하면 돌들이 외치리라"(루카복음서 19:40)에서 따온 것이었다.

극의 내용은 철거민들에겐 폭력을 휘두르면서 아시안게임과 올림픽을 준비하는 정부를 풍자하는 것이었다. 정수라의 인기 곡 〈아! 대한민국〉을 가지고 '노래가사 바꾸기'를 통해 정부를 비판하는 내용을 담았다.

조성만은 고뇌하는 청년 역을 맡았다. 목동성당 철거민들이 성당을 찾아와 도움을 요청한다. 신부 역할의 김범은 사제로서 고민에 빠진다. 신앙을 지닌 청년 조성만도 고뇌하며 예수의 길을 묻고 찾아간다. 명동의 청년들은 조성만이 떠난 후 이날 공연에서 조성만이 맡은 역할이 조성만의 모습 그대로였다고 회고했다.

공연을 앞두고 경찰은 긴장하고 있었다. 공연의 열기가 시위로 이어질 것으로 예상했기 때문이다. 공연 전날, 보수적인 성향의 홍인식 신부가 이대훈을 사제관으로 불렀다. 이대훈은 공연에서 사용할 횃불을 만들고 있는 중이었다. 홍 신부는 성당에서 내일 공연을 할 수 없다고 일방적으로 통보했다. 오랜 기간 준비한 공연을 포기할 수는 없었다. 이대훈은 신부를 설득했다. 하지만 요령부득이었다. 대화가 겉돌았다. 언성이 높아지자 옆방에서 부제 신부가 찾아왔다.

"이 공연은 성당에서 원치 않네. 경찰의 요청도 있고 크리스천이라면 신부 말을 따라야지."

이대훈은 대꾸도 하지 않았다. 그는 공연 금지 결정을 무시하고 공연을 진행했다.

〈돌들의 외침〉 공연에 대한 명동성당 청년들과 시민들의 반응은 폭발적이었다. 민중극에 대한 사람들의 갈증을 해소해준 작품이었다. 공연을 마친 청년들과 관람객인 시민들은 스크럼을 짜고 명동성당 들머리로 내려가기 시작했다. 공연의 열기가 청년들의 가슴에 불을 지폈다. 성당 입구엔 전경들이 새까맣게 깔려 있었다. 청년들은 전경들 앞까지 내려가 민중가요를 부르고 한바탕 풍물을 친 후에야 해산했다.

해산 후 가민연의 청년들은 '지하촌'에서 막걸리를 마셨다. 악역인 '진압군' 역을 익살맞게 연기한 서광석에게 조성만과 나도은이 다가가 멋진 연기를 축하하며 술을 나눴다. 조성만과 서광석이 친해지게 된 계기였다.

이 작품을 공연한 후부터 경찰에서는 명동성당 청년들을 주의 깊게 관찰하고 활동을 감시하기 시작했다.

김복성이 식탁에 앉아 점심을 먹는 아들을 물끄러미 바라보고 있다. 아들은 아까부터 자신을 관찰하듯 바라보는 엄마를 보며 물었다.
"엄마, 왜요? 밥을 너무 맛나게 먹응께 그려요?"
"응? 그려. 그려서 보는 거제."
김복성은 짐짓 딴전을 피우며 대답했다.
"엄마도 참, 싱겁긴요."
"아가, 맛이 싱겁냐?"
조성만은 숟가락을 놓고 웃어버렸다. 김복성은 어제 아들이 외출했을 때 몰래 가방을 뒤졌다. 왠지 불안한 생각이 들었기 때문이다. 가끔 아들의 가방을 뒤지면 유인물이 여러 장 들어 있었다. 그럴 일이 없을 거라 생각하면서도 아들이 이상한 학생들과 어울리는 게 아닌가 하는 걱정이 들었다. 그런데 요즘 들어 이상한 예감이 커진 것이다. 아니나 다를까 이번에도 유인물에 '타도'니 '철폐'니 알 듯 모를 듯한 이상한 말들이 많았다. 대통령 이름도 여러 곳에 적혀 있었다. 유인물을 읽어도 무슨 말인지 정확한 뜻을 알 수 없었지만 께름칙한 느낌을 지울 수 없었다.
"성만아, 너 요즘 먼 일 있냐?"
"왜요? 뭔 일이라뇨? 아무 일도 없어요."

"아녀, 꿈자리가 뒤숭숭해서 그냥 물어본 거여. 앞으로도 혹시 먼 일 생기믄 엄마한테는 꼭 말혀야 헌다. 알았제?"
"네, 그럴게요."
김복성은 다시 한참 뜸을 들인 후에 아들이 식사를 다 마칠 무렵 말을 꺼냈다.
"성만아, 아버지가 너 대핵교 보내는 게 을매나 힘든지 아냐?"
아들은 엄마를 바라보며 고개를 끄덕였다.
"엄마가 실은 이만저만해서 니 가방을 보니까 이상한 게 나오드라. 아버지 고생하고 그런 게 다 너를 위해서 그런 거다. 이상한 데 가담하고 그런 건 아니냐? 엄마한테 솔직하게 말혀봐."
아들은 천연덕스럽게 대답했다.
"엄마, 그건 별것 아니에요. 성당에 있는 거 가져온 거예요. 걱정 안 해도 돼요. 학생들은 이런 거 다 갖고 다녀요."
김복성은 그 말을 듣고도 의심을 지울 수 없었다.
"암만 이상해. 너 아버지 알으믄 큰일 나. 데모도 허믄 안 된다. 뭔 말인지 알제?"
김복성은 계속해서 말했다.
"니 아버지는 아직 모른다."
"진짜 그런 거 아니라니까요. 데모도 남들 다 할 때만 한두 번 나갔어요."
김복성은 그것까지 나무랄 수는 없었다. 혼자만 빠지면 친구들이 따돌릴지도 모른다는 생각이 들었다.

"응, 알겠어."

조성만은 심각한 표정을 짓는 어머니를 안심시켰다. 김복성은 아들의 가방에서 본 것을 조찬배에게 이야기하지 않고 비밀을 지켜주었다.

김복성은 그 후로도 아들이 집에 올 때면 가방을 뒤지곤 했다. 몰래 가방을 뒤질 때마다 그녀는 이상한 것이 나오지 않을까 가슴을 졸였다. 텔레비전에서 학생들이 화염병을 던지고 시위하는 모습을 볼 때면 가슴이 덜컥했다.

조성만은 1학기 시험에서 장학금을 받았다. 그는 가민연 활동을 하고 집회와 시위에 빠짐없이 참여하면서도 수업과 시험 준비를 게을리하지 않았다.

1984년 여름, 가톨릭민속연구회 회원들은 명동성당 최초로 농활을 간다. 그때까지 성당에서 농활을 간다는 것은 불가능한 일이었다. 신부들이 허락할 리 없었다. 이해의 농활은 충북 음성의 가톨릭농민회 회원들의 요청으로 이루어졌다. 청년들은 농민들에게 풍물을 가르친다는 명분을 내세워 농활을 떠날 수 있었다.

농활을 마친 지 일주일 후엔 명동성당의 청년들이 참여하는 '수청, 수티 성지보수 하계캠프'가 일주일 동안 열렸다. 이 캠프에서 가민연 회원들이 청년들에게 '해방춤'과 '농민가'를 가르쳐주었는데 청년들의 호응이 열렬했다. 예상을 넘어선 반응에 가민연 회원들이 들뜰 정도였다. 캠프를 마치고 돌아오던 날, 명동성당 앞마당에서 열린 해단식에서 백 명이 넘는 청년들이 어우러져 해방춤을 추고 농민가를 불렀다. 어떤 뜨거운 열기가 가톨릭 청년들의 가슴에 아로새겨지는 시간이었다.

이날 이후 가민연 청년들은 발 빠르게 명동 청년들의 의식 속으로 파고들어갔다. 그 영향으로 일반 봉사모임 청년들이 사회 모순에 눈을 뜨고 관련한 학습을 시작했다. 레크리에이션 모임은 '공동체 놀이연구회'로 명칭을 공식 변경하기도 했다. 결핵 환자를 위한 봉사 모임은 결핵을 가난의 문제와 연결 짓고 사회문제에 관심을 두는 모임으로 성격이 변화했다.

1984년 성지보수 캠프 이후 명동성당 청년단체들에도 변화의 물결이 거세게 일었다. 이러한 흐름 속에서 명동성당 청년단체연합회의 지도부를 진보적인 성향의 청년들이 주도하게 되었다.

2학기 들어 학교에 긴장이 감돌았다. 1984년 9월, 서울대학교에서 시험 거부 사건이 벌어졌다. 조성만은 휴학한 상황이라 시험 거부에 참여할 수 없었지만 학교를 오가며 그 과정을 지켜보았다. 교문을 들어서면 경찰 병력 6400명이 몇 걸음 간격으로 교내에 진주하고 있었다. 건물과 건물 사이 빽빽하게 들어선 전경들이 의심의 눈초리로 학생들을 주시했다. 전경들이 학내에 진주하게 된 건 '서울대 프락치 사건' 때문이었다. 프락치는 정보기관의 기관원을 이르는 말이다.

서울대 학생들이 교내에서 프락치로 의심되는 사람들을 붙잡는 일이 벌어졌다. 이때 붙잡힌 학생들은 임신현, 손현구, 정용범, 전기동으로, 모두 가짜 대학생들이었다. 가짜 대학생들을 조사하는 과정에서 감금, 폭력 사건이 발생했다. 이 사건으로 총학생회 간부가 제명당했고 서울대 복학생협의회 집행위원장 유시민(경제학과 3학년)은 징역 1년형을 선고받고 백태웅, 이정우 등이 처벌받는다.

학생들은 총학생회를 무너뜨리기 위한 조치로 보고 즉각 수업 거부에 들어갔다. 정부는 6천여 명의 병력을 상주시키는 것으로 대응했다. 유화 조치로 경찰들이 물러난 지 얼마 지나지 않아 전경들이 다시 들어온 것이다. 언론은 이 사건을 대대적으로 다루며 학생들의 도덕성에 흠집을 낼 기회로 활용했다. 네 명의 가짜 대학생이 프락치였는지는 지금까지도 의혹이 풀리지 않고 있다.

이 무렵 조성만은 지하서클에 가입했다. 서울대 동아리들은 공개적인 활동 위주의 오픈서클과 지하 이념서클인 언더서클로 구분되어 있었다. 이념서클은 '오대가'라는 대표적인 다섯 개의 서클이 있었다. 자연대에는 몇 개의 오픈서클과 일곱 개의 지하서클이 있었다. 그 당시 학생운동을 한다는 것은 '오대가'에서 활동하거나 각 단과대 지하서클에서 활동하는 것을 의

미했다. '신새벽'의 이원영은 자연대 지하서클 '휴머니스트'에서 활동했다. 별도의 명칭이 없는 지하서클도 있었다. 조성만이 활동한 서클도 이름이 없었다. 학생들은 지하서클을 '집'이라고 불렀다.

이러한 서클을 통한 운동은 1986년 지하서클의 폐해가 지적되면서 해체된다. 해체 전까지 1984, 1985년의 학생운동은 실질적으로 지하서클이 주도했다. 2학기에 학도호국단이 폐지되고 최초로 학생들의 자치 조직인 총학생회가 출범했다. 1984년 1학기에 학생들은 학원 자유화와 민주화를 요구하며 학원자율화추진위원회(학자추위)를 만들었고, 그 결실로 총학생회가 출범하게 된 것이다. 다음 해인 1985년 전국의 각 대학에서 총학생회가 출범한다.

총학생회는 학생들의 선거를 통해 구성되었다. 그렇지만 공개된 조직 이면에 존재하는 별도의 숨은 지도부가 있었다. 1980년대 후반, 학생운동에서는 학생회가 실질적인 주도 세력으로 자리 잡았다.

서울대 학생운동의 뿌리는 멀리 4·19혁명 이후 만든 불꽃회, 1960년대 후반의 '민족주의 비교 연구회'까지 거슬러 올라간다. 박정희 군사독재 시절을 거치며 학생운동 동아리와 조직들은 탄압을 받아 사라진 후 새로 태어나기를 반복했다.

학교가 대학로캠퍼스에서 관악캠퍼스로 터를 옮기면서 자연대는 단과대로 독립되었다. 이 무렵부터 정치적 중립과 순수학문을 추구하던 분위기를 탈피하며 의식 있는 학생들이 모여 서클을 만들기 시작했다.

자연대 차원의 독자적인 조직이 만들어진 것은 1970년대 후반이다. 5·18 광주항쟁 이후 조직들은 지하에 뿌리를 내리고 학생들을 모으면서 광범위한 활동을 벌였다. 자연대 서클을 만든 창립 멤버는 배명규(수학과 78학번), 구용회(수학과 78학번), 임상엽(계산통계학과 79학번), 김갑식(수학과 79학번), 김찬수(수학과 79학번), 정홍상(천문학과 77학번) 등이다. 이들이 각기 다른 두 개의 서클을 만들었고, 이 두 서클에서 분가를 거듭하여 나중에는 모두 일곱 개의 서클이 자연대 학생운동을 이끌었다.

지하서클 회원들은 실질적으로 각 과에서 활발하게 활동을 벌이면서 회원 수를 늘렸고 시위 참여를 독려했다. 당시 자연대 학생운동의 분위기는 이원영이 소속된 수학과의 예를 통해 짐작할 수 있다. 수학과 81학번 학생들 60명 중 오픈서클과 지하서클, 그리고 교회나 성당에서 활동하는 학생들은 30명이 넘었다. 나머지 30명 가까운 학생들도 집회가 있으면 대부분 참여했고, 그마저도 실천하지 못하는 학생들은 심정적으로나마 학생운동을 성원했다. 상대적으로 학생운동이 덜 활발한 자연대의 분위기가 이 정도였다.

조성만을 지하서클에 데려온 사람은 화학과 선배 주찬구이다. 주찬구는 독실한 가톨릭 신자였다. 조성만은 2학기 초에 지하서클에 가입한다. 자연대 지하서클엔 같은 과 학생인 신건승, 박태훈, 이영득과 김세진(미생물학과), 전승택(수학과), 박인석(물리학과) 등이 활동하고 있었다.

자연대 지하서클은 암암리에 투사양성소라는 소문이 날 만큼 자연대 학생운동의 중심이었다. 그가 가입할 무렵은 RP(reproduction의 줄임말로 재생산을 뜻한다)가 활발하던 시절이었다. 조성만이 가입한 지하서클의 1학년인 84학번 신입생들은 두 개의 팀으로 나뉘었다. 이는 보안을 위해서였다. 두 개의 팀 구성원들을 선배들은 알고 있었지만 1학년 학생들은 다른 팀 구성원이 누구인지 알 수 없었다. 심지어 별도의 팀이 있다는 사실조차도 몰랐다. 한 팀은 주찬구가 이끌었고, 한 팀은 함운경이 이끌었다. 조성만은 3학년인 함운경이 이끄는 팀에 속했으며, 이 팀에는 2학년 김세진이 활동하고 있었다. 가톨릭 신자인 주찬구가 과 후배인 조성만을 함운경에게 소개한 것이다. 지하서클이라 동아리방이 따로 있을 리 없었다.

당시 서울대학교의 다른 지하서클들처럼 자연대 서클도 사회주의 이념을 바탕에 두고 있었다. 하지만 '사회주의'라는 단어는 금기의 언어였다. 따라서 선배들은 저학년들에게 '사회주의를 지향한다'는 말은 하지 않았다. 가끔 후배들 입에서 '사회주의'라는 단어가 나오면 오히려 이를 나무랐다.

마르크스주의 이론서를 공부할 때 조성만은 이러한 내용을 크리스천으로서 어떻게 이해하고 받아들일지 고민했다. 자연대 서클엔 비슷한 고민을 하는 학생이 한 명 있었다. 김세진이다. 조성만은 같은 학년 동기들 중 박정철, 김미리와 친했고, 김세진은 신앙에 대한 고민을 나누는 친구이자 선배였다.

　김세진은 조성만보다 한 살 어렸지만 학교에서는 1년 선배였다. 그는 조성만과 함께 지하서클에서 외모가 출중한 회원이었다. 180센티미터가 넘는 훤칠한 키와 날카로운 눈매와 장발은 레닌을 연상시켰다. 실제로 그는 '레닌'이라는 별명으로 불리기도 했다. 김세진은 리더십이 뛰어났고 열정적이며 투철한 신념으로 단련된 전형적인 학생운동가였다. 자연대에서 그는 누구를 만나든 학생운동의 필요성과 역할을 역설했고 적잖은 학생들이 그의 영향으로 운동권에 발을 들여놓았다. 김세진은 조성만과 달리 모태신앙인이었다. 어릴 때부터 현재까지 교회 생활을 등한시하지 않는 독실한 크리스천이었다. 그는 교회에서도 대학부 회장을 하며 학생들에게 사회적 실천을 강조했다. 그는 학회지에 실린 〈친구들에게〉라는 제목의 글에서 다음과 같은 성경 문구를 인용했다.＊

　여러분에게 어떤 신념이 있다면 하나님 앞에서 각각 그 신념대로 살아가십시오. 자기가 옳다고 생각하는 일을 하면서 양심의 가책을 받지 않는 사람은 행복합니다.(로마 신자들에게 보낸 서간 14:22)

＊ 김순정, 〈자유와 평화 사랑만이 가득한 하나님의 나라가 오게 하소서〉, 《아름다운 청년, 김세진·이재호》, 김세진·이재호 기념사업회, 2007. 김순정은 김세진의 어머니이다.

매주 금요일은 가두시위를 하는 날이었다. 금요일 수업을 마치면 조성만은 20동 건물 앞 여인상으로 달려갔다. 그곳엔 언제나 시위를 주도하는 김세진이 있었다. 시위 장소는 주로 구로공단이 있는 가리봉동 오거리였다. 시위 현장에서 김세진은 두려움이 없는 듯 행동했다. 그러면서도 한 번도 전경이나 백골단에게 잡히지 않았다.

지하서클은 물론 당시 학생운동에서 '종교는 마약이다'라는 말이 유행했다. 이 같은 분위기에 개의치 않고 조성만과 김세진은 신앙생활과 서클 활동을 병행했다. 서클 회원들은 신앙인으로 살아가는 두 사람의 정체성을 존중하는 분위기였다.

1984년 겨울, 함운경의 자취방에서 서클 합숙 세미나가 열렸다. 봉천역 근처의 반지하방이었다. 세미나가 열리는 첫날, 조성만은 김세진을 따라 함운경의 달동네 자취방으로 향했다. 골목길을 걷던 김세진이 알 듯 모를 듯한 말을 했다.

"성만아, 여기 고무줄 놀이 하는 애들을 잘 봐. 저기 강아지 한 마리 보이지?"

알 듯 모를 듯한 얘기는 계속 이어졌다. 그것은 보안을 위한 암호였다. 조성만은 "응" 하고 조용히 대답했다.*

합숙은 세미나를 하기 위한 학습 기간이었다. 합숙 세미나는

---

* 이영득, 〈빨간 모자의 훈련 조교 같던 세진이 형〉, 《아름다운 청년, 김세진·이재호》.

주로 함운경이 이끌었고 1학년부터 3학년까지 15명 남짓한 회원들이 모였다.

합숙 기간 동안 외출은 허용되지 않았다. 일주일 동안 오전부터 저녁까지 쉴 틈 없이 치열한 토론이 벌어졌다. 학습 내용은 철학, 자본주의 경제학, 세계경제, 경제사 총론, 사적 유물론, 서양경제사, 정치경제학, 한국근현대사, 쿠바 민족해방운동사 등이었다. 사회과학 서적이 부족해 일본어 원서를 가지고 세미나를 하기도 했다. 이때 한국현대사에서 광주민중항쟁, 이를 전후로 한 미국의 역할에 대한 세미나를 통해 주한미군의 필요성과 정당성에 의문을 제기했다. 항쟁 당시 미군이 군 투입을 허락했다는 주장은 학살의 배후가 미국이라는 증거였다. 그것은 조성만에게 새로운 충격이었다.

서클 회원들은 서로에게 별명을 지어주었다. 지하서클이기 때문에 서로 이름 부르는 것을 꺼렸던 때였다. 정부의 불법 도청이 다반사였기 때문에 매사에 주의하면서 합숙을 진행했다. 자연대 지하서클에서 서로 지어주는 별명은 '예쁘면 안 된다'는 게 원칙이라면 원칙이었다. '별명이 예쁘면 곱게 자란다'며 '험한 세상일수록 거칠게 자라라'는 뜻으로 별명을 붙였다. 별명 가운데는 두깨, 물건, 말주, 벌레, 빨래, 쪼루, 짜루, 쥐똥, 제비, 사겹이 등이 있었다.

신건승의 별명인 두깨는 '아닌 밤중에 홍두깨' 같은 행동을 자주 한다고 해서 붙여졌다. 사겹이는 돼지라는 별명을 갖고 있던 회원이 삼겹보다 한 겹 더 많은 뱃살을 자랑한다는 점과, 목욕을 자주 하지 않아 때가 사겹으로 끼는 것을 보고 붙인 별명이다. 짜루는 키가 작다고 해서 붙인 것이고, 쥐똥은 전승택 회원이 합숙할 때 식사를 준비하던 중 밥에서 쥐똥이 나온 이후로 불린 별명이다.

조성만은 에프엠(FM)으로 통했다. 에프엠은 매사에 원칙을 벗어나지 않는 모범생을 이르는 말이다. 반대로, 융통성 없고 여유 없는 사람을 두고 나무라는 뜻으로 쓰이기도 한다. 언제나 진지하고 침착하고 책임감 강하고 성실한 조성만에게 어울리는 별명이었다. 그는 서클에서 먼저 주장하고 표현하는 편은 아니었지만 누군가 질문을 해오면 기다렸다는 듯 또박또박 논리적으로 답변했다.

겨울 합숙을 마칠 무렵, 군대 영장이 날아왔다. 영장은 예상한 일이었다. 2학기에 학교를 휴학한 후 입대를 기다리고 있었다. 군 입대는 아버지의 요청에 의한 것이었다. 조찬배는 어느 날 전주에 내려온 아들을 불러 얘기했다.

"느네 네 형제 학비를 생각해야 헌다, 성만아. 니가 가급적 군대를 빨리 갔으믄 좋겄는디. 올해 말이나 늦어도 내년 초엔 군대에 가는 것으로 하자."

큰형 조재성이 전북대 경영학과를 다니고 있을 때였다. 공무원 박봉에 두 아들의 학비를 대는 일이 가계에 부담이 컸다. 조찬배는 학비 문제와 함께 아들이 데모라도 하지 않을까 불안했다. 신문과 텔레비전에서 하루가 멀다 하고 불온한 학생들이 데모를 한다는 소식이 들려왔다. 철석같이 믿는 아들이었지만 염려가 없을 수 없었다. 그럴 때마다 주변 사람들로부터 학생들은 군대에 일찍 보내는 게 능사라는 말을 들었다. 큰형 조재성보다 동생이 양보해 먼저 군대에 가는 게 도리라고 생각했다.

다음 날 조성만은 군대에 가라는 아버지의 말을 곰곰이 생각했다. 머릿속이 복잡했다. 그가 활동하는 서클에서 자발적 군대 입대는 허용되지 않는 분위기였다. 그는 뭔가가 풀리지 않을 때면 뒷짐을 지고 방이며 거실, 마루를 서성거리곤 했다. 김복성은 뒷짐을 지고 서성이는 아들을 물끄러미 바라보았다.

"내가 군대를 가야 혀? 내가 꼭 가야 하는 것이여? 내가 꼭 가야만 혀?"

그 말을 수없이 되풀이하며 서성거렸다. 김복성은 남편의 뜻이 워낙 분명하니 뭐라 얘기할 수 있는 입장이 아니었다. 그러면서도 고민을 안고 서성이는 아들을 보니 자꾸 마음에 걸렸다.

4부

통나무 십자가

벗을 위하여 제 목숨을 바치는 것보다 더 큰 사랑은 없다.
요한복음서 15:13

뜻 없이 무릎 꿇는

한겨울의 추위는 좀체 수그러들지 않았다. 광주민중항쟁 이후 다섯 해째인 1985년이 되었다. 한해 한해가 아슬아슬했다. 1980년대의 반이 지나가고 있었지만 광주의 목소리는 어둠 속에서 들리는 소리였다. 광주는 1980년대에 20대를 보낸 청년들의 가슴에 드리워진 지울 수 없는 그늘이었다.

명동성당 교육관과 본당 위의 십자가에 몇 차례 함박눈이 내렸다. 성모동산에 쌓인 눈은 다음 날 금세 녹아 사라지곤 했다. 조성만은 질척해진 땅을 걸으며 언젠가 다시 돌아올 날을 홀로 기약했다.

3년. 갓 스물을 넘은 청년에겐 가늠이 되지 않는 긴 시간이었다. 어둠이 깊을수록 그 길을 걷는 이에게 동트는 새벽은 아득한 일로 느껴지게 마련이다.

그 시대 사회변혁 운동에 뛰어든 많은 청년들은 강제 징집으로 군에 입대했다. 민중의 피를 먹고 권력을 찬탈한 정권은 학생들의 눈과 귀를 막고, 입을 막아야 했다. 대학생들의 저항을 막기 위해 모든 수단을 사용했다. 그중 하나가 강제 징집이었다. 강제 징집은 입영 절차를 무시하고 이뤄졌다. 학생들은 식당에서 밥을 먹는 중에도, 이발소에서 머리를 깎는 중에도 갑자기 끌려갔다.

강제 징집된 학생들은 특별관리를 받으며 의식화 작업의 대상이 되었다. 군 보안사에서는 세뇌교육을 벌이면서 학생들에게 프락치가 될 것을 강요했다. 자신의 신념을 배신하고 민주주의에 등을 돌리고 친구들을 배신하라는 것이었다. 이 같은 야만적인 녹화사업으로 학생들이 계속해서 죽임을 당했다. 당시 군대에서 행해진 살인 사건은 대부분 진실이 묻힌 채 의문사로 남았다.
　조성만은 논산훈련소에 입소했다. 군 입대를 앞두고 그는 김범에게 고민을 토로했다.
　"범이 형, 지금 군대에 가야 할지 고민이에요."
　성만은 아버지의 뜻에 따르긴 했지만 자신의 선택 앞에서 망설였다. 군 입대는 모든 청년들이 대면해야 하는 피할 수 없는 문제였다.
　조성만은 친구들과 만난 자리에서 종종 말했다.
　"영장이 나올 것 같은데 군대는 가기 싫어."
　얘기를 듣는 친구들에게 입영 문제는 자신의 문제이기도 했다. 딱히 해줄 수 있는 말이 없었다.
　김범이 대답했다.
　"아냐, 잘했어. 이왕 가는 거 일찍 고생하고 오는 게 낫지."
　조성만은 여전히 심각한 표정이었다.
　"크게 보고 생각해. 짧은 내 소견으론 어차피 누구나 삼 년 숨죽이고 사는 거잖아. 딴맘 먹지 말고 가서 고생 좀 하고 와."

김범은 그의 머리를 쓸어내리며 말했다.

"괜찮아. 머리 복잡하게 생각하지 말고 가서 좀 썩어."

조성만은 김범의 이런 시원시원함이 좋았다. 그와 얘기를 나누면 무거웠던 머리가 말끔해지곤 했다. 어떤 어려운 말을 해도 그는 "괜찮아, 괜찮아"라고 대답했다. 그 말을 들으면 정말 괜찮아지는 것 같았다. 주로 친구들의 고민을 많이 들어주는 편인 그가 드물게 자기 고민을 김범에게 털어놓는 것은 이 같은 면모 때문이었다.

하루는 자연대 지하서클 친구가 휴학하는 이유를 물었을 때 성만은 대답했다.

"나는 성직자가 될 거야."

입영 문제를 두고 개인적인 선택과 결정은 금기시되었다. 그들의 삶은 개인의 삶이 아니었기 때문이다. 하지만 조성만의 경우, 성직자의 길을 꿈꾸고 있다는 것을 알고 있기에 만류할 수 없었다.

그의 입대를 앞두고 가민연 회원들이 성당 앞 판넬골목에 모였다. 환송식이 열리는 곳은 판넬골목에서 유일하게 민중가요를 부를 수 있는 단골 술집인 '지하촌'이었다. 막걸리가 몇 순배 돌고 난 후 청년들은 민중가요와 민요를 불렀다. 조성만을 보내기 위한 자리였지만 그를 제외한 모든 이들이 취했다. 조성만은 술자리에서 흐트러지는 일이 거의 없었다. 사람들의 몸이 하나씩 옆으로 기울어갔다. 남몰래 그를 좋아했던 여자들은 저만의 슬픔 속에서 술잔을 기울였다.

뿌연 담배연기가 '지하촌'을 가득 채울 무렵 회원들은 술집 밖으로 나와 하룻밤 묵을 곳을 찾아들어갔다. 향린교회 맞은편에 있는 작은 단골 여관이었다. 아니 여관이라기보다 시설이 제대로 갖춰지지 않은 여인숙이었다. 그 여관엔 모두가 함께 잘 수 있는 큰 방이 있었다. 회원들은 술을 마시다 막차를 놓치면 이 방에 모여 잠들곤 했다. 가난한 청년들의 호주머니에서 나올 돈이 없었기 때문에 예외 없이 여관에 갈 때면 시계나 학생증을 맡기고 투숙했다.

여관방에서 눅눅하고 퀴퀴한 냄새가 났다. 자리에 누운 조성만은 잠이 오지 않았다. 함께 보낸 지난 1년의 시간이 주마등처럼 머릿속을 흘러갔다. 그는 손목에 두른 묵주를 만져보았다. 오늘 환송식에서 회원들에게 선물로 받은 묵주다. 성당이 그리울 때마다 벗이 되어줄 것이다. 이 묵주가 닳고 닳아 얼마나 색이 바래야 성당으로 돌아올 수 있을까? 성당 앞에서 보내는 마지막 밤이 불면과 뒤척임 속에서 사라져갔다.

논산훈련소에 입대하는 날 아침, 고등학교 친구들이 전주에 모였다. 조성만은 부모님을 찾아가 인사를 올리고 친구들과 함께 당구장에 들러 당구를 쳤다. 친구들은 그를 논산훈련소까지 배웅했다. 1985년 2월이었다.

낯선 환경에서 보내는 훈련병의 시간은 빠르게 지나갔다. 훈련소는 체제 순응형 인간을 만들기 위한 첫 과정이었다. 그 시대 다른 청년들처럼 그도 순응하는 육체를 만들기 위한 훈련에 참여하고 정신을 길들이기 위한 반공 교육을 받으며 시간을 보냈다.

1985년 3월 4일, 훈련소에서 그는 가민연 회원들에게 처음으로 편지를 썼다. 일요일이었다. 훈련병들이 모여 반공영화를 보고 있을 때였다. 그는 슬그머니 자리를 빠져나갔다. 건물 앞에 있는 아름드리 나무 한 그루가 눈에 띄었다. 나무를 올려보았다. 높은 나뭇가지 끝에 까치가 한 마리 앉아 있었다. 그는 어디로든 날아갈 수 있는 까치가 자신보다 더 자유롭다고 생각했다. 가만히 앉아 있던 새가 어딘가를 바라보며 울기 시작했다. 꽁꽁 언 허공 속으로 까치의 울음소리가 날아갔다. 까치의 울음은 무엇인가를 바라며 절규하는 듯했다. 조성만은 편지에 그날 본 까치에 대해 쓴다.

저 까치가 말하는 것을 알아들을 수 있었습니다.

영화 관람을 마치고 편지를 쓰고 있을 때 '깡통소리, 빗자루소리, 구령소리'로 주변이 소란스러웠다. 북적거리는 훈련병 막사 한쪽 구석에서 조성만은 그리운 가민연 회원들에게 편지를 썼다. 성당 연습실에서 듣던 북소리, 장구소리가 그리웠다.

포근한 가민연 사랑방이 그리워집니다. 장구소리, 징소리, 쇳소리에 어울린 구성진 춤가락이 귀에 아른거린답니다. 같이 모여서 풍물을 칠 때면 여기까지 들릴 수 있도록 크게 치세요. 무척이나 그립습니다. (중략) 환송회 때 (받은) 큰 묵주를 가지고 묵주 한알 한알에 여러분의 생을 위한 소망을 담아보겠습니다.

편지를 쓸 때 그의 귓가에 노래 하나가 떠올랐다. 찬송가 515장인 〈뜻 없이 무릎 꿇는〉이라는 노래였다. 천주교인들이 시위를 벌일 때 주로 부르는 노래였다. 조성만은 노래를 조용히 부르며 편지를 적어 내려갔다.

노래의 가사를 생각하다 그는 자신의 '복종'에 대해 생각했다. 그의 복종은 오로지 그리스도를 향한 것이었다. 조성만은 일기와 편지 여러 곳에서 한용운의 시를 인용했다. 신동엽과 함께 그가 좋아한 시인이다. 특히 한용운은 그가 닮고 싶은 사람이었다. 신의 뜻을 따라 살면서 민중의 삶과 함께한 시인 한용운. 그의 그런 면모를 닮고 싶었다.

한용운의 시에 자주 등장하는 '복종', '순종'은 압제자에 대한 뜻 없는 복종이 아니었다. 그가 믿는 부처님에 대한 자발적 복종이고, 고난받는 나라와 민중에 대한 자발적 복종이었으며, 한편으로 그것은 저항이었다. 조성만의 복종은 정의의 하느님, 소외된 이들과 함께하는 하느님에 대한 복종이었다. 그는 '해 아래 압박 있는 곳'에 사는 이들의 고통을 떠올리며 눈시울을 적셨다.

뜻 없이 무릎 꿇는 그 복종 아니요
운명에 맡겨 사는 그 생활 아니라
우리의 믿음 치솟아 독수리 날듯이
주 뜻이 이뤄지이다 외치며 사나니

약한 자 힘 주시고 강한 자 바르게
추한 자 정케 함이 주님의 뜻이라
해 아래 압박 있는 곳 주 거기 계셔서
그 팔로 막아주시어 정의가 사나니

아멘

이등병의 편지

조성만은 군 생활을 하는 동안 많은 편지를 썼다. 훈련병 시절부터 편지 쓰기는 일상의 중요한 부분이었다. 그의 편지는 주로 주말인 일요일에 쓰였다.
현재 남아 있는 그의 육필 편지는 대부분 군 복무 첫 1년 동안에 쓴 것들이고, 많은 편지가 그와 가까웠던 김범에게 보낸 것들이다. 그는 훈련소에 입소한 지 2주일 만에 김범에게 첫 번째 편지를 쓴다. 편지는 '사랑하는 범 형에게'라는 호칭으로 시작한다.

보고 싶습니다. 왜냐고. 제일 사랑하는 사람이니깐. 훈련을 받을 때 가민연 식구들, 특히 범 형 생각하면 조금은 나은 것 같아요. 힘든 훈련에 사람 생각한다는 것이 이상하지만 말이야. 범 형의 따스한 모습이 눈에 선하답니다.

김범의 답장을 받은 다음 날은 호주리에게 편지를 쓴다. 그가 호주리를 처음 만났을 때는 그녀가 고등학교를 졸업한 해였다. 호주리는 조성만과 같은 해 가민연에 들어왔다. 조성만은 한 살 아래인 호주리를 각별한 관심으로 대했다. 그녀는 고등학교를 졸업하고 수녀들이 운영하는 명동의 성모병원에 근무하며 대학 입학시험을 준비하고 있었다.

호주리는 어느 날 미사를 마치고 성당 주변을 배회하던 중 교육관 지하 연습실에서 들려오는 북소리에 반해 홀리듯 가민연 연습실을 찾아갔다. 쎈뽈여고를 졸업하고 서울에 올라온 호주리는 어려운 가정형편 때문에 고민이 많았다. 대학에 다니고 있는 언니와 남동생, 여동생을 위해 대학 입학을 포기해야 했다.

그녀는 나이 차이가 크지 않았지만 어른스러운 조성만을 좋아하고 의지했다. 그녀가 고민에 휩싸일 때마다 조성만은 그녀에게 조언과 더불어 격려와 확신을 주는 사람이었다. 그녀가 직장 생활과 함께 대학 입시 준비를 할 수 있게 격려한 것은 조성만이었다. 그는 호주리에게 이렇게 말하곤 했다.

"주리야, 너무 좌절하지 마. 니가 원하고 있는 것은 뭐든 다 이루어질 수 있어."

훈련병 시절이 끝나가는 3월의 어느 일요일. 자대 배치를 이틀 앞두고 그는 다시 김범에게 편지를 쓴다.

이미 나에게 주어진 공동체를 외면하고서 생활할 수 없으니깐 밖에서 오는 편지가 나를 울적하게 할 경우도 있답니다. 어느 순간에는 약해진 자신을 발견하기도 하고요. 그렇지만 더욱 강인한 인간을 만들기 위해서 노력하고 있습니다. 서러운 마음이 들 때는 말로 표현할 수 없는 기분이 든답니다. 하느님과 주위의 이웃을 생각하며 달래고 있어요.

훈련소 생활을 마치면서 조성만은 카투사로 차출되었다. 그는 경기도 의정부에 있는 캠프 레드클라우드에 행정병으로 배치되었다. 숙소는 부대 옆에 있는 한국군 중대본부 건물이었다. 잠은 한국군부대에서 자고, 근무는 미군부대에서 하기 때문에 매일 출퇴근했다.

육체적, 정신적 긴장 속에서 2주의 시간이 훌쩍 흘러갔다. 잔소리가 심한 미군 상사가 주는 정신적 피로감이 쌓였다. 그럴 때면 자신보다 더 힘든 환경에서 살아가는 이들을 생각하며 묵상기도를 했다.

1985년 4월 둘째 주 일요일. 자대 배치 후 처음으로 약간의 여유가 주어졌다. 그는 군부대 안에 있는 성당에서 부활절 미사를 드렸다. 조성만은 명동성당의 부활절 미사가 궁금했다. 지난주엔 가민연 식구들의 부활절 공연이 펼쳐졌을 것이다. 그리고 나흘 후면 가민연 창립일이었다.

조성만이 분주하게 신병 생활을 하는 동안 가민연 회원들은 노래패 '신새벽'과 함께 4·19혁명 기념일을 맞이해 노래마당극 〈녹두벌에 다시 살아〉를 공연했다. 이 극은 동학혁명을 소재로 군부독재를 비판하는 내용이었다.

감리교 청년회 소속의 노래팀과 민속팀(풍물)의 제안으로 명동성당의 '신새벽'과 가민연, 이렇게 네 개 팀의 연합공연이 이루어졌다. 합창과 마당극, 풍물 등이 섞인 복합적인 공연이었다.

공연 당일 저녁, 햇불이 타오르는 가운데 성모마당에서 공연이 열렸다. 성모마당에 빈 공간이 없을 만큼 많은 인파가 관람했다. 관람객은 명동의 청년들을 비롯해 일반인들과 중부 경찰서 정보과 형사들도 끼어 있었다. 이 공연은 당시 문화운동가 정이담으로부터 호평을 받았다.

5월에는 기독교 대학인 숭실대학교 총학생회의 초청을 받아 학생들을 대상으로 재차 공연을 연다. 숭실대 공연을 마치자마자 학생들은 시위를 벌였다. 이날 공연엔 카투사로 군 복무 중이던 김만곤도 군인 신분을 감추기 위해 가발과 가면을 쓰고 배우로 출연했다. 그는 전두환 역이었다.
　오늘 조성만의 부대에서 미사를 집전한 이는 군종신부였다. 조성만은 명동성당의 미사가 그리웠다.

　군종신부님께서 알 수 없는 이야길 하곤 한답니다. 명동에서 본당 신부님 강론 듣던 때가 생각이 나는군요. 나의 의식에 활기 있는 힘을 주시곤 하였는데 명동의 신부님은 잘 계시는지 궁금하군요.
　(중략)
　범 형! 요즈음은 나 자신의 인간의 한계를 자주 느끼고 있습니다. 부족하고 철저하지 못한 나 자신의 내적인 상태. 공허함을 느끼긴 하지만 별걱정이라고나 할까, 그러한 것은 나 자신이 극복할 수 있기 때문에 어려움은 없습니다.

　입대한 지 석 달이 되는 5월 둘째 주 일요일. 이날은 전주에서 아버지와 어머니가 면회를 왔다. 두 사람은 조성만에게 은하수 담배를 건네주었다. 조성만은 형제들의 소식을 묻고 여러 차례 걱정 말라고 당부하며 부모님을 떠나보냈다. 뒤돌아선 성만은 마음이 편치 않았다. 그는 부모님에 대한 심정을 김범에게 전했다.

　지난 시간에 많은 고통을 주었고 앞으로도 그러한 상황이 계속

될 것 같은데 어쩔 수가 없군요. 사람들이 말하는 효도라는 것, 내가 부모님에게 해드릴 수 있는 것이라고나 할까. 아무튼 그것은 하나의 강한 인간 사랑을 몸으로 실천하는 인간다운 인간 그것뿐이라는 생각이 드는군요. 저는 그것으로 위안을 삼을 수밖에 없군요. 하늘과 땅에 충실한 인간이 되는 것은 무척이나 어렵지만 여러 인간들의 도움으로 또한 보잘것없는 하나의 인간의 노력으로 가능하겠구요. (중략) 쇠를 두드리고 장단에 맞추어 끊임없는 춤을 추고 싶습니다.

조성만은 신부의 꿈을 간직한 후부터 부모님의 얼굴이 마음에 걸렸다. 자신을 향한 오랜 헌신과 사랑 앞에서 그들의 기대와 자신의 꿈이 다르다는 것은 오래된 번민이었다. 1985년 8월, 부모님에게 보낸 편지에서 이런 마음을 그는 솔직하게 고백하고 있다. 군 생활이 반년 정도 지날 무렵이었다.

선을 추구하는 이웃과 함께하며 부모님께 글을 올립니다. 성부와 성자와 성신의 이름으로 아멘.
(중략)
멍청한 생활이 계속되는 것 같아 안타까운 마음이 드는군요. 여전히 담배만 늘어가는 것 같습니다.
부모님을 생각하면 항상 죄송스러운 마음을 지워버릴 수는 없습니다. 부모님의 바라심과 그것을 일치시키지 못하는 나 자신.

어머님, 아버님.

부모의 자식에 대한 사랑과 자식의 부모에 대한 사랑을 생각해 봅니다. 귀중한 아름다운 것이겠지요. 항상 감사히 느끼구 감사하게 생각합니다. 그러나 저는 모든 것을 다 해드릴 수 없는 존재라는 것을 다시 한번 느끼게 됩니다. 부모님께서 삶에 대해 느끼시는 것과 제가 느끼는 것이 다르기 때문이라는 것은 새삼스러운 것이 되겠지요.

그러한 것을 원망하지는 않습니다. 부모님께서 살아오시면서 느꼈던 경험과 제가 느끼는 삶의 그것은 서로의 비중이 다르기 때문에 그러한 것이겠지요. 그러면서도 효도하고자 하는 자식의 마음은 변함이 없다는 것은 확실합니다. 왜냐하면 저는 부모님을 사랑하기 때문입니다. 제가 그런 생각을 하며 느끼는 것은 부모님과 형님, 동생 그리고 이웃의 인간들과 절대자에게 부끄럽지 않은 존재, 하나의 인간이 되고자 하는 것뿐입니다. 그 과정에서 부모님에게 드리는 누는 어쩔 수가 없다고 생각합니다.

그러나 그 누라는 것이 단순한 누가 아니라 자식의 고민 속에서 삶 속에서 나타나는 것이라 생각하여주십시오. 제가 바라는 것은 그것뿐입니다. 부모님께 드리는 누라는 불효가 얼마나 저에게 큰 고민을 주는지 생각해주시기 바랍니다.

사랑하는 부모님.

저는 언제까지나 하늘과 땅을 우러러 한 점 부끄러움이 없는 인간으로서 생을 살아가고 싶습니다.

겉으로 보기에 불쌍한 처지에 있구 쪼들리고 하는 생활이 되어도 저는 아무런 불평이 없습니다. 왜냐하면 내가 받아들일 수 있는 생활이기 때문입니다. 내가 사랑하는 삶이기 때문입니다. 저의 이러한 마음을 이해해주십시오.

부모님께서 나의 삶과 나의 의지로 나타나는 것을 이해해주시면 그것은 저에게 커다란 위안과 행복이 될 것입니다. 저의 삶에 대한 미련은 없습니다. 하나의 몸뚱이만 있는, 살아 있는 인간이라면 족합니다.

이 편지를 받을 때까지만 해도 그의 부모님은 제대할 무렵의 그의 결단과 함께 그로 인해 겪을 갈등을 예상하지 못했다. 고등학교 시절부터 신부의 길을 걷기로 한 그의 오래된 꿈은 변함이 없었다. 오히려 1년의 대학 생활을 겪고 군 생활을 하면서 그의 꿈은 더욱 분명해지고 있었다. 미래에 대한 조성만의 갈등은 신부가 될 것인가 말 것인가가 아니라 본격적으로 신부의 길을 걷게 될 때, 즉 현재 다니고 있는 대학교를 자퇴하고 신학대에 입학할 때 부모님이 겪을 고통 때문이었다. 그래서 몇 통의 편지로 자식으로서 쉽게 할 수 없는 말을 용기 내어 고백하고 있는 것이다. 끝내 그 결심을 실토할 때 자신의 길을 이해하고 받아들여주길 바라는 마음으로, 미리 준비해주길 바라는 심정으로 조금씩 속을 내비치며 암시하고 있는 것이었다. 부모를 염려하는 마음은 결국 그의 마지막 글인 유서에 담긴 당부로 마무리된다.

조성만은 신부가 되어 농민들과 함께하는 자신을 상상할 때마다 윤동주의 〈서시〉를 읊조렸다. 그가 편지에 종종 인용한 윤동주의 〈서시〉는 달달 외울 정도로 가장 좋아하는 시였다.

저는 언제까지나 하늘과 땅을 우러러 한 점 부끄러움이 없는 인간으로서 생을 살아가고 싶습니다.

허공에 뜬 교회

1985년 5월, 부대에서 근무 중이던 조성만은 놀라운 소식을 접했다. 지하서클 선배 함운경이 미국문화원을 점거한 일이었다. 한국인들에게 미문화원은 미국과 미국 문화의 상징적인 공간이었다.

1985년 5월 23일, 서울대, 고려대, 연세대, 서강대, 성균관대 5개 대학의 삼민투(민족통일·민주쟁취·민주해방 투쟁위원회) 소속 학생 75명이 미문화원 건물 2층 도서관을 기습적으로 점거했다. 서울대 삼민투 위원장 함운경은 농성학생 대표였다. 문화원 점거에 들어간 학생들 중 여학생은 20명이었다.

철야 농성에 들어간 학생들은 문화원 창문에 미리 준비한 두 건의 유인물을 게시했다. 〈국민 여러분께 드리는 글〉과 〈우리는 왜 미문화원에 들어가야만 했나〉이다.

학생들은 미 작전권하의 군대가 광주에 투입되어 시민들을 학살한 것에 대한 미국의 공개 해명과 사과를 요구했다. 또한 전두환 군사독재정권에 대한 지원을 중단할 것을 요구하고 워커 주한 미대사와의 면담을 요청했다. 이들은 전경들이 끌어낼 경우 창밖으로 뛰어내리거나 극약을 먹겠다며 배수의 진을 치고 사흘에 걸쳐 농성을 이어간다.

이 사건으로 함운경 등 25명의 학생이 구속되었다. 내외신을 탄 이 소식은 광주항쟁에서의 미국 개입의 실상을 국내외에 폭로하며 엄청난 반향을 불러왔다. 1982년 문부식과 김현장이 주도한 부산 미문화원 방화 사건이 있었지만, 당시엔 정부 당국의 개입으로 사건이 널리 알려지지 않았다. 부산 미문화원 방화 사건을 주도한 문부식과 김현장은 재판을 통해 사형을 선고받았다.

미문화원 점거 농성으로 그동안 금기시되던 광주에 대한 관심이 국민들에게서 일어났다. 당시 한반도에서 미국을 비판하는 것은 북한에서만 가능한 일이었고, 남한에서는 죽음을 자초하는 일이었다.

숨죽이고 있던 광주는 갑자기 역사의 전면에 부상하면서 시민들의 의식을 일깨웠다. 조성만은 함운경이 겪을 고초를 걱정했다. 그가 지난 1년간 가장 많이 했던 말은 광주에 관한 것이었다.

"광주항쟁의 진실이 밝혀지기 전에는 이 땅의 참 민주화란 거짓일 뿐이에요."

조성만이 이같이 말하고 또 먼 곳에서 지켜보고 있을 때 함운경은 목숨을 걸고 미문화원을 점거하며 실천하고 있었던 것이다.

조성만은 목숨을 다해 싸우고 있는 선배들과 달리 학생운동의 동향을 파악해 미군에 보고하고 있는 자신의 처지가 괴로웠다. 그가 처한 상황은 자신의 뜻과 달리 모순 속에 빠져 있었다. 조성만은 미문화원 점거 사건이 사회운동의 새로운 전환이라고 판단하고 그들이 지핀 불씨를 되살려야 한다고 생각했다. 외박과 휴가를 받아 서울에 가면 미문화원 점거 사건을 어떻게 해석하고 있는지 친구들에게 묻고 토론했다. 미문화원 점거 농성 사건은 그의 고민의 한복판에 들어왔다.

봄이 지나가고 있었다. 들판에 무성하게 풀들이 자라났다. 지난 한 달 동안 조성만은 사람들에게 편지를 쓰지 못했다. 미문화원 점거 사건이 준 영향으로 쉽게 연필이 손에 잡히지 않는 날들이었다. 그는 고요한 묵상 속에서 한발 한발 예수를 향해 다가가고 있었다. 그는 편지를 썼다.

가시관이 눌려 씌워진 상태에서 신음하는 예수의 모습이 나를 부릅니다. 우리가 이 세상에서 하는 일을 다시금 언급한다는 것은 쓸데없는 넋두리에 지나지 않겠지요. 담배를 하나 물어봅니다. 맛이 좋군요.

제가 보았던 그림, 즉 탈춤 추는 것이 떠오릅니다. 한과 역동을 담구 있는 것이죠. 아픔을 녹여 삶을 살찌우는 힘을 생각해봅니다. 무한한 자기희생을 자기의지로써 순수한 사랑과 더불어 계속하려는 것, 다시 한 번 점검하며 행동해가야겠지요.

항상 새로워지라는 예수의 말이 그것을 의미하지요. 자기를 비우라는 그것두 마찬가지이구요.

그러나 인간은 역시 인간인가 봅니다. 가까워지는 것, 그것은 쉽지만은 아니하여도 그렇게 되는 것은 더욱더 많은 것을 요구하지요.

범 형. 그래도 인간의 가능성을 믿구 하느님의 존재를 믿습니다. 어느 상황에서두 하늘의 뜻을 미약하게나마 행하는 것이 중요하지만 나의 현재는 그것마저 어렵게 하는군요.

조성만은 한미연합사령부에서 정보과 계통의 행정병으로 근무했다. 그는 매일 대학가에서 벌어지는 집회와 시위의 주동자와 구호, 동원된 인원 등을 파악해야 했다. 특히 시위가 빈번한 모교인 서울대의 정보도 파악해야 했다. 때론 익숙한 이름들이 그가 치는 타자의 종이 위에 떠오르곤 했다.

그에게 곤혹스런 일 중 하나는 미군의 역사를 공부하고 매일 미군 군가를 부르는 것이었다. 그것은 자신이 '제국주의의 용병'이라는 자괴감을 느끼게 했다. 신병 시절 고참들의 옷을 다림질하고 청소를 끝내는 새벽 2시 무렵, 잠드는 육체적 고통보다 정신적 고통이 더 힘겨웠다.

1985년 늦봄, 학교 친구 네 명이 면회를 왔다. 미사를 마치고 친구들을 만난 조성만은 명동성당에서 시위를 주동한 일로 구속된 이대훈의 신상을 염려했다. 이대훈은 미문화원 방화 사건 3주기를 맞이해 시위를 주동했다. 그는 농성 당일 아침 창립 회원들에게 말했다.

"나 오늘 나간다. 나가면 반드시 달릴 거야."

'나간다'는 말은 시위를 벌인다는 말이고, '달린다'는 말은 감옥에 가겠다는 뜻이었다.

거사 시각은 문화관에서 함세웅 신부가 강연을 마친 후였다. 이대훈은 성당 본당 외벽을 타고 올라가 사람들이 나오기를 기다렸다. 시민들이 강연을 듣고 건물 밖으로 빠져나올 때 갑자기 공중에서 쩌렁쩌렁한 구호소리가 들렸다.

"광주사태 책임자 전두환을 처벌하라!"

사람들이 소리가 나는 쪽으로 고개를 들었다. 가민연 회장 이대훈이 가파른 외벽 위에 서서 선전물을 뿌리고 있었다. 몇 명의 회원들에게만 일러준 행동이어서 이를 본 다른 청년들은 깜짝 놀랐다. 그들은 혹시라도 무슨 일이 벌어질까 봐 조마조마한 심정으로 그를 주시했다. 한국 천주교의 상징적인 공간인 명동성당에서 벌인 이 시위는 청년들에게 커다란 충격을 던져

주었다.

이날의 거사는 광주항쟁의 진실을 밝히기 위한 것이었다. 그는 명동성당의 시위 주동으로 경찰에 연행된 후 구속되었다. 회장이면서 창립 회원인 그의 공백으로 한동안 가민연 활동은 차질을 빚을 수밖에 없었다.

조성만은 자신의 처지가 유배지에 온 옛 선비 같다고 생각했다. 몸은 미군부대에 있지만 정신은 명동성당과 한반도의 현실에 있었다. 그는 유배지에서 예수와 함께하며 세상에 돌아갈 날을 손꼽아 기다렸다. 하지만 제대는 아직 먼 일이었다. 그는 예수의 십자가를 떠올리며 편지를 썼다.

어느 상황에서도 나는 꿋꿋하게 살아가고 있소이다. 이렇게 존재하는 것도 주위의 인간 때문이겠지요. 나의 노력은 끊임없이 계속되어나갈 것이오. 처절할 정도로 예수와 나의 십자가를 질 수 있다오. 인간의 삶은 지난한 과정을 동반하고 있지만 삶 자체에 대한 미련이라고나 할까 그러한 것들에 집착하는 마음은 소각시켜버려야 합니다. 우리의 껍질을 싸고 있는 옷가지와 거추장스러운 요소를 떠난 몸 하나와 정신이 우리에게는 필요할 뿐이오. 그리고 끊임없이 여러 상황의, 그리고 자신에 대한 질문과 대답 속에서 절대자를 조우해야 하구요. 이것은 나에게 더욱 긴요한 말이겠지요.

그간 신병으로 복무하던 조성만은 6월에 들어서면서 외박과 외출이 가능해졌다. 첫 외박을 나간 날 그는 바로 가민연을 찾아갔다. 외박에서 돌아오면서 지난해 명동성당 청년대회에서 본 그림이 문득 떠올랐다.

공중 한가운데 어떤 건물이 떠 있다. 교회 건물이다. 걸개그림 한편에 서 있는 사람이 있다. 예수. 하느님의 아들이었다. 예수가 공중에 뜬 건물을 바라보고 있다. 교회는 왜 지상에서 높이 떠올랐을까? 조성만은 이 그림을 떠올리며 편지에 쓴다.

교회가 자꾸만 하늘로만 떠오르는 것만 같아 아쉬운 마음을 금할 수가 없군요. 진정 가난한 대상을 버리는 듯한 자취가 얼마나 땅의 생명을 지켜가며 하늘의 뜻을 따를 수가 있을까요? 부정적인 생각입니다. (중략) 성당의 종소리가 얼마나 하느님의 마음을 울릴 수 있을까 생각합니다. 삼종소리의 여운에 가난한 이들을 실을 수 있는 것은 하나의 소망에 불과한 것은 아니겠지요. 작년 가톨릭이 내세운 몇 마디의 부끄러움이 없는 종소리가 되어야 할 텐데. 범형의 모습이 안타깝군요. (중략) 긴긴 하루하루에 마음속에 가중되는 것을 말하지 않더라도 이해할 수 있겠지요. 허공에 모래를 던지는 듯한 기분이 가시질 않고 있어요. 나름대로 주어진 시간을 잘 보내려고 하지만 역시 하나의 물방울이 되어버리는 것은 어쩔 수 없답니다.

'허공에 뜬 교회'의 모습은 어느 날 자신의 모습과 겹쳐 다시 떠오른다.

범 형에 비하면 대단히 사치스러운 존재가 되어버린 지금, 무슨 말을 해야 할까요? 하나의 허공에 뜬 존재가 된 것은 아닌지 생각해봅니다. 사실일지도 모르죠. 사치스러운 삶에 대한……. (중략) 나의 시간은 이미 나의 시간이 아니요, 나라는 존재는 이미 나 자신의 것이 아니올시다. (중략) 범 형! 나는 어쩔 수 없이 예수와 함께할 수밖에 없는 풀인가 봅니다.

어느덧 계절은 가을로 접어들었다. 1985년 10월 초순. 토요일 어제부터 내린 가을비는 오늘도 그치지 않았다. 군인주일인 오늘은 신부님이 서울에 갔고 조성만은 동료와 함께 성경을 읽고 생각을 나누며 전례의 시간을 가졌다.

十字架의 예수와 함께하며 김범 형에게 글을 드립니다. (중략) 추운, 바람이 부는 날씨 속에 양말을 신지 못한 하얀 발을 내놓은 시골의 아이가 생각이 나서 약간은 더 춥게 느껴지는 時間. (중략) 어느새 시월. 군 생활이 팔 개월이 되었군요. 짧은 시간이 아닌 삶 속에서 자신을 잃지 않으려는 장단은 계속해야 하는 것이 북쟁이의 자세여야 한다는 마음에 잘 살아가고 있습니다.

그가 남긴 거의 모든 편지는 소민(素民)이라는 이름으로 보낸 것이다. 입영 이후부터 쓰기 시작한 소민이라는 이름의 편지를 받는 가족들과 가민연 회원들은 모두 낯설었다. 이 시기에 그는 왜 갑자기 조성만이라는 이름 대신 '소민'이라는 별칭으로 사람들에게 편지를 보냈을까? 휴가 나온 조성만을 만났을 때 김범은 새로운 이름을 쓰는 이유를 따져 물었다.

"야, 니 이름은 놔두고 소민은 무슨 얼어 죽을 소민이냐?"

김범은 편지를 받을 때마다 편지 끝에 적힌 소민이라는 이름이 궁금했다. 성만이 쓴 한자는 '횔 소' 자였다. 김범은 옥편을 찾아가며 헤아려봐도 좀체 해석이 되지 않았다.

"형, 이름을 멋지게 바꾸려고 한 게 아니라 '소시민'의 소민이에요."

"소시민?"

"난 소시민적인 삶을 살 수밖에 없기 때문에 소민이라는 이름으로 형에게 편지를 보낸 거야."

그가 만든 '소민'이라는 호는 흰옷을 즐겨 입는 백의민족, 또는 그가 사제로서 함께하고 싶은 농민들을 뜻하는 것이기도 했다. 조성만이 김범에게 위와 같이 고백한 것은, 사회변혁을 위해 몸을 던져 노동운동에 뛰어들고 죽음에 맞서는 이들에 비해 자신의 모습은 소시민적이라고 생각했기 때문이다.

뿌리를 가진 나무

군에 입대한 첫해, 여러 차례에 걸쳐 성당과 대학의 친구들이 면회를 왔다. 조성만을 짝사랑하는 성당과 대학의 여자 친구들도 의정부를 찾아왔다. 그는 면회 온 친구들에게 말하곤 했다.

"군대는 올 곳이 못 돼."

"너희들은 열심히 투쟁하고 있는데 나만 편하게 지내는 것 같아 미안하다."

조성만이 불편해한 일 중 하나는 편지 대필이었다. 그는 자국의 언어인 영어를 쓰지 못하는 미군 상사들의 편지를 대필하고 있었다. 한 명이 아닌 여러 명의 편지 대필이었다. 그는 휴가 때 친구들을 만나 고충을 토로한 적이 있다.

"지네 나라 말도 못하는 놈들 밑에서 대필을 해줄 때마다 구역질이 나."

한번은 용산에서 카투사로 근무하는 김만곤이 찾아왔다. 김만곤은 조성만이 입대하기 전인 1984년 10월 4일 입대했다. 그가 배치받은 곳은 서울 용산이었다. 서울에서 근무하는 그는 조성만과 달리 주말 외출이 자유로워서 명동성당 활동을 지속적으로 하고 있었다. 두 사람은 면회소 앞에서 담배를 물고 있었다. 면회소 앞엔 얼마 전 베어낸 통나무들이 쌓여 있었다. 그들은 통나무 위에 앉아 이야기를 나눴다. 조성만이 말했다.

"만곤 형, 나 한국 군대에 있었으면 좋겠어."

카투사에서 근무하는 김만곤은 그게 무슨 말인지 잘 알고 있었다. 그것은 사고를 치겠다는 말이었다.

"내가 요즘 하는 일은 서울 시내 대학가의 시위 상황을 정리해서 미군 상관한테 보고하는 거야. 그래서 너무 괴로워. 한국군으로 가고 싶어."

카투사로 근무하고 있는 같은 처지의 김만곤은 고개를 끄덕였다. 하지만 말리지 않을 수 없었다.

"성만아, 빨간 줄 굿지 마라. 나도 멋모르고 카투사로 왔지만 너무 괴롭다. 하지만 좀 더 견뎌보려고. 누구는 미제 용병하고 싶어서 하냐? 아니꼬워도 그냥 버티는 거지."

두 사람은 허탈한 웃음을 주고받았다. 웃음 끝에 조성만이 다시 말했다.

"만곤 형, 나 너무 괴로워. 한국 군부대로 가고 싶어."

김만곤이 웃음을 지우고 다시 설득했다.

"그게 우리 마음대로 되는 게 아니잖아. 조금 더 견디면서 기다려보자."

조성만이 걸터앉은 통나무 위에서 내려오며 다른 말을 했다.

"형, 지금 앉아 있는 이 통나무, 얼마 전에 우리가 잘라낸 나무야."

"고생 좀 했구나. 나무를 매끈하게 잘 잘랐네."

"죽어 있는 게 열사들 같지 않아?"

뜬금없이 통나무를 열사에 비유하자 김만곤은 고개를 갸우뚱했다.

"사람도 이렇게 모두 죽는데……. 불과 백 년도 못 사는 인간이잖아. 이 나무만큼도 못 사는 인간인데……. 그런데 형, 봐요. 나무는 죽어서도 세상에 쓸모 있는 존재가 되잖아. 이렇게 우리가 앉을 수 있는 의자도 되고, 책상도 되고, 책도 되고. 인간만이 삶에 지나치게 집착하는 것 같아."

얘기를 하는 조성만의 표정이 어두웠다. 초점을 잃은 눈빛이 흔들리고 있었다. 그는 김만곤을 바라보았다. 김만곤이 당부했다.

"딴생각 먹지 마라. 나도 일 년이면 수십 수백 번도 더 한 몸 바쳐 세상을 바꿔볼 생각을 한다. 허약한 이 육신 하나 사라져 역사의 물줄기를 아주 조금이라도 바꿀 수 있다면 왜 그러고 싶은 맘이 없겠어? 하지만 살아서 실천하는 삶이 더 값지다고 생각해."

조성만은 이날 김만곤에게 '제대 후 신학교를 가겠다'는 결심을 알려주었다.

톱으로 잘라 뭉텅뭉텅 잘려 나동그라진 통나무. 성만은 한동안 자신이 잘라낸 통나무에 대해 생각했다. 나무는 생명을 다한 이후에도 다른 생명들을 위한 일에 쓰였다. 죽음으로써 새 삶을 사는 나무. 똥이 거름이 되어 민들레꽃을 피우는 어느 동화처럼 나무의 죽음은 그것으로 끝이 아니었다. 그리스도 역시 십자가에 매달려 죽었지만 사흘 후 부활했다. 이날 조성만이 들려준 통나무에 관한 생각은 광복절인 8월 15일, 김범에게 보낸 편지 속에 실려 있다.

방금 야간보초를 마치고 내무반에 들어왔소.
무엇을 하는 상황에도 생각할 여유와 좀 더 다른 무엇을 느낄 수 있는 마음이 되는 것이 다행이구려. 물론 제한된 사고이겠지만. 어제는 주간보초 근무를 정문에서 서고 있는데 옆에 있는 큰 나무, 중대원 전체가 줄을 달아 당겨도 넘어지지 않을 나무가 거센 바람에 견디질 못하고 뿌리가 뽑혔소. 아주 서서히. 그 부근의 지반이 약한 탓이기도 하지만 그것을 살펴보니 뿌리가 깊지 못했소. 거대한 뿌리가 되질 못했기 때문에 이제까지 느끼지 못한, 나무에게 다가와 질타하는 바람을 견디질 못한 것이오.
그 나무는 중대원들 손에 들린 톱에 잘려 구석에 차곡차곡 쌓여져 있었소. 그 큰 나무가 쓰러져도 그것보다 작은 것은 견디고 있었소. 잘라진 그 나무는 또 하나의 생명 법칙의 순리에 따라 다른 용도에 쓰여져 또 다른 생명을 존재케 하는 똥이 될 것이외다. 자르고, 잘려진 나무는 아무런 이상 없이 무감각하게 느껴지는데 사람의 생명에 접했을 때는 인간들의 집착이 너무 강하다는 생각이 단순하게 느껴지는구려. 인간도 역시 죽음을 극복함으로써 타인을 위한 똥이 되어야 하겠지요. 예수의 부활과 연결시켜볼 때 죽음의 과정을 반복하는 것. 그것은 새로움의 연결 속에서 영원함이 주어지는 것이오. 참 부활이라는 의미가 될 수 있겠지요.

(중략)

별것은 없지만 여기 있는 동안 인류사에 나타난 모든 사상과 삶을 섭렵하고 싶구려. 글을 통해서 되겠지요. 하나의 낙이라면 낙이랄까. 그것이 단순한 낙은 아니지요. 귀뚜라미와 풀벌레 하나에도 민감하게 반응할 줄 아는 마음이 있다는 것이 좋게 느껴지는군요. 감상적인 존재는 아니지만.

모든 사물이 민감함을 지닌다는 것은 나 자신을 생각하고 타인을 생각할 수 있어 좋구려.

통나무가 되기 전 나무는 뿌리를 가진 나무였다. 그가 벌목을 하며 본 나무는 땅 위보다 땅 아래의 뿌리가 더 무성하고, 깊고, 멀리 자랐다. 나무의 뿌리가 그렇게 멀리 자란다는 것을 그는 미처 몰랐다. 뿌리가 무성하고 튼튼해야 땅 위의 나무가 튼튼하고 알찼다. 그런 나무라야 통나무가 될 수 있었다. 그는 거대한 뿌리를 꿈꾸었다. 그리고 비록 외국 군대의 감시와 통제 속에서 억압된 생활을 하고 있지만 자신의 뿌리가 살아 있기 때문에 몇 년 후 다시 무성한 나뭇잎을 달 수 있을 거라고 생각했다. 1985년 11월 하순, 그는 다시 '뿌리'에 관한 사유를 담아 편지를 보냈다.

인간은 대단한 편견을 가지고 있는 존재가 되기도 하죠. 때에 따라서는. 자기의 것과 그것을 타인과 연결시키는 입장에서 더한 일치점을 찾아야 하겠지요. 그리고 순간적인 생각에 변하여서도 아니 되리라 말하고 싶습니다. 중요한 것이죠. 나뭇잎이 해마다 변하고 하여도 뿌리는 건재하고 있다는 것을 생각하면 이해가 되리라 생각합니다.

같은 편지에서 조성만은 김범에게 미군 상사와의 갈등과 고충을 토로하면서 오히려 자신에 대한 성찰을 놓지 않는다. 뿌리를 잃지 않으려는 노력이다.

나의 개인적인 성격 탓이기도 하겠지만 어느 타인이 아무 일도 하지 않으면서 타인을, 타인이 하고자 하는 일을 방해할 때 성격이 날카로워지고 있기도 하죠. 아마 여기에서 생활하는 동안 나의 성격이 자꾸만 예민해지는 것 같아 그것을 억누르기 위한 노력에 시간을 빼앗기기도 하고 있습니다.

계절은 가을로 접어들었다. 조성만은 첫 휴가를 받고 전주에 내려갔다. 집에 도착해 옷을 갈아입고 있을 때였다. 우연히 김복성이 아들의 무릎과 허벅지를 보고 놀라 다가갔다. 무릎에 시퍼렇게 멍이 들어 있었다.
"아가, 이거시 뭐시냐? 미군헌티 맞었냐?"
당황한 아들은 멍든 부위를 가리며 얼버무렸다.

"아녀요, 엄마. 부대에서 축구하다 넘어져서 다친 거예요."
아들은 황급하게 체육복으로 갈아입었다.
"아녀, 축구하다 넘어졌는디 워째 저런 정강이가 다 푸르딩딩허다냐? 어디 한번 보자, 응? 웃사람들이 때린 거 아녀?"
"아녀요, 엄마. 그런 거 아니니까 암 걱정 마요."
김복성은 극구 피하는 성만을 어찌할 수 없었다. 군화에 맞은 게 틀림없었다. 축구하다 넘어진 상처는 아니었다. 그날 밤 김복성은 슬쩍 성만의 옷을 들춰 정강이를 살펴보았다. 정강이의 상처는 끔찍했다. 보드랍던 살은 군화에 찍혀 수십 군데 깊은 상처를 드러내고 있었다. 얼마나 심하게 당했으면 이 지경일까를 생각하니 서러움과 분노가 치밀었다. 그녀는 가만히 아들의 상처를 어루만졌다. 김복성은 붉어진 눈시울을 손으로 가리며 자신의 잠자리로 돌아왔다. 좀체 잠이 오지 않았다. 다음 날 아들이 부대로 복귀하기 위해 떠난 후 그녀는 절을 찾아가 오래도록 기도를 했다.
첫 휴가를 마치고 부대로 복귀한 조성만은 김범에게 편지를 썼다.

군 생활이 십 개월이 다 되어가는 지금. (중략) 삶에서의 긴장과 더불어 진취적인 목적이 결여된 웅덩이의 시간은 또 하나의 허상을 만들어놓고서 자꾸만 계속되는 것 같습니다. (중략) 만해의 삶에 기본이 되는 바탕이었던 군자시중(君子時中)이라는 것을 되새기며 그것을 P형에게 말해주고 싶소. 내적인 것과 외적인 것의 일치는 부단한 삶의 수도자인 인간이 계속되는 과정 속에서 찾아야 하며 보편적인 것에 접근하여야 할 것이지요. (중략)

인간의 만남, 그리고 헤어짐, 그리고 만남, 이러한 것들의 시작인 여러 가지 것들을 잘 받아들일 수 있는 삶이어야 하리라 생각합니다. 잠시 한용운의 님과의 이별에 대한 생각을 적어보았습니다. 우리 인간의 사랑의 대상인 님을 향한 삶은 건강한 모든 것을 보여 줄 수 있을 것이오.

12월 중순, 낯선 곳에서의 첫해가 저물어가고 있었다. 조성만은 지난 시간들을 돌이켜보았다. 그는 변치 않는 긍정과 낙관으로 다음 해를 준비하면서 김범에게 편지를 썼다. 김범이 간직한 마지막 편지이다.

十字架의 民衆과 이 척박한 땅에서 함께하며 벗 P에게 글을 드립니다. 저물어가는 을축년 그리고 조그마한 시간을 되새기면서 발전을 생각하다 몇 자 적어봅니다.

(중략)

척박한 황토에 태어나 거친 풀을 대하며 살아가고 고민하고 하는 것을 생각하며 이러한 것을 느낍니다. 결코 태어난 땅에 대한 저주의 마음은 있어서는 아니 된다는 것, 그리고 실천적인 사랑 속에서 땅은 부활할 것이라는 것, 하나의 공동체를 조금씩 조금씩 공유하면서 살아갈 그날이 우리에게 멀지는 않다는 것……. 여타 모든 것을 대할 때 비관 속에서만 바라보는 것을 벗어나 하나하나의 알맹이를 쌓아가야 하는 것은 우리의 시간 공간의 과정 속에서 계속되어야 할 것이오. 우리가 생각하는 것은 삶이 되어야 하기 때문이오. (중략) 그에 따른 책임이라는 것을 짊어지면서 언덕을 올라가야 하겠지요. 언덕을 올라가는 역사의 수레바퀴 모습 속에서 끌고 밀고 옆에서 도와가며 하나의 모습을 바라보며 우리의 전진을 위한 노력을 게을리하지는 말아야 하겠지요. 어차피 수레는 올라가는 법. 서두름이 없이 내적인 것과 외적인 것을 충일하게 해가면서 바퀴를 굴려야 할 것이오. (중략) 그리고 근본이 되는 생명을 사랑하는 것을 잊어서는 안 될 것입니다.

조성만이 편지에서 비친 미군 상사와의 갈등은 갈수록 커져갔다. 그는 무슨 연유에서인지 미군들에게 미움을 받는 일이 많았다. 결국 조성만은 다른 근무지로 배치되었다.

피할 수 없는 불길

긴 겨울을 지나 다시 봄이 왔다. 철책 아래에도 꽃이 피었다. 1986년의 4월은 조성만에게 가장 잔인한 4월이었다. 4월 28일. 남은 생애에서 지울 수 없는 비보가 한미연합사령부에 날

아들었다. 그의 벗이자 선배인 김세진이 휘발유를 온몸에 끼얹고 몸을 불태운 것이다.

이날 아침 김세진과 서울대 학생 4백여 명은 버스에서 내려 신림사거리 가야쇼핑 앞으로 향했다. 사거리에서 보라매 방향으로 백 미터쯤 되는 장소였다. 학생들은 교통을 차단하고 도로와 주변 골목에 운집해 어깨를 걸고 연좌농성에 들어갔다.

예정된 거사 시각 9시가 되자 서강빌딩 옥상 위에 전방입소 철폐투쟁위원장 김세진과 이재호의 모습이 나타났다. 두 사람은 확성기를 들고 구호를 외쳤다.

"양키의 용병교육 전방입소 결사반대!"

학생들은 구호를 따라 외쳤다. 5분 후 전경들이 출동했다. 전경들은 앉아 있는 학생들을 구타하며 몽둥이를 휘둘렀다. 거리는 아수라장이 되었다. 그때 서강빌딩 옥상에서 두 개의 불길이 치솟았다. 분신하기 전 두 학생은 온몸에 시너를 끼얹고 경찰들에게 경고했다.

"학생들에게 다가가지 말라. 우리가 있는 곳으로 오면 분신하겠다."

경고에도 거리낌 없이 경찰들이 서강빌딩으로 들어갔다. 몇 명의 학생들이 건물 입구를 지키며 저항했지만 전경들의 폭력과 구타로 입구가 열렸다.

잠시 후 불길이 치솟았고, 불길에 타오르던 두 사람이 학생들의 시야에서 사라졌다. 다시 김세진의 모습이 드러났다. 그는 종주먹을 쥐어 올리고 구호를 몇 차례 외친 후 쓰러졌다. 김세진의 몸에서 피어나는 검은 연기만이 하늘로 오르고 있었다.

두 사람의 분신하는 모습을 본 학생들은 충격과 분노에 휩싸였다. 전경들에게 구타를 당하면서도 그들은 연달아 구호를 외쳤다.

"반전반핵 양키고홈!"

"양키의 용병교육 전방입소 결사반대!"

분신 후 쓰러진 김세진과 이재호는 한강성심병원으로 옮겨졌다.

1986년 들어 전두환 정권은 학생운동 탄압의 고삐를 잡아당겼다. 지난해 2·12총선에서 신민당이 강력한 야당으로 부상했고, 이를 기회로 민주화와 개헌에 대한 요구는 날로 커져갔다. 군부정권은 민주화 요구를 억누르기 위해 학생운동 세력을 노렸다. 학생운동권은 정권을 위협하는 집단으로 무섭게 성장하고 있었다.

1986년 3월 말. 김세진은 자연대 학생회장에 선출되었고, 총학생회 활동에 참여하고 있었다. 이 무렵 서울대학교는 새로운 사상 투쟁의 장이 되었다. 이른바 NL(반미자주화반파쇼민주화투쟁위원회, 자민투) 노선이 등장한 것이다. 학생운동 세력은 자민투와 민민투(CA, 반제반파쇼민족민주투쟁위원회)로 나뉘었다. 사상 투쟁의 핵심은 한국 사회 모순의 근본이 무엇인가였다.

NL 노선은 미국의 정체를 알리며 반미운동에 주력했다. 이때 반미운동의 도화선으로 계획한 것이 전방입소훈련 반대투쟁이었다. 2학년 대학생들을 대상으로 한 전방입소훈련은 1학년 학생들이 동원되는 문무대 입소교육과 함께 대학생들을 군에 동원하는 대표적인 억압 제도였다. 학생들은 전방입소훈련을 '용병교육'이자 '식민지 노예교육'으로 규정하고 저항했다.

이에 앞서 4월 초에 성균관대학교에서 전방입소 거부투쟁이 벌어졌다. 성균관대생들의 투쟁에 자극받은 서울대 총학생회와 자민투는 훈련을 거부하는 투쟁을 결의하고 특별위원회(전방입소훈련 전면거부 및 한반도 미제군사기지화 결사저지를 위한 특별위원회)를 구성한다. 서울대 85학번 학생들의 전방입소훈련은 4월 28일부터 5월 3일까지로 예정되어 있었다.

입소훈련을 앞둔 4월 20일부터 일주일간이 집중적인 저항 기간이었다. 학생들은 매일 교정에서 선전활동을 벌이며 구호를 외쳤다.

"양키의 용병교육 전방입소 결사반대!"

"휴전협정 폐기하고 평화협정 체결하라!"

입소 거부 서명운동이 이어졌다. 4월 22일, 학생들은 아크로폴리스 광장에 모여 결의대회를 갖고 혈서를 썼다.

특별위원회는 교내 중앙도서관에서 농성을 벌일 계획을 세웠다. 최초의 대중적인 반미 시위 계획이었다. 이에 맞서 학교

측에서는 중앙도서관 휴관을 결정했다. 도서관 농성 계획이 실패하자 새로운 농성 장소를 연건캠퍼스 도서관으로 정했다. 김세진은 도서관 사전답사를 한 후 구체적인 농성 계획을 특별위원회에서 보고했다. 연건캠퍼스 농성 지도부로 김세진과 이재호가 뽑혔다.

4월 27일 아침, 김세진은 연건캠퍼스에서 농성을 준비했다. 점심 무렵, 전경들이 캠퍼스 주변에 들이닥치고 삼엄한 경계를 폈다. 연건캠퍼스는 원천 봉쇄되었다. 농성은 무산되었다. 시위에 관한 정보가 경찰에 새어나간 것이다.

농성 계획이 수포로 돌아가고 나서 특별위원회는 긴급하게 이정승의 자취방인 흑석동의 옥탑방에 모여서 비상 대책을 논의했다. 입소훈련을 불과 12시간 정도 남겨둔 시점이었다. 김세진이 말했다.

"내일 신림사거리에서 '전방입소 거부투쟁'을 정리하겠습니다."

신림사거리에 모여 항의 집회를 갖자는 것이었다. 김세진이 길거리에서 농성을 하겠다는 계획은 곧 내일 구속되겠다는 각오를 드러낸 것이다. 그는 자신이 건물 옥상에 올라가 농성을 주도하겠다며 특별위원회에 부탁했다.

"모든 것을 책임지겠습니다. 나에게 맡겨주십시오."

다음 날 아침 김세진은 이정승의 자취방에서 일어나 시너를 준비하고 신림사거리로 향했다.

조성만은 담배에 불을 붙였다. 카투사로 근무하는 것을 이때만큼 크게 후회한 적이 없었다. 전방입소훈련 거부 투쟁을 주도한 특별위원회는 훈련을 '미 제국주의의 용병교육'이라고 규정했다. 미 제국주의의 용병은 다름 아닌 카투사로 근무하는 조성만 자신을 이르는 말이었다. 김세진은 용병이 되기를 거부한 채 목숨을 던져 투쟁했고, 자신은 용병으로 굴종하는 삶을 살고 있는 것이었다. 김세진의 소식을 들은 후부터 그의 가슴속엔 꺼지지 않는 어떤 불이 타올랐다.

가여운 친구 세진의 몸이 불에 타 없어지는 것을 헤아릴 수가 없었다. 꿈속에서 통나무가 불에 타는 악몽을 꾸었다. 통나무는 곧 세진의 모습이 되어 그를 향해 다가왔다. 조성만은 세진의 죽음을 헛되이 하지 않겠노라고 약속했다. 가슴의 화기를 견디지 못하고 묵상에 들었을 때 김세진의 목소리가 들려왔다. 김세진이 분신 후 병원에서 부모님께 남긴 말이었다.

"내가……죽나요?"

곧이어 들려온 목소리는 김세진이 서울대 후배 정연두에게 마지막 남긴 말이었다.

"혁명의 전선에서 만나자."

조성만은 그 말을 들으며 자신의 온몸에 타오르는 피할 수 없는, 외면할 수 없는 불길을 느꼈다. 그는 혁명의 전선을 향해 걷기 시작했다.

5부

신부의 길

누구든지 내 뒤를 따라오려면
자신을 버리고 제 십자가를 지고 나를 따라야 한다.

마태오복음서 16:24

신부를 꿈꾸다

긴 터널 끝에서 봄볕이 아른거렸다.

조성만은 봄이 오는 들판을 바라보며 세상으로 돌아갈 날을 헤아렸다. 눈 녹은 흙 위로 풀잎이 볼을 내밀었다. 나무에 새잎이 돋기 시작했다. 연두색 잎에선 뿌리에서 보낸 생명의 기운이 한창이었다.

조성만은 1987년 5월 제대했다. 그는 미래와 출세가 보장된 서울대학교로 돌아갈 계획이 없었다. 그에겐 오래된 꿈이 있었다. 더 이상의 머뭇거림 없이 사제의 길을 향해 걸음을 내디뎠다. 오로지 그 길만이 자신이 가야 할 길이었다. 제대 후 전주에 내려온 조성만은 아버지에게 말했다.

"아버지, 저 학교 그만 다닐게요."

그 얘길 듣고 조찬배와 김복성은 아들의 얼굴을 바라보았다.

"뭐, 뭔 소리냐, 그게?"

"이제 학교 안 다니려고요. 복학하지 않을 거예요."

자신이 잘못 들은 게 아니었다. 조찬배는 땅이 꺼지는 심정이었다.

"갑자기 그게 무신 소리여? 먼 이유로 안 갈라고 하냐?"

김복성은 옆에서 안절부절못하고 앉아 있을 뿐이었다. 조성만은 미동도 없이 말을 이어나갔다.

"군대 있으믄서 오래 고민했어요. 전 신부가 되고 싶어요. 자퇴하고 신학대에 들어갈 계획이에요."

조찬배는 기가 막혔다. 아들은 지나가는 말로 신부가 되고 싶다고 하곤 했다. 그때마다 그는 적당히 흘려들었다. 시간이 지나면 자연스레 그 생각을 접을 것이라고 믿었다. 그래서 엉뚱한 소리 말라는 한마디 정도만 던지곤 했다. 이렇게 갑자기, 그리고 통보하듯 학교를 다니지 않겠다는 말은 마른하늘에 날벼락이었다.

"왜 니가 신부가 될라고 그러냐?"

"저는 남을 위해 살고 싶어요. 결혼하고 살믄 가난하고 어렵게 사는 농민들을 돌봐주지 못하잖아요. 결혼해서 행복하게 살고 직장 갖고 그렇게 살고 싶진 않아요. 농촌으로 가서 농민들과 살고 고아들도 돌보면서 살고 싶어요. 서울대 들어갈 때도 내가 공학박사가 되거나 출세하려고 들어간 게 아니에요. 항시 약한 자들을 돕고 살고 싶어요."

조찬배는 말문이 막혀버렸다.

"자식놈이 헐 소리가 따로 있지. 그 얘기 할 거믄 그만 나가라."

어떻게 들어간 학교인데, 이제 와서 신학대라니 납득할 수 없는 결정이었다.

"안 된다. 되는 소릴 혀야지. 핵교를 그만둔다고? 그런 돼먹지 못한 소릴 니가 어따 대고 허는 것이냐?"

화를 참지 못한 아버지의 소리에 조성만은 더 대꾸할 수 없었다. 하지만 그의 결정은 바뀌지 않을 것이었다.

"너랑 더 헐 말이 없응께 그만 나가. 꼴도 뵈기 싫다."

두 사람의 대화를 들으며 좌불안석이 되어버린 김복성은 한마디도 할 수 없었다. 조성만은 처진 어깨로 방문을 열고 밖으로 나갔다. 이 일로 집안이 발칵 뒤집혔다. 조찬배는 생각할수록 기가 막히고 마땅치 않았다. 한번 마음먹은 것은 기어코 하고야 마는 아들이기에 쉽게 물러나지 않을 것이다. 막무가내로 뜻을 꺾는다고 부러질 아이가 아니었다. 억지로 입막음하면 후유증이 더 클 수도 있었다. 사면초가였다. 조찬배와 김복성은 고심 끝에 큰아들 재성을 불러 논의했다.

조재성은 이런 날이 올 것을 예상하고 있었다. 동생은 대학교를 다니면서부터 신부가 되고 싶다고 그에게 고백했다.

"형, 나는 신부가 되어서 농촌으로 돌아갈 거야. 할머니 할아버지가 농사짓고, 어머니가 농사지으시던 농촌으로 가서 농사지으며 살 거야. 농부들과 같이 하느님 나라를 만들어갈 테야. 형, 지금은 부모님이 내 말을 들어주지 않으시지만 언젠가는 꼭 들어주실 거야."

다른 식구들과 달리 조재성은 동생이 결국 신부가 될 것을 알고 있었다. 조재성은 부모님과 동생 사이에서 고민했다. 양쪽 모두 설득할 수 있는 방안을 찾았다. 그는 동생을 따로 불러냈다. 조성만이 먼저 말했다.

"형, 내가 계속 화학과에서 공부하는 게 의미가 없어. 난 신부가 될 건데 시간을 낭비하고 있잖아."

조재성이 대답했다.

"난 그렇게 생각하지 않아. 네가 화학을 전공한다고 꼭 그쪽에서 일해야 하는 건 아니잖아. 부모님이 형제 중에서 너를 향한 기대가 가장 크셔. 생각해봐. 부모님이 없이 살면서도 너를 믿고 뒷바라지해오셨는데 그분들 마음에서 힘을 빼서야 되겠니?"

조성만은 뭐라 대답할 말이 없었다. 조재성이 계속 말했다.

"니가 서울대 그만두고 신학대 가면 아버지 어머니 맘이 얼마나 좌절스럽고 힘들겠냐? 니가 아무리 하나님 뜻을 따른다고 해도 이건 아닌 것 같다. 그러니까 부모님 마음에 상처 주지 말고 일단 학교를 졸업하는 것은 어떻겠니? 서울대를 졸업하고 신학대를 간다고 해서 하나님이 잘못했다고 나무라시진 않을 거야. 지금 대답하지 않아도 되니까 잘 생각해봐."

조성만은 재성 형의 말을 곰곰이 돌이켜 생각했다. 다음 날, 김복성은 아들의 방문을 두드렸다.

"성이랑 너랑 아버지랑 혀서 가족회의를 열어보자."

세 사람은 논의 끝에 조성만을 불러 가족회의를 열었다. 조찬배와 김복성, 조재성과 조성만, 이렇게 네 사람이 모였다. 조성만은 무표정하게 자리에 앉아 있었다. 아버지가 먼저 입을 열었다.

"우리가 너를 어떻게 해서 핵교를 보냈는지 너도 잘 알제? 재수까지 시켜줌서 온 식구가 너 하나 믿었다. 느네 엄마는 어땠냐? 수술도 미뤄감서 을매나 고생했냐? 그렇다고 우리가 무조건 니 뜻을 막자는 건 아녀. 니가 한번 맘 먹으믄 못 막는다는 걸 우리도 알어. 그래서 느네 엄마랑 형이랑 해서 우리가 논의를 좀 했다. 우리도 충분히 고민했고 양보도 하기로 했다. 너 원하는 대로 해주마. 하지만 일단 학교는 졸업허자. 신학대를 가더라도 서울대는 졸업허고 가자. 니가 졸업만 하믄 그땐 우리도 협조를 해주마. 목사 하는 사람들 보믄 일반 대학교 다니고 나와서 목사 연수 받고 그러드라. 졸업은 우선 하고, 그러고 나믄 니 맘대로 혀. 그때도 니가 신학대 가고 싶으믄 우리가 협조하마."

형 재성도 아버지의 말을 거들었다.

"니가 그때도 신부가 되고 싶으믄 형도 도와줄게. 등록금도 내야 되는디 학교 다님서 뭔 돈이 생기겄어? 그때 되믄 나도 졸업하고 직장 다니고 있을 때잖여."

김복성이 아들의 손을 잡으며 말했다.

"성만아, 아버지도 다 생각이 있어서 하는 말여. 이 에미를 봐서라도 니가 쬠만 양보혀라, 응? 우리가 너 안 좋게 되라고 하는 소리 아니잖여."

조성만은 고향에 내려오면 부모님과 관계가 힘들어지는 일이 있어도 이번 참에 진로를 분명히 할 생각이었다. 무슨 일이 있어도 학교로 돌아갈 생각은 없었다. 조찬배는 타협안을 내놓긴 했지만 자식에 대한 실망에 마음이 편치 않았다.

"어느 부모가 자식 신학대 간다는디 좋다고 냉큼 가라고 허냐? 우리도 양보는 허지만 한 가지 단서가 있다. 학교 댕김서 딴생각 품지 말고 공부 열심히 혀야 한다. 조건은 그거 하나다."

긴 시간 침묵이 흘렀다. 세 사람은 침묵 속에서 조성만의 표정만을 살피고 있었다. 그가 절충안을 받아들이지 않을 수 없는 분위기였다. 드디어 조성만이 입을 열었다.

"알겠습니다. 학교에 복학할게요."

김복성은 성만의 대답을 듣고 가슴을 쓸어내렸다. 조찬배는 가족회의를 마치고 답답한 마음에 집을 나섰다. 그의 입장에선 결국 아들의 뜻을 따라준 셈이다. 합의하긴 했지만 성만에 대한 실망이 너무 컸다. 한 가닥 희망이 없는 것은 아니었다. 졸업 때까지 남은 3년 사이에 신부를 하겠다는 생각이 바뀔 수도 있었다. 지금은 기대할 게 그것뿐이었다.

아들의 진로를 둘러싼 갈등으로 부자 사이는 소원해져갔다. 부자 사이에 처음 있는 일이었다. 다음 날 조성만이 서울로 향할 때 김복성이 배웅하면서 간곡히 말했다.

"아가야, 니가 원하는 것잉께 신부가 되야라. 신부가 되믄 엄마가 뒷바라지해줄게. 결혼도 하지 않고 그렇게 살믄 엄마가 가서 니 옷도 빨아주고, 신발도 닦아주고, 반찬도 만들어줌서 내가 뒤치다꺼리 다 해줄게. 긍께 아버지 부탁대로 핵교는 꼭 졸업혀야 혀. 알았제?"

김복성도 아들이 학교를 그만두고 신부가 되겠다는 말에 실망한 것은 매한가지였다. 태몽을 꾼 후부터 지금까지 성만이 출세할 거라는 믿음을 한 번도 버린 적이 없었다. 신부는 출세와는 거리가 먼 직업이었다. 아들이 어릴 때는 군복에 별을 몇 개씩 달고 있는 장군이 되는 상상을 했다. 그래서 별 꿈을 꾼 거라고 믿었다. 육군사관학교가 아닌 서울대학교에 들어갈 때는 박사나 교수 정도는 할 줄 알았다. 그런데 결혼도 하지 않고 신부가 되겠다는 말에 여간 실망스럽지 않았다. 성만은 어릴 때부터 남 돕는 일에는 전심전력을 다하는 아이였다. 대학교를 다니는 동안에도 집에 오면 늘 같은 말을 하곤 했다.

"엄마, 제가 서울에서 보니까 세상에 힘든 사람들이 너무 많아요. 그들과 함께하는 삶을 살 거예요."

"어느 날 육교를 건너는데 양말을 신지 못한 아이의 흰 발이 보였어요."

"난 약한 자를 도우면서 살고 싶어요."

"소외된 자들의 친구가 될 거예요."

그 얘기를 들을 때는 박사도 되고 교수도 된 다음에 어려운 사람들을 도우면서 살려나 보다 생각했을 뿐이었다. 아들은 전주에 들르면 김복성의 친구가 운영하는 동네 구멍가게에 들르곤 했다. 어렵게 지내는 이웃이었다. 김복성이 구멍가게에 들르면 아들이 다녀갔다는 말을 듣곤 했다. 아들은 그녀의 친구를 위로하곤 했다.

"아주머니, 고생 많으시죠? 조금만 더 참으세요. 조금만 더 고생하면 좋은 일이 있을 거예요. 곧 좋은 날이 올 거예요."

김복성은 그 후에도 아들이 전주에 내려올 때마다 약속했다.

"나중에 니가 신부가 되믄 엄마한테 방 하나 줘야 혀."

"방은 왜요?"

"내가 니 뒤를 졸졸 따라다니믄서 뒤치다꺼리해줄라고. 그니깐 방이 하나 있어야제."

조성만은 마냥 자신을 위해 희생할 줄밖에 모르는 어머니의 모습에 눈자위가 뜨거워졌다.

조성만은 어머니와 헤어져 서울로 향했다. 그가 가는 곳은 다시는 돌아가지 않으려 했던 곳, 서울대학교였다.

서울로 향하는 기차 객석에 앉아 생각했다. 지금 학교를 그만두지 못하는 것은 어쩔 수 없는 일이다. 혼자서 고집부릴 수 있는 상황은 아니었다. 하지만 뭔가 개운치 않았다. 복학하는 것은 염두에 두지 않은 일이었다. 졸업만은 해야 한다는 부모님의 뜻 가운데는 도중에 신부의 길을 포기할지도 모른다는 기대가 있었다. 그런 기대를 갖게 하는 것이 옳은 일일까? 부모님께 부질없이 그런 기대를 갖게 했다는 생각에 착잡했다.

사제 서품을 받기까지는 10년의 시간이 걸린다. 막막했다. 대학교를 졸업하는 데 3년, 다시 가톨릭신학대학교에 입학해 신부가 되기까지 10년. 조바심이 났다. 그는 이 같은 심정을

1988년 3월 17일 일기에 썼다.

예수는 지금보다 바쁘지 않은 당시에, 급하다 하면서 집도 버리고 자식을 버리고 재산도 버리고 죽은 사람은 죽은 사람에게 맡기고 부지런히 쫓아오라고 했는데, 지금은 사람들이 너무나 많은 것에, 빨리 쫓아가지 못하는 상황…….

발걸음이 무거웠다. 그는 교정으로 다시 돌아가고 싶지 않았다. 그곳은 김세진의 자취가 남아 있는 곳이었다. 그는 어쩔 수 없이 죽은 친구를 다시 대면해야 했다. 차창 밖으로 도시가 가까워지고 있었다.

박종철과 전두환, 불운한 만남

조성만은 서울에 올라와 복학 수속을 밟았다. 1987년 2학기 복학이었다. 그는 복학을 기다리면서 명동성당을 다시 찾아갔다. 그가 제대할 무렵 한국 사회는 빠른 속도로 변화의 물결을 타고 있었다. 누구도 한 치 앞을 가늠할 수 없는 정국이었다.
전두환 정권은 군사독재를 장기화할 계획을 세웠다. 헌법상 전두환의 임기는 7년 단임이었다. 전두환의 임기가 끝나가자 국민들은 민주화의 기대에 부풀었다. 전두환은 '체육관 선거'

라 불린 간접선거에 의해 대통령에 당선되었다. 정권은 간접선거를 유지해 권력을 이어가길 원했다. 군부독재 연장 계획이었다.

1986년 1월 16일 대통령은 국정연설을 통해 대통령 선거방법 변경 문제에 대해 서울올림픽 개최 이후인 1989년에 논의하자고 말했다. 이에 대응해 민주화추진협의회(민추협)와 신민당은 직선제 개헌 천만 명 서명운동에 돌입했다. 민주화의 핵심이 개헌에 달려 있다고 생각한 교수들은 시국선언문을 발표했다. 29개 대학 785명의 교수들이 개헌을 주장하며 시국선언에 동참했다.

학생들은 활발하게 직선제 개헌운동을 벌였다. 정부는 학생들의 이러한 움직임을 주시하고 탄압의 고삐를 늦추지 않았다. 그 과정에서 1987년 1월 14일 치안본부 남영동 대공분실에서 조성만과 같은 학교를 다니던 박종철 학생이 경찰의 물고문으로 사망했다.

이 사건이 알려지자 경찰은 "책상을 '탁' 치니 '억' 하고 죽었다"고 해명했다. 그 말은 금세 인구에 회자되었고 국민들의 분노에 불을 지폈다. 분노의 불길은 삽시간에 퍼져나갔다. 대학생 아들을 둔 부모들은 이 같은 일이 또 벌어지지 않을까 조마조마하며 살고 있었다.

경찰이 박종철을 연행한 것은 수배 중이던 대학문화연구회 선배 박종운을 잡기 위한 것이었다. 박종철 죽음의 계기가 됐던 선배 박종운은 2000년 제16대 총선에서 한나라당 후보로 출마했다.

학생들은 '전두환 정권 퇴진'과 '직선제'를 요구하며 시위를 벌인다. 4월 13일, 전두환 정권은 "개헌 논의를 유보하고 현행 헌법으로 정부 이양을 한다"는 '4·13 호헌조치'를 발표한다. 현재의 간접선거로 다음 선거를 치르겠다는 것이었다. 이에 대응해 교수들과 사회단체, 문화계에서 반박 성명서가 이어지고 학생들과 노동자들이 시위를 벌인다.

1987년 5월 18일, 광주민중항쟁 희생자를 위한 기념미사가 열렸다. 조성만과 명동의 청년들은 긴장 속에서 미사에 참여했다. 성당 곳곳에 기자들이 찾아왔다. 조성만은 박종철 사망 사건의 진실이 폭로될 것이라는 예상을 하고 있었지만 어떤 내용일지는 알 수 없었다. 그가 평소 존경하던 김승훈 신부가 한 장의 성명서를 읽었다. 천주교정의구현전국사제단은 이 성명서를 통해 '박종철 고문치사 사건'의 진상을 세상에 알렸다. 이로써 박종철 사망 사건의 진상을 조작하고 축소 은폐한 사실이 밝혀졌고, 이는 6월항쟁의 기폭제가 되었다.

이를 계기로 정당, 종교계, 학생단체, 노동계 등 다양한 민주세력들이 모여 '민주헌법 쟁취 국민운동본부'(국본)를 발족시키면서 '4·13 호헌조치 철회 및 직선제 개헌 공동쟁취'를 선언한다.

그리고 박종철의 죽음에 이어 국민들의 항쟁에 불을 붙인 사건이 벌어졌다. 6월 9일, 연세대학교 이한열 학생이 교문 앞에서 시위하는 도중 최루탄에 맞아 쓰러졌다. 직격탄에 맞아 피 흘리며 쓰러지는 이한열 학생의 사진은 국민들의 저항을 불러일으켰다. 1980년대를, 1980년대 대학가를 상징하는 한 장의 사진이었다. 복사된 이한열의 사진은 손에서 손으로 건네졌고, 전국에 뿌려졌다. 이 사진을 본 국민들은 4·19 혁명의 도화선이 되었던 김주열의 사진을 떠올렸다.

다음 날인 6월 10일, 국본은 '고문 살인 은폐 규탄 및 호헌 철폐 국민대회'를 개최했다. 이로써 민주 대항쟁이 시작되었다. 이날 시민 6백여 명이 명동성당에 모여들면서 6월항쟁은 새로운 상황으로 전개되었다.

시민들이 명동을 향해 오고 있다는 소문은 며칠 전부터 명동의 청년들 사이에 떠돌았다. 명동성당은 전경들이 진입하지 못하는 성역이었기 때문에 저항에 유리한 장소였다. 조성만은 가민연 회원들과 함께 명동성당 농성에 참여했다.

그는 서울에 올라온 후 항쟁 정국에서 매일 거리에 나가〈아침이슬〉,〈그날이 오면〉,〈타는 목마름으로〉,〈임을 위한 행진곡〉을 불렀다. 그리고 시위대와 함께 거리에서 수천 번도 넘게 외쳤다.

"독재 타도! 호헌 철폐!"

항쟁 기간 동안 그는 하루 종일 최루탄 냄새를 맡았다. 서울 시내 전역이 최루가스에 덮여 있었다. 조성만은 명동의 청년들과 함께 매일 시내로 진출했다. 청년들이 집결하는 곳은 남대문과 시청 사이 소공동 플라자호텔 근처였다. 시위대는 모였다 흩어지기를 반복했다. 산발적인 시위가 서울 전역에서 벌어졌다. 시위를 끝낸 저녁이면 동아리방에 모여 하루의 투쟁을 평가하고 다음 날의 계획을 논의했다.

명동의 청년들은 게릴라 투쟁을 계획했다. 조성만과 청년들은 조를 나누고 가방 안에 선전물을 넣어 지하철로 향했다. 정거장에서 기다리다 지하철 문이 열리면 재빠르게 객차 안에 들어가 선전물을 뿌렸다. 곧이어 구호를 외친 후 다음 객차로 이동하거나 문이 닫히기 전에 객차에서 빠져나왔다.

게릴라 투쟁은 명동 한복판에서 빛을 발했다. 시간을 정한 청년들은 약속한 장소에서 모여 구호를 외치고 선전물을 나눠 준 후 경찰들이 쫓아오기 전에 군중 속으로 재빠르게 연기처럼 사라졌다. 경찰들은 종종 뒤꽁무니만 쫓곤 했다. 한번은 조성만이 "독재 타도, 호헌 철폐" 구호를 외친 후 아무 일도 없다는 듯이 연인들 옆으로 이동했다. 연인들이 신출귀몰한 조성만을 보고 기가 막히다는 듯이 감탄을 내뱉었다.

"야! 귀신같다. 귀신같아."

약속된 장소에서 1분 이내에 마쳐야 하는 게릴라 투쟁은 명동에 어울리는 효과적인 선전전이었다. 하지만 항쟁 기간 동안 많은 명동의 청년들이 전경들에게 잡혀 구타당하고 유치장에 끌려갔다. 중부경찰서 유치장에 갇혀 있는 청년들을 빼내는 역할은 신부들이 맡았다.

명동성당 농성이 시작되면서 조성만은 성당에서 자리를 지켰다. 성당을 찾아오는 시민들이 기하급수적으로 늘고 있었다. 통제가 안 될 만큼 성당 마당이 사람들로 북적거렸다.

성당에선 광주민중항쟁을 기념한 사진전이 열리고 있었다. 매년 5월은 광주민중항쟁 추모 기간이었다. 사진전은 명청이 천주교사회운동협의회, 정의구현사제단과 함께 주최한 것이다. 1986년의 사진전이 문전성시를 이루면서 1987년 두 번째 사진전이 열렸다.

명동성당 들머리에선 상계동 철거민들이 한 달 전부터 천막농성을 하고 있었다. 정부는 88올림픽을 앞두고 도시 미관을 해친다는 이유로 빈민지역 주거시설을 없애고 합동 재개발을 밀어붙였다.

빈민촌인 상계동 세입자들은 생존권을 외치며 저항했다. 1987년 봄, 정부는 행정대집행을 통해 세입자들을 완전히 내쫓았다. 철거 과정에서 어린이 한 명이 즉사했고, 성인 세 명도 죽었다. 병원에 실려 간 부상자들은 다 헤아릴 수 없었다. 쫓겨난 상계동 철거민들은 명동성당을 피난처로 삼아 천막을 치고 살고 있었다. 그들이 성당에 임시 거처를 마련할 수 있도록 노력한 사람은 김수환 추기경이었다. 그는 철거 현장에서 미사를 하기도 했다. 관악구 봉천동의 철거민들을 방문했을 때 김수환 추기경은 말했다.

"예수가 오늘날 태어났다면, 가난하고 고통받는 사람들이 있는 바로 이 봉천동에서 태어났을 것입니다."

김수환 추기경 외에도 명동성당의 많은 신부들이 빈민운동에 참여하고 있었다.

조성만이 명동성당을 지키는 동안 시위에 참여하는 사람들은 계속 늘어났다. 6월 10일엔 24만여 명, 6월 18일엔 150만여 명이 시위에 참여했다. 6월 26일 '민주헌법쟁취 국민평화대행진'에선 무려 180만여 명이 시위에 참가했다.

명동성당에 시민들이 찾아오면서 성당의 공간을 함께 써야 하는 상황이 되었다. 당시 명동성당의 주임신부는 보수적인 성향을 지닌 사람이었다. 공간 때문에 몇 차례 문제가 발생하자 시민들이 명청을 찾아왔다. 명동의 청년들은 시민들과 신부 사이에서 중재하고 신부들을 설득하는 역할을 맡았다. 가민연 회원들은 시민들이 사용할 공간을 마련하고 관리했다. 문화관과 동아리방은 이제 시민들의 공간이 되었다. 시민들이 찾아오면서 잠자리가 문제가 되었다. 시민들은 좁은 땅바닥에서 자야 했다. 여름이었지만 밤에는 추운 날씨였다. 조성만은 시민들과 함께 차가운 땅바닥에서 새우잠을 잤다.

전경들은 명동성당을 둘러싸고 봉쇄했다. 시민들이 모르는 비밀 출구를 가민연의 일부 청년들은 알고 있었다. 청년들은 계성국민학교 바깥으로 난 작은 구멍을 통해 주변을 살피고 들어오곤 했다.

조성만은 낮이면 집회에 참여해 투석전을 벌이고 밤이면 가민연 회의에 참여하거나 성당 청소 등을 하며 눈코 뜰 새 없는 시간을 보냈다. 명동성당은 시간이 흐를수록 긴장감이 고조되었다. 언제 군홧발이 성당에 들어올지 모를 일이었다. 성당에 공수부대가 투입된다는 소문이 들려왔다. 제2의 5·18이 될 거라는 말이 나돌았지만 도망가는 사람은 없었다. 전두환 대통령은 6월 14일 군부대 출동을 준비하라고 지시했다.

성당 농성이 시작된 지 이틀째에 많은 부상자가 발생했다. 성당 안에는 부랑자들이 많았다. 부랑자들일수록 과격하고 구호를 많이 외치고 열성적이었다. 이들은 투석전이 벌어지면 선두에 서고 어떤 운동가들보다 투쟁적이었다. 이들 중에 더러 신부들의 뺨을 때리는 사람도 있었다. 과격한 주장을 하고도 나중에 책임지지 않아, 사람을 가려내야 하는 상황도 발생했다.

열흘 남짓한 명동성당 농성 기간 중 4, 5일쯤 지나면서부터 프락치를 색출하기 시작했다. 조성만과 성당의 청년들은 보이지 않게 그 역할을 했다. 반동적인 신자들이 난동 부리는 것을 설득하여 막거나 사고를 미연에 방지하는 것도 청년들의 역할이었다. 더러 설득이 어려워지면 주먹다짐도 벌어졌다. 매일 여러 건의 예상치 못한 사건이 벌어졌다. 그런 일들로 조성만과 가민연 회원들은 쉴 짬이 없었다. 성당에서 수녀들은 학생과 시민들의 식사를 마련해주었다.

전경들과의 투석전은 세 시간에 한 번꼴로 벌어졌다. 그때마다 조성만은 하던 일을 멈추고 싸움터에 나갔고, 소강상태가 되면 다시 성당으로 돌아와 성당과 주변을 청소하고 뒤치다꺼리를 했다. 마지노선은 명동성당 들머리였다. 성당 입구에서 전경들은 더 이상 들어오지 못했다. 시민들은 스크럼을 짜고 내려가 전경들과 대치했고 구호를 연창했다.

6월항쟁 기간 중 명동성당에서 가장 분주한 사람들은 명청의 청년들이었다. 그 주축은 가민연과 노래팀인 신새벽, 그림팀이었다. 조성만은 이런 분주함 속에서도 민중들의 힘과 가능성을 발견하며 매일 벅차오르는 감격을 만끽하고 있었다. 거의 모든 이들의 가슴속에 꿈틀거리는 거대한 인간이 고개를 내밀고 있었다. 거대한 뿌리가 땅 위로 무성한 잎을 물들이고 있었다. 그는 6월의 명동성당에서 인간의 사랑을 보았다.

투쟁이 대화 국면으로 흐르면서 조성만은 주로 보초 서는 일을 했다. 휴식을 취할 수 있는 시간이 늘어나면서 자연스럽게 가민연에서 풍물을 울렸다. 서울 한복판에서 신명 나는 풍물소리가 울려 퍼졌고 해방구가 조성되었다. 마치 광주항쟁 때 그랬던 것처럼.

농성에 참여하지 못하는 직장인들과 시민들의 성원이 이어졌다. 시민들은 후원금과 김밥, 담배와 박카스, 의류와 의료품 등을 끝없이 성당 안으로 보내주었다. 남대문시장 상인들도 자신들이 판매하는 물건들을 넣어주었다.

성당 안에 임시로 만든 좌판 위엔 항상 원하는 것들이 가득

진열되어 있었다. 그것들은 돈을 내지 않아도 누구나 가져갈 수 있었다. '능력대로 일하거나 싸우고, 필요한 만큼 배분되는' 세상이었다.

6월 15일, 학생들과 시민들은 명동성당을 떠났다. 시민들이 떠나던 날, 대형 버스가 성당 앞까지 들어왔다. 버스가 한 대씩 출발할 때마다 신부들이 버스에 동행해 시민들을 보호했다. 농성을 해산할 때 시민들을 연행하지 않기로 약속받았지만 마지막까지 책임을 지기 위한 노력이었다. 조성만은 떠나는 시민들의 손을 잡고 끌어안으면서 아쉬운 작별인사를 했다.

가문협의 동우회 사건

1987년 6월 19일 미 대사 릴리가 청와대를 방문해 전두환을 만났다. 그리고 이날 오후 4시 30분 군 투입이 취소됐다. 6월 29일 6·29선언이 발표되면서 항쟁은 막을 내렸다. 야당 정치인들은 대통령 선거 준비에 들어갔다.

조성만은 2학기 복학을 앞두고 봉천동 낙성대 인근에 자취방을 얻었다. 자취방을 얻기까지 그는 부잣집에서 숙식을 해결하면서 과외를 했다. 복학 후 그는 주로 군복 재킷인 야상을 입고 다녔다. 그의 군복은 항상 깔끔하게 다려져 있었다. 가민연에서는 기예 연습과 학습 세미나에 참여했다.

그가 군 복무를 하던 동안 가민연은 가톨릭 청년문화운동을 확산시키고 있었다. 가민연의 회원 중 홍대 미대 출신의 박경미 등은 명청에서 별도로 미술패 '올'을 만들어 활동했다. 이들은 주로 판화를 만들고 행사와 집회에 사용하는 걸개그림을 그렸다.

구속에서 풀려난 이대훈은 1985년 말, 가톨릭문화운동협의회(가문협)를 만든다. 여기에 김범, 서광석, 김현순, 노순, 오병성, 그리고 군 복무 중인 김만곤 등이 합류한다. 가문협은 공장과 야학, 성당 등과 연계되어 있었다. 주로 구로공단 노동자들을 지원하는 역할을 했다. 제대 후 조성만은 가민연과 가문협을 넘나들면서 활동했다.

가민연의 열정적인 활동으로 가톨릭 문화운동은 빠르게 확산되었다. 1987년에 이르러 서울 지역 각 지구별로 문화운동 조직이 만들어졌다. 1985년부터 성당마다 같은 이름의 '가톨릭민속연구회'가 생기고 있었다. 서울에만도 열 개의 성당에 열 개의 '가톨릭민속연구회'가 있었다.

1986년 가을, 9시 뉴스를 통해 '동우회 사건'이 발표되었다. 국가보안법 위반 혐의였다. '동우회'라는 명칭은 가민연의 선배들이 만든 모임의 이름으로, 실제적으로 가문협 회원들이 망라된 공안 사건이었다. 사건이 벌어진 때는 가문협을 만든 후 학습 세미나를 하면서 본격적인 활동을 준비하던 무렵이었다. 가문협 회원들은 봉천동 김현순의 자취방에서 모임을 가졌다.

사건이 발생하던 날 밤, 서광석은 김현순의 자취방에 좀 이르게 도착했다. 아직 와 있는 회원들이 없었다. 그는 자취방 앞에서 담배를 피우고 있었다. 그때 한 후배가 도착했다. 서광석의 요청으로 함께하게 된 회원으로, 가문협 활동이나 세미나에 열중하는 편은 아니었다. 그 후배가 서광석에게 말했다.

"형, 왜 여기 있어?"

"응, 지금 안에 아무도 없어서."

"그럼 우리 술이나 먹으면서 얘기 좀 해요."

술이라면 절대 사양하는 법이 없는 서광석이지만 세미나를 앞두고 술을 마시러 간다는 게 께름칙했다.

"술 먹으면 말이 나올 텐데, 괜찮을까?"

"그러니까 가볍게 한잔만 해요."

두 사람은 가까운 맥줏집을 찾아갔다. 자취방 앞에서 이들이 사라질 때까지 주시하는 눈동자가 있었다. 경찰청 치안본부 형사들이었다. 그들은 회원들이 모일 때까지 기다리고 있었다. 이런 상황을 모르는 두 사람은 맥주를 마셨다. 두 잔이 석 잔이 되고, 술자리가 길어졌다. 이들은 다음 날까지도 상황을 깨닫지 못했다. 서광석이 회원들에게 미안했는지 먼저 말을 꺼냈다.

"지금이라도 방에 들어가자."

"형, 오늘은 그냥 가요. 우리 술냄새 나는데 들어가면 깨져요. 오늘은 빠집시다. 술냄새 나면 세미나가 되겠어?"

두 사람은 맥줏집을 나와 택시를 타고 헤어졌다. 그날이 서광석이 그 후배를 본 마지막 날이었다. 후배는 여관에서 목을 매 자살로 삶을 마감했다.

형사들은 두 사람이 맥주를 마시는 동안 자취방에 모인 회원들을 급습해 끌고 갔다. 감옥에 갇힌 이들은 1987년 5월 집행유예로 석방된다. 준비 단계로 세미나를 한 것 말곤 활동 내용이 없었기 때문이다.

서광석은 다음 날 아침 소식을 듣고 경남의 사천성당에 찾아가 허철수 신부에게 몸을 의탁했다. 감옥에 갇힌 회원들을 위해 김승훈 신부와 명동성당의 신부들이 발 벗고 나섰고, 성당 청년들은 정부를 규탄하는 집회를 벌였다.

이 사건으로 가문협 활동이 위축되었다. 성당의 요구로 가민연 동아리방을 함께 쓰던 가문협의 사무실은 합정동의 마리스타 수녀원으로 옮겨졌다.

본당 신부는 김수창 신부가 떠나고 보수적인 성향의 박덕근 신부로 바뀌어 있었다. 민속문화에 관심이 많던 김수창과 달리 박덕근은 성모동산에서 풍물을 금지하는 등 청년들의 활동에 제약을 가했다. 6월항쟁을 겪으며 저항의 성지로 부각되는 명동성당에 대해 정부에서도 공공연히 활동을 방해했다. 안기부에서는 신부들에게 압력을 가했다. 성당 곳곳에서는 중부경찰서 정보과 형사들이 활동하는 모습이 눈에 띄었다.

1987년 11월, 가민연의 새 회장을 뽑아야 하는 시기가 되었다. 그동안 제3대 말뚝이 김진수가 회장을 맡고 있었다.

먼저 가민연의 회장직을 제의받은 사람은 김만곤이었다. 그러나 그의 의사와 무관하게 명동성당 청년 모임의 회장이 되려면 영세를 받은 신도여야 했다. 김만곤은 교회에서 세례를 받았지만 성당에 온 후 영세를 받지 못한 상황이었다.

현재 회장인 김진수가 명목상의 회장을 유지하고 김만곤이 실질적인 회장 역할을 하자는 방안도 나왔다. 하지만 그에 따른 혼란과 몇 가지 문제점 때문에 새 회장을 뽑기로 했다. 많은 선배 회원들이 외부에서 활동하는 상황에서 회장을 맡을 사람은 조성만밖에 없었다. 궁여지책이었다.

김만곤과 김진수는 명동성당 앞 찻집에서 조성만을 만났다. 먼저 말을 꺼낸 건 김만곤이었다. 그는 단도직입적으로 말했다.

"성만아, 너밖에 없다. 회장을 맡아다오."

조성만은 의아한 표정으로 두 사람을 바라보았다.

"네가 공부에 치중하겠다고 선언한 걸 잊은 건 아냐. 그래도 너밖에 없는데 어떡하냐?"

조성만은 복학 후 교내에서 열리는 집회와 시위에 참여하면서도 부모님과의 약속대로 학업을 게을리하지 않았다. 김만곤은 시험 기간엔 함께 수강하는 과목에 대해 조성만의 도움을 얻곤 했다. 김만곤이 도움을 받기 위해 조성만을 찾았을 때 그의 방엔 농촌 현실을 다룬 민중가요 가사와 시들이 적힌 세로 원고지가 벽면 가득 붙어 있었다. 모두 그가 자필로 쓴 것이었다.

조성만은 조용한 목소리로 거절했다.
"형, 나는 안 돼요. 난 아직 마음의 준비가 안 되어 있어요."
그는 자신이 처한 상황에서 그 역할을 성실하게 해낼 자신이 없었다. 그는 창립 다음 해부터 가민연 활동을 시작했지만 군 생활을 제외한 실질적인 활동 기간은 두 해가 채 되지 않았다. 자신이 자리를 비운 사이 활동한 회원들보다도 활동 기간이 짧았다. 아직 잘 알지 못하는 회원들도 상당수였다. 그런 상황에서 무책임하게 회장을 맡을 수는 없었다.
"지금 마음의 준비를 할 수 있는 사람은 아무도 없어. 형이 부탁한다. 우리가 옆에서 도와줄 테니까 혼자 하는 거라고 생각하지 말고, 응?"
조성만을 설득해야 하는 김만곤의 마음은 편치 않았다. 하지만 자신이 총대를 메야 하는 상황이었다. 김만곤이 다시 설득했다.
"성만아, 내가 하면 좋겠지만 어차피 나는 할 자격도 없잖아. 네가 회장을 맡으면 대신 학습은 내가 지원해줄게."
가민연의 중요한 활동인 세미나를 이끄는 역할을 맡아 도와주겠다는 말이었다. 회장직을 내려놓아야 하는 김진수는 옆에서 조용히 두 사람의 얘기를 듣고 있을 뿐이었다. 김만곤의 제안을 듣고 조성만이 오랜 시간 생각을 거듭한 끝에 대답했다.
"그럼 형이 도와주는 조건으로 내가 회장을 맡을게."
조성만은 자신의 희생을 선택했다. 자신이 거절할 수 있는 분위기도 아니었다. 조성만은 결국 창립한 지 5년째에 접어드는 가톨릭민속연구회의 회장을 맡게 되었다. 학교에 복학하게 된 것도, 가민연 회장을 맡게 된 것도 자신의 계획과는 다른 결정이었다.

1987년 12월 구로구청

1987년이 저물어가는 12월, 선거를 앞두고 조성만은 관악구의 공정선거감시단원으로 활동하고 있었다. 6월항쟁의 결과 제7대 대선 이후 처음으로 국민들의 직접투표로 치르는 선거였다. 제13대 대통령 선거의 주요 대통령 후보는 무소속의 백기완과 민주정의당 노태우, 평화민주당 김대중, 통일민주당 김영삼, 신민주공화당 김종필이었다. 이들 중 백기완은 선거 도중 사퇴했다.

대다수의 국민들은 김대중과 김영삼의 단일화를 요구했지만 10월 10일 김영삼이 대통령 선거 출마를 선언하고, 10월 28일 김대중도 출마를 선언한다. 두 사람은 끝내 단일화를 이루지 못하면서 민주화의 열기에 찬물을 끼얹었다.

정부는 언론을 동원해 지역감정을 부추기고, 반공 이데올로기를 이용한 극적인 드라마를 준비한다. 선거를 얼마 남겨두지 않은 11월 29일 115명의 승객을 태운 대한항공 여객기가 추락한다. 선거 하루 전 극적으로 범인으로 지목된 김현희가 서울에 도착한다. 텔레비전에 생중계된 김현희의 모습은 국민들의 안보의식을 부추기고 노태우의 당선에 결정적인 영향을 미친다. 결국 양 김의 분열과 지역감정, 반공 이데올로기를 통해 노태우 후보는 36.6퍼센트를 얻어 대통령이 되었다.

국민운동본부는 공정한 선거 실시를 위해 대통령 선거를 준비하면서 공정선거감시단을 만든다. 조성만과 명동성당의 청년들, 자연대 지하서클 회원들도 감시단에 참여한다.

선거 당일인 1987년 12월 16일 오전 11시 20분. 구로구청 현관 앞마당에 경찰차와 트럭 한 대가 정차하고 있었다. 한 시민의 제보로 공정선거감시단 학생들이 트럭을 살펴보니 빵, 과자, 라면 상자 속에 투표함이 들어 있었다. 시민들은 그 투표함을 깔고 앉았고, 부정선거를 규탄했다. 오후 1시 30분경, 공정선거감시단은 선관위 사무실에서 투표함과 붓뚜껑, 인주, 정당 대리인 도장, 백지 투표용지 1560매를 발견했다.

투표구에서 문제가 발생했다는 연락을 받은 조성만은 즉시 구청으로 향했다. 예상했던 일이 벌어진 것이다. 구청에 도착하자 이미 많은 사람들이 모여 있었다. 조성만은 대열에 합류해 구호를 외쳤다. 추운 날씨에도 아랑곳하지 않고 각지에서 시민들이 찾아왔다. 시위대는 삽시간에 숫자가 늘어났다.

부정선거에 항의하며 시민들이 농성에 들어가자 전경 3천여 명이 구청을 포위하고 투표함 탈취를 시도했다. 시민들은 부정선거 규탄대회를 가졌다. 이러한 사실과 달리 대부분의 언론은 학생과 시민들이 불법으로 투표함을 탈취, 점거하여 농성하고 있다고 보도했다.

다음 날 오후, 조성만과 함께 구로구청 농성에 참여한 시민 허기수 씨가 부정선거에 항의해 온몸에 석유를 뿌리고 분신했다. 저녁이 되자 구로구청에 모여든 시민들로 농성자는 6천여 명에 이르렀다. 부정선거를 통해 당선자가 결정된 상황에서 농성자들은 선거 무효를 외쳤다. 구로구청 사건에서 보듯 제13대 대통령 선거는 전국적에 걸쳐 부정으로 얼룩진 선거였다. 구청 마당에서 토론회가 열렸다. 시민들은 마이크를 잡고 번갈아가며 발언하는 시간을 가졌다. 밤이 되면서 살을 에는 듯한 바람이 구청 마당에 불어왔다.

조성만과 가민연 회원들은 밤늦게까지 농성에 참여하고 있었다. 곧 진압이 개시된다는 소문이 들려왔다. 공정선거감시단원인 박민정은 다른 회원들과 함께 늦은 밤에 농성장을 떠났다. 가민연 회원 중엔 김윤희*와 조성만이 남았다. 박민정이 걱정스러운 표정으로 조성만에게 말했다.

"형! 집에 안 가요?"

춥기도 하지만 무서워서 더 머물 수가 없었다.

"응, 난 끝까지 있을 거야. 먼저 들어가. 몸조심해."

---

* 자료집에는 당시 회원들이 부르던 가명인 김영희로 나와 있다.

박민정은 자신이 해야 할 말을 먼저 해버려서 잠시 할 말을 잃었다.

"알았어요. 몸조심하고 저 내일 다시 올게요."

"응."

박민정은 발길이 잘 떨어지지 않았다.

"아참, 형!"

"응?"

"투표함 잘 지켜줘요."

조성만은 미소를 지으며 고개를 끄덕였다. 회원들은 구로구청을 벗어나 집으로 향했다. 박민정은 다음 날 조성만을 다시 만날 수 없었다. 조성만도 투표함을 지킬 수 없었다.

박민정이 떠난 지 몇 시간 후 조성만은 여성들을 좀 더 안전한 곳에 대피시키자고 농성 지도부에 제안했다. 그 말을 한 지 얼마 지나지 않아 전경들이 다가오는 소리가 들렸다. 꽝꽝 언 얼음 같은 어둠 속에서 어둠보다 더 까만 전경들이 전열을 가다듬었다. 구로구청 마당 앞으로 전경, 백골단, 깡패 등으로 보이는 사람들이 버스 15대가량을 타고 집결했다. 26개 중대 4800여 명이었다.

새벽 6시. 공격이 개시되었다. 다연발 최루탄을 난사하며 전경과 백골단이 쏟아져 들어왔다. 그들은 사방에서 쇠파이프와 각목을 휘두르며 돌격했다. 조성만은 김윤희의 손을 잡고 안심시켰다.

"괜찮아. 조금만 참으면 여길 나갈 수 있을 거야. 6월항쟁을 겪었기 때문에 시민들에게 함부로 하지 않을 거야."

그 말이 위로가 되었다. 그녀가 이 건물 안에서 아는 사람은 조성만이 유일했다. 농성 지도부에서 보내는 방송이 들렸다.

"여자들은 구청 강당 안으로 피신하십시오."

조성만은 김윤희의 손을 잡으며 말했다.

"강당 안으로 들어가. 조심하고. 괜찮을 거야, 힘 내."

김윤희는 잡고 있는 조성만의 손을 놓으며 구청 건물로 향했다. 전경들이 진입하면서 구청 앞마당은 아수라장이 되었다. 시민들은 피를 흘리며 쓰러졌고 대열은 흩어졌다.

조성만은 백골단의 추격에 쫓겨 구청 청사 안으로 들어갔다. 구로구청 앞마당과 거리에 있던 2천 명가량의 시위자들은 5층 강당과 옥상, 지하실로 후퇴했다. 조성만은 옥상으로 향했다. 옥상을 향해 최루탄이 난사됐다. 옥상의 시민들은 죽음을 각오하고 싸웠다. 조성만은 옆에 있던 시민이 최루가스에 의식을 잃고 쓰러지는 것을 보았다. 고통을 견디지 못하고 몸부림치며 후퇴할 곳을 찾던 시민 한 명이 5층 위의 옥상에서 몸을 던졌다. 이를 보던 시민들이 비명을 질렀다. 옥상에서 떨어져 부상당한 사람이 여러 명이었다. 구청 옥상에서 많은 사람들이 땅바닥으로 투신했다.

공중에서 소방호스가 내려왔다. 소방호스에서 뿌려댄 물로 건물 옥상엔 무릎 위까지 물이 차올랐다. 전경들은 화공약품이 섞인 물을 뿌려댔다. 헬기 소리가 들렸다. 어둠 속에서 들리는 헬기 소리는 고막을 찢을 듯했다.

헬기에서 특공대가 줄을 타고 내려왔다. 옥상을 더 이상 지킬 수 없는 상황이 되었다. 시민들은 전경들에게 쫓겨 건물 계단을 타고 내려갔다.

김윤희가 피신한 강당에는 2백 명가량의 시민들이 모여 바리케이드를 만들었다. 강당에는 여성들이 많았다. 직격탄이 유리를 뚫고 들어왔다. 백골단은 문을 부수고 최루탄을 던지고 책상을 뛰어넘었다. 곧이어 폭행과 구타가 시작되었다. 전경들이 강당 전체에 소방호스로 물을 뿌렸다.

패는 소리, 유리창 깨는 소리, 발길질하는 소리, 욕하는 소리, 여성들의 머리카락을 잡고 넘어뜨리는 소리. 전경들이 시민 한 명을 창밖으로 내던지는 모습이 보였다. 그 상황에서도 시민들은 〈광주출정가〉와 〈전진하는 오월〉 등의 노래를 불렀다.

> 동지들 모여서 함께 나가자 무등산 정기가 우리에게 있다
> 무엇이 두려우랴 출정하여라 영원한 민주화 행진을 위해
> 나가 나가 도청을 향해 출정가를 힘차게 힘차게 부르세
> −〈광주출정가〉 중에서

조성만은 계단을 타고 건물 지하로 들어갔다. 그는 지하실에서 최후를 준비했다. 잠시 후 사과탄과 최루탄이 건물 안으로

쏟아져 들어왔다. 최루탄 연기 때문에 앞을 전혀 볼 수 없었다. 백골단이 난입하면서 지옥도가 펼쳐졌다. 시민들은 곤봉에 맞아 쓰러지고 군홧발에 찍혔다. 백골단은 쇠파이프, 골프채, 각목 등을 들고 와 사람들을 가격했다. 시민들을 시멘트 바닥 위에 눕혀 걸레로 얼굴을 문지르고 입 속에 쑤셔 넣었다. 한 사람을 엎드리게 한 후 집단 폭행을 하는 모습이 보였다. 후퇴할 곳이 없었다. 절망스런 와중에 조성만의 뇌리에 떠오른 존재가 있었다. 김세진이었다. 그가 불에 타는 몸으로 바로 앞에서 구호를 외치며 자신을 바라보고 있었다.

진압 작전은 막바지에 이르렀다. 지하실에서 끌려 나가면서도 구호를 외치는 시민들이 군홧발에 차이고 곤봉에 맞았다. 바닥부터 무릎까지 최루탄 가루가 쌓여 있었다. 끌려가는 도중 조성만의 신발이 벗겨졌다. 드러난 맨발을 무엇인가가 내리쳤다.

"아악!"

백골단이 곤봉으로 여러 차례 발등과 무릎을 가격했다. 고통이 전신을 휩쌌다. 진압 작전은 오전 9시에 종결되었다. 부상자가 속출했다. 부상자들은 고대구로병원과 명지성모병원, 경찰병원 등에 분산되어 입원했다. 서울대생 양원태는 척추가 골절되는 중상을 입었다. 조성만은 구로경찰서로 끌려갔다.

이날 가문협에서 영상을 만들던 회원은 카메라를 들고 구로구청을 찾아갔다. 그는 건물 안 캐비닛 속에 피신해 있었다. 시민들이 진압된 후에야 탈출할 수 있었다. 그는 캐비닛 속에서 숨죽이며 카메라의 녹음 버튼을 눌렀다. 바깥에서 들려오는 아비규환 소리가 녹음되었다.

가문협 회원들은 이날 그가 캐비닛 속에서 촬영한 영상을 보았다. 영상은 까맣고 어두웠으며, 구호 소리와 노랫소리, 신음 소리가 들려왔다. 구로구청의 살인적 진압은 그의 노력으로 이렇게 소리로나마 기록되어 남게 되었다.

세상의 지하실에 불을 밝히다

조성만이 구로구청 농성으로 경찰서에 갇혀 있다는 소식을 들은 박민정은 며칠째 안절부절못했다. 소식을 기다리던 중 가민연 회원들이 면회를 간다는 얘기를 듣고 그녀는 구로경찰서로 향했다. 회원들은 경찰서 유치장에서 면회를 신청했다.

"조성만 씨는 구로구청을 불법으로 점거했기 때문에 위험인물에 해당합니다. 가족 외에는 면회가 안 돼요."

경찰 측에서 거절하자 면회가 어려워진 회원들이 한곳에 모여 돌아가야 할지를 고민하고 있었다. 그때 한 회원이 말했다.

"애인은 들어갈 수 있다던데요."

회원들은 일제히 박민정을 바라보았다.

"야, 민정아. 니가 애인이야. 너 빨리 애인이라고 말하고 들어가."

얼굴이 금세 붉게 물든 박민정은 항변할 여유도 없이 떠밀리듯 다시 면회소 앞으로 갔다. 돌아온 대답은 전과 다르지 않았다.

"애인도 안 됩니다. 위험인물은 가족밖에 안 돼요."

박민정은 회원들과 함께 뒤돌아설 수밖에 없었다. 그들이 다시 구로경찰서를 찾아간 것은 조성만이 유치장에서 열흘을 채우고 구류를 마치는 날이었다. 박민정은 새벽 첫차를 타고 6시에 경찰서에 도착했다. 하지만 이번에도 조성만을 볼 수 없었다. 조성만이 나오는 시간은 새벽이 아닌 오후 6시였던 것이다. 몹시 추운 날이었다. 박민정과 회원들은 경찰서에서 열두 시간을 기다린 후에야 조성만을 만날 수 있었다.

조성만은 구류를 사는 열흘 동안 자신을 바라보고 있었다. 그는 함께 유치장에 끌려온 친구에게 말했다.

"우리 지식인들은 너무 머리로만 살려고 하는 것 같아. 온몸으로 살지 못하는 내 자신이 너무 한심스러워."

조성만은 연행될 때의 차림 그대로 경찰서에서 나왔다. 외투가 찢어지고 해진 데다 얼굴은 퉁퉁 부어 있었다. 게다가 신발은 없고 맨발이었다. 머리카락은 그을려 있었다. 그가 잠바를 벗었을 때 드러난 팔과 다리는 퍼렇게 멍들어 있었다. 잠바에는 최루탄 가루와 더러운 것들이 잔뜩 묻어 있었다.

박민정은 조성만의 표정을 살폈다. 무표정했다. 아무 일도 없었다는 듯한 표정이 이상할 정도였다. 께름칙했다.

　유치장에서 나온 지 며칠 후 조성만은 유영진의 자취방을 찾아갔다. 가민연 회원들이 유영진의 생일을 축하하기 위한 자리였다. 유영진이 그를 맞이했다. 조성만은 양말을 신지 않고 맨발로 슬리퍼를 신고 있었다. 그런데 발이 이상했다. 곰팡이가 가득 피어 있는 듯한 색깔이었다. 자세히 보니 양쪽 발의 살갗이 터지고 수포가 올라와 있었다. 절로 이맛살이 찌푸려질 만큼 흉측한 모습이었다.

　"형, 발이 왜 이렇게 됐어요?"

　"응, 구로구청에서 최루탄을 너무 많이 맞았나 봐."

　흉측한 상처는 농성 중에 발사된 최루탄으로 인해 생긴 수포와 터진 살갗에서 나온 진물이었다.

　조찬배는 행방이 묘연해진 아들을 찾고 있었다. 그는 경찰서에서 근무하는 조카에게 아들을 수소문해달라고 부탁했다. 수시로 전주에 안부전화를 걸던 아들이 한동안 연락이 없자 조찬배와 김복성은 이상한 느낌이 들었다. 텔레비전에서는 구로구청 사건이 주요 뉴스로 보도되고 있었다. 대통령 선거에서 노태우가 당선된 후 전주의 분위기도 흉흉했다. 부정선거 소식은 모르는 사람이 없었다. 김복성은 복학 후 아들이 데모를 하는 낌새를 아주 모르진 않았다.

　아들의 가방에서 이상한 유인물을 읽곤 했던 김복성은 문득 형사들에게 잡혀간 건 아닌가 하는 생각이 들었다. 수소문한 지 얼마 지나지 않아 조찬배는 조카의 전화를 받았다.

"성만이가 구로경찰서에 있구만요. 방금 수감자 명단을 확인했어요."

조찬배는 머릿속이 캄캄했다. 신부가 되겠다는 말로 실망을 주더니 이번엔 큰 사고를 친 것이다. 침묵을 지키던 조찬배에게 조카가 말했다.

"구류 열흘입니다. 다른 디로 넘어가진 않아요. 며칠 안 되믄 바로 풀려나요."

조찬배는 힘없이 수화기를 내려놓았다. 옆에서 보고 있던 김복성이 어찌 된 상황인지 물었다.

"뭐래요? 우리 성만이 어디 끌려갔다고 허요?"
"구로구청에서 데모하다 전경들한테 잡혀 들어갔대."
"아이고, 이를 어쩐디야? 그럼 지금 감방에 있는 거예요?"
"하라는 공부는 않고 그 짓거리 허고 댕기고 있었구만."
"그럼 뭐혀요? 당장 서울에 올라갑시다."

조찬배는 더 이상 화를 참지 않았다. 그는 소리를 질렀다.

"내비둬. 가기는 어딜 가? 거기서 죽든 살든 내버려둬."
"자식이 감옥에 있는데 왜 여깄어요? 그럼 나라도 가볼랑께요."
"가긴 어딜 가? 못 가!"

조찬배의 서슬 퍼런 외침에 김복성은 움찔했다. 그녀가 설득했지만 조찬배는 요지부동이었다. 급기야 김복성은 저녁을 마다하고 안방 아랫목에 누워버렸다. 머릿속엔 온통 아들 생각뿐이었다.

"공연히 고집부리지 말어. 지금이 어떤 시상인지나 알아? 갸 그러믄 나 공무원 생활도 못혀. 모가지 나가믄 지 동생들 성환이, 태양이는 누가 갈쳐? 다 큰 놈이 생각이 그렇게도 짧어?"

조찬배는 아들이 하는 일이 잘못된 것이 아님은 잘 알고 있었다. 하지만 가정 경제를 책임지고 있는 자신의 직업이 공무원이었다. 자식이 운동권으로 빠져서 애를 먹고 공직에서 파면당한 사람이 한둘이 아니었다. 가족의 미래를 생각해야 하는 그로서는 암담한 상황이었다.

"가기만 가보랑께. 내가 그냥 지나치지 않을 거고만."

김복성은 아무 대답도 하지 않았다. 남편이 저렇게 냉정한 사람인가 하는 생각뿐이었다. 한 시간 남짓이 흘렀다. 조찬배가 김복성을 불렀다.

"어이, 여보."

김복성은 등을 보이고 누워 있었다. 그녀는 남편이 부르는 소리를 들었으면서도 대꾸하지 않았다. 조찬배는 앓는 사람처럼 누워만 있는 아내를 보자 안쓰러운 마음이 들었다.

"누워만 있지 말고 가서 얼굴이라도 보고 와."

그 말을 들은 김복성은 순식간에 자리를 박차고 일어났다. 그녀는 서둘러 행장을 차리고 밤차를 탔다.

서울에 도착해 하룻밤을 묵은 김복성은 도시락을 싸 들고 구로경찰서를 찾아갔다. 그녀는 유치장에서 면회를 신청하고 기다렸다. 투명 칸막이 너머로 아들의 모습이 보였다. 아들은 대학에 입학한 해에 자신이 사준 오리털 잠바를 입고 나왔다. 그녀는 아들의 모습을 바라보았다. 얼굴이 부어 있었다. 무슨 일을 겪었는지 회색 잠바는 새까맣게 변색되어 있었다. 얼마나 맞았으면 저리 부었나 하는 생각에 김복성은 목이 메었다. 그녀는 유치장에서 나오는 대로 집에 들르라는 말을 남기고 면회소를 빠져나왔다.

며칠 후 경찰서에서 나온 조성만은 전주로 향했다. 김복성이 집안일을 하고 있을 때 문 열리는 소리가 들렸다. 그녀가 거실로 나오자 오리털 잠바를 입은 아들이 서 있었다.

"엄마, 저 왔어요."

아들의 남루한 행색을 보자 김복성은 인사를 받을 여유가 사라졌다. 까맣다시피 한 회색 잠바 위로 퉁퉁 부은 얼굴을 보자 기가 막혔다. 갸름하던 얼굴은 온데간데없고 뺨과 눈두덩이 부어, 누르면 진물이 뚝뚝 흐를 것 같았다. 산 사람 같지가 않았다. 가지런한 머리카락은 그을려 있었다.

"잠바가 왜 이렇게 돼부렀냐? 언능 옷부텀 벗어야 쓰겄다."

조성만은 잠바를 벗어 맡기고 자기 방에 들어가 윗옷과 바지를 벗고 새 옷으로 갈아입고 있었다. 그때 갑자기 방문 열리는 소리가 들렸다. 김복성은 열린 문 너머로 아들을 보고 있었다.

김복성이 다가오며 소리쳤다.
"아가, 이게 뭣이냐? 이렇게 되도록 순사들헌티 맞았냐?"
다리며 무릎, 정강이가 시퍼렇게 멍들어 있었다. 진압 과정에서 전경들의 군홧발과 곤봉에 맞은 상처들이었다.
"아녀요, 엄마. 이거는 전에 성당 친구들하고 축구하다가 넘어져서 다친 거예요. 전경들한테는 몇 대 안 맞았어요."
조성만은 이번에도 축구 핑계를 대고 있었다.
조찬배가 면회를 가지 않은 것은 아들의 행동에 대해 책임을 묻고 있다는 의사표현이었다. 그 후로 조찬배는 아들을 전과 같이 웃으면서 대할 수 없었다. 부자 사이에 냉랭한 기운이 감돌았다. 가족의 희망이었던 조성만은 어느새 가족의 근심거리가 되어 있었다.
고향에 내려온 조성만은 어머니가 빨아준 옷을 입고 여행을 떠났다. 버스를 타고 가까운 격포해수욕장으로 향했다. 그는 하염없이 바다를 바라보다 돌아왔다. 다음 날, 김복성은 조성만이 자고 있는 방의 문을 열었다.
"아가, 밥 먹어야지."
아들은 침대 밑에 누워 있었다.
"엄마, 하느님이 날 부르시네요."
"뭔 소리여? 하느님이 왜 널 부르셔? 알았응께 얼른 밥 먹으러 와."
또 하루는 김복성이 외출에서 돌아오니 조성만이 마당 모퉁이에 앉아 사진을 정리하고 있었다. 사진 앨범을 가득 쌓아두고 사진을 태우고 있었다.

"아가, 왜 사진을 다 처질러? 야가 왜 근다냐?"

놀란 김복성이 앨범 한 개를 빼앗았다. 조성만의 사진은 이때 대부분 사라졌다.

구로구청 사건을 겪은 후 조성만은 지하실에서 겪은 공포가 머릿속에 떠오르곤 했다. 죽은 세진이 겪었을 고통이 가깝게 느껴져 소스라친 적도 있었다. 성당에 간 날이면 명동성당 본당 뒤편의 성모동산을 멍하게 배회했다. 그는 밤늦은 시간까지 성당 기도실에서 기도를 하는 날이 많아졌다.

어느 날 가민연 술자리에서 조용히 술을 마시던 그가 주먹을 움켜쥐어 소주잔을 깨뜨린 적이 있었다. 회원들은 모두 깜짝 놀랐다. 조성만이 그런 행동을 할 것이라곤 누구도 예상치 못했다. 피가 흥건해진 손을 더 이상 바라보지 못하고 회원들은 고개를 돌렸다. 선배 회원이 피를 닦아주며 말했다.

"휴우, 놀랐잖아. 왜 갑자기 소주잔을 깼어?"

성만은 무표정하게 대답했다.

"이 정도는 아무것도 아니잖아요."

유치장에서 나온 후 조성만이 보는 세상은 모두 어두컴컴한 지하실이었다. 그가 미사를 보는 명동성당도 햇빛이 들지 않는 지하실이었다. 그는 세상의 지하실에 불을 켜고 싶었다.

6부

부활

내 마음이 너무 괴로워 죽을 지경이다.
너희는 여기에 남아서 나와 함께 깨어 있어라.

마태오복음서 26:38

1988년 분단올림픽

대통령 선거와 함께 한 해가 저물고 1988년의 해가 다시 떠올랐다. 가민연의 회장이 된 조성만은 새해 초부터 부지런히 움직였다. 1988년은 '서울올림픽'이 열리는 해였다. 연초부터 방송과 신문은 대대적으로 올해 열리는 올림픽을 홍보했다. 3S정책에 노력을 기울인 한국 정부는 프로야구와 프로축구 출범과 함께 올림픽 유치에 나섰다. 정부는 1981년 국제올림픽위원회에 제24회 올림픽 유치신청서를 제출했다. 1981년 9월 30일, 제84차 국제올림픽위원회 총회에서 일본 나고야와 경합한 끝에 서울이 올림픽 개최지로 선정되었다. 아시아에서 두 번째로 올림픽 개최국이 된 것이다.

올림픽 개최가 결정된 후 정부는 1982년에 체육부를 신설하고 초대 체육부 장관에 전두환의 최측근인 노태우를 임명했다. 국민들의 복지보다 스포츠에 예산을 쏟아부은 이 같은 비정상적인 노력으로 한국 대표팀은 1984년 LA올림픽과 서울올림픽에서 이전에 비해 현격한 차이가 나는 메달을 획득했다.

정부에서 올림픽 개최 준비에 박차를 가하고 있을 때 서울대 교정에서는 정부 입장에서 달갑지 않은 연설문이 낭독된다. 총학생회장 후보로 출마한 서울대 철학과 4학년 김중기와 지질학과 4학년 유재석은 유세문에서 다음과 같이 발표한다.

올해 구국항전의 앞길에서 88서울올림픽 단독 개최를 계기로 미국의 분단고착화를 통한 식민지 지배 영구화와 군부독재의 안정화 음모를 저지, 파탄시켜내는 일만큼 사활적인 임무는 없습니다. (중략) 우리들이 국민학교 시절 자주 불렀던 노래는 무엇입니까? 그리고 작년 6월 민주화대투쟁 당시 광화문에서, 종로에서, 을지로에서, 대학로에서 애국시민과 스크럼을 짜고 눈물을 흩뿌리며 불렀던 그날의 노래는 무엇이었습니까? 〈우리의 소원은 통일〉 바로 그것이었습니다. (중략) 올림픽을 계기로 하여 민족화해와 남북 간의 평화 분위기가 조성되어, 올해를 민족대단결, 평화의 기운이 넘쳐나는 한 해로 만들려는 노력은 고사하고 미-청와대 독재자들은 NATO의 군사훈련보다도 더 대규모적인 핵전쟁 연습, 팀스피리트 훈련을 강행하고, 올림픽을 전후로 하여 한미일 삼각군사합동훈련을 실시하여 남과 북의 대결국면, 군사적 긴장을 고조시키고 있습니다.

두 후보는 이날 연설에서 '민족화해를 위한 남북한 청년학생 국토종단 순례대행진'과 '민족대단결을 위한 남북한 청년학생 체육대회'를 제안한다. 이어 1988년 3월 29일, '6·10 남북학생회담' 개최를 제의하며 〈김일성종합대학 학생들에게 드리는 공개서한〉을 발표한다. 김일성대학 학생위원회는 4월 4일 김중기, 유재석 후보의 제의에 동의한다는 답신을 보내온다. 김중기 후보는 서울대 총학생회장 선거에서 낙선했지만 이러한 제의와 답신은 큰 반향과 논란을 불러일으켰다.

조성만은 새해 들어 봉천동 낙성대 인근에 자취방을 구했다. 자취방은 가민연의 후배 김경곤(미카엘)과 함께 사용했다. 김경곤은 광주가톨릭신학대학교를 휴학한 후 서울에 올라와 명동성당에 다니고 있었다. 김경곤은 조성만이 꿈꾸는 사제의 길을 걷고 있었다. 그를 통해 조성만은 신학대학교 생활의 실제 모습을 엿볼 수 있었다. 두 사람은 함께 생활하며 해방신학과 민중신학, 사회에 대한 고민 등 비슷한 관심거리에 대한 이야기를 밤을 새우며 나누었다.

김경곤이 옆에서 본 조성만의 모습은 이미 젊은 신부였다. 철저하리만치 청빈한 생활을 실천했고, 매 끼니마다 하느님과 민중들에게 기도를 올렸다. 책상 위엔 《공동번역 성서》를 올려두고 묵상과 기도를 일상화하고 있었다. 어떤 날은 고통받는 민중들을 위해 밤을 새워 기도했다. 철거 싸움을 하는 상계동 철거민들, 파업 투쟁을 벌이는 공장의 노동자들이 그로 하여금 기도하게 했다. 하루는 김경곤이 물었다.

"형은 언제부터 신부가 되고 싶었어요?"

"응, 고등학교 때부터. 문정현 신부님을 만났는데, 그때 예수를 따르는 사람의 모습을 발견했어. 농민회 활동을 하면서 용기 있게 하느님 나라에 대해 얘기해주셨거든. 예수도 소외된 민중들과 함께했고 권력자들에 대해선 거침없이 비판하고 몸시 화를 내셨잖아. 문 신부님이 그랬거든. 신부님의 솔직하고 직설적인 강론을 들으면 어떻게 살아야 할지 알 것 같았어."

두 사람이 그리고 있는 사제의 모습은 문정현 신부와 크게 다르지 않았다.

조성만은 가민연 회장직을 맡은 이후엔 성실하면서도 열정적으로 노력했다. 김청숙 등 후배들과 친해지기 위해 많은 시간을 회원들과 함께 보냈다. 일부러 친해지기 위해 어디서 주워들은 우스갯소리를 자주 들려주었다. 그의 진실하고 어설프고 썰렁한 농담에 회원들은 웃어주어야 할지 말아야 할지 고민할 때가 많았다.

그는 후배들과 자주 만나며 끈끈한 정을 이어갔다. 조성만은 회장을 맡은 후 중요한 한 가지 변화를 시도한다. 매주 토요일 전체 모임을 열 때 십자가 고상(苦像)과 성모상을 앞에 두고서 촛불을 켰고, 본격적인 토론에 앞서 기도를 올리고 성가를 불렀다. 전에 없던 모습이었다. 이러한 변화는 조성만의 오래된 고민이 반영된 것이었다. 가민연이 사회운동에 주력하는 데 비해 기도하는 신앙인의 모습이 적게 비쳤기 때문이다. 그는 두텁고 깊은 신앙의 주춧돌 위에서 공동선을 실천하지 않으면 오래가기 어렵다고 판단했다.

조성만은 후배들과 함께한 자리에서 신앙에 대한 진지한 고민을 나눌 때가 많았다.

"느네 구원이 뭔지 아냐?"

"우리 인간이 이 세상에 왜 왔을까?"

한번은 김미영에게 질문했다.

"하느님은 우리가 어떻게 살길 바라실까?"

그녀가 대답했다.

"그걸 내가 어떻게 알아? 난 기도할 줄도 모르는데. 형은 어떻게 살 건데?"

"글쎄. 어떻게 살길 바라실까?"

이런 질문은 매번 결론을 내릴 수 없었고 회원들을 진지한 고민에 빠뜨렸다. 특히 성격이 비슷한 부회장 김청숙과 이런 부분에서 대화가 잘 통했다. 두 사람은 대화가 가장 잘 통하는 사이면서 가끔 중요한 문제로 갈등을 겪는 관계였다.

그가 회장직을 맡아 일을 해나가는 데에는 몇 가지 어려운 점이 있었다. 그즈음 초기 모임을 이끌던 이대훈, 서광석, 김범, 김현순 등이 가문협을 중심에 두고 활동하고 있었다. 그들의 빈자리는 매우 컸다. 특히 그에게 큰 의지가 되어주던 김범은 결혼 문제로 심각한 갈등을 겪으면서 얼굴을 보기 힘들었다. 김만곤은 약속과 달리 적극적으로 세미나를 도울 수 없는 상황이었다. 두 사람 사이에 소통의 시간이 줄어들었다. 그러니 김만곤과 진지한 고민을 나눌 수 없는 형편이었다. 주도적인 활동을 하던 선배들의 공백으로 조성만은 산적한 문제들을 홀로 어렵게 헤쳐나가야 했다.

가민연의 역할 중 하나는 문화운동가를 배출해 사회 현장에 내보내는 것이었다. 조성만이 활동하던 때는 가톨릭 문화운동이 급속히 팽창하는 시기였기 때문에 문화운동가를 배출하고 내보내는 속도가 매우 빨랐다. 이에 따라 역량을 갖춘 많은 회원들이 구로공단과 안동, 전주 등 각 지역의 노동조합, 각 지구의 성당 문화패, 지역 문화패를 돕기 위해 명동성당 바깥에서 활동했다. 그러다 보니 명동성당에선 모임을 함께 이끌 사람이 부족했다. 가민연이 침체기에 들어선 듯했다.

기예와 함께 학습 분위기도 생동감을 잃고 있었다. 조성만은 세미나를 주도하던 선배들의 빈자리를 메우는 데 애를 먹었다. 이 때문에 세미나를 앞둔 전날엔 밤을 새우기 일쑤였다. 학과 공부와 모임 운영, 사회적 실천과 행동까지 모두 소홀히 할 수 없었다.

회장을 맡은 지 얼마 지나지 않아 조성만은 가문협에서 간사직을 맡고 있는 김현순을 찾아가 고충을 토로했다. 가문협 사무실을 명동에서 합정동으로 옮긴 때였다. 그는 회장직을 맡지 못하겠다고 고백했다. 가민연의 상황을 잘 알고 있는 김현순은 달리 도와줄 방도가 없었다.

"혼자 한다고 생각하지 마. 역할 분담이란 게 있잖아. 네가 맡는 건 여러 역할 중의 하나라고 생각해. 일을 혼자서 다 하려 하지 말고 사람들하고 나눠서 해. 옆에서 많이 도와줄 거야."

그는 자신이 그만둘 경우 다음 회장이 지게 될 짐을 생각하면 그만둘 엄두가 나지 않았다. 어려운 대로 부회장인 김청숙과 함께 헤쳐나가는 수밖에 없었다.

그가 떠나 있던 사이 가민연 회원들의 성향에 변화가 생겼다. 외피론이 중요했던 시기에는 적극적인 변혁 의지를 지니고 찾아오는 이들이 많았다면, 요즈음은 민속문화에 대한 관심으로 가민연을 찾아오는 이들이 많았다.

조성만은 65년생 후배들과 모임의 방향에 대한 다른 생각으로 갈등을 겪곤 했다. 갈등은 주로 집회를 주도하고 참여하려는 그의 요청을 후배들이 받아들이지 못하는 것이었다. 명동성당의 청년들은 6월항쟁 기간 가두시위를 겪은 후 과격한 싸움을 꺼리는 분위기였다.

조성만은 다른 면에서는 양보를 많이 했지만 유독 사회 참여에 대해서는 여러 차례 설득을 했다. 그는 주요 집회와 학내 집회에 거의 빠짐없이 참여하고 있었다. 가민연 회원들은 너무 진지하고 적극적인 조성만을 한편으론 부담스러워했다. 부회장인 김청숙은 몇 차례 김만곤을 찾아가 '회장이 너무 진지하다. 성만 형 때문에 힘들다'며 고민을 토로했다. 한 가지에 골똘히 몰두하면서 진지해질 때 회원들이 힘들어한다는 것이었다. 김만곤은 조언했다.

"회장마다 성격과 성향이 다 다르잖아. 너희들이 받아들일 수 있는 부분은 받아들이고, 그렇지 않은 부분은 논의하다 보면 자연스럽게 정리될 거야."

이런 문제가 생길 때 함께 터놓고 대화할 사람이 동기인데,

그가 회장을 맡고 있을 때는 주변에 동기가 한 명도 없었다. 그럴 때마다 그는 가문협의 김현순을 찾아가 고충을 털어놓거나 신입회원 김경곤과 얘기를 나누는 정도였다. 1988년 2월경, 조성만은 김만곤에게 전화를 걸었다.

"만나서 얘기 좀 해요."

김만곤은 중요한 일로 노동운동가를 만나는 일정이 있다며 약속을 미루려 했다.

"중요한 얘기가 있어서요. 잠시만 시간을 내줘요."

중요하다는 말에 김만곤은 거절할 수 없었다. 김만곤은 약속 장소인 자신의 집에서 그를 기다리고 있었다. 그런데 안양 지역에서 노동운동을 하는 친구가 예상보다 너무 일찍 집에 도착했다. 두 사람이 얘기를 나누던 중에 조성만이 도착했다. 조성만을 기다리게 한 후 그는 노동운동가와 얘기를 마저 나눴다. 김만곤은 얘기를 나누면서도 조성만을 의식했다. 얘기가 길어지자 기다리는 사람을 의식하고 진땀을 흘렸다. 옆 테이블에서 한 시간가량 기다리던 조성만이 일어섰다.

"다음에 봐요."

이날 조성만이 나누려 한 얘기를 김만곤은 어렴풋이 짐작하고 있었다. 조성만은 중요한 시위를 주동하려는 것이었다. 이날 이후 그는 '공동체놀이연구회'의 최종록 선배 등을 찾아가 시위 주동 계획을 밝혔다. 시위를 벌이려는 계획은 선배들과 회원들의 반대로 실현할 수 없었다.

조성만은 명동성당에서 외로웠다. 성당의 청년들마저 하나의 벽으로 느껴질 때도 있었다. 명동성당의 본당 건물도 하느님을 만나는 성소로 느껴지기보다 건물 전체가 하나의 벽으로 보였다.

그는 죽음을 앞두고 석 달 전부터 집중적으로 일기를 쓰기 시작했다. 그는 죽기 두 달 전의 일기에서 자본주의 사회의 인간의 모습을 명동에서 만난 한 상인을 통해 고발한다.

체제가 인간을 돈의 노예로 많이 변화시키는 과정이 너무나 화가 나고 그 인간에 대하여는 너무나 불쌍한 생각밖에 들지 않는다. (중략) 명동에서 장사를 하다 보니 인간이 쓰레기가 되었는가?

그에게 한국 사회의 신은 예수도 부처도 아닌 오로지 '돈'이었다. 돈이 하느님이었다. 먹고살기 위해서라면 양심까지도 포기하는 자본주의적 인간의 모습에 그는 진저리쳤다. 그는 물질적 가치에 포박당한 인간의 모습을 증오했다. 물질은 그것을 만든 인간보다 더 귀한 대접을 받고 더 귀한 가치로 인식되었다.

그러한 인간의 모습을 만든 것은 자본주의라는 체제였다. 자본주의라는 괴물은 인간성을 노골적으로 파괴했다. 자본주의 사회의 인간들은 이기심으로 무장하고 끝없는 소유욕으로 목말라했다. 소유의 욕망이라는 기름으로 가득 찬 자본주의라는 이름의 전차는 끝 모를 질주를 하고 있었다. 아울러 사회가 발

달할수록 오히려 민중들의 고통은 더욱 커지고 있었다. 그가 사제로서 함께하고 싶은 농민들과 농촌의 삶은, 고통이라는 이름의 곡식을 재배하는 곳이었다.

예수가 교회 앞에서 물건을 파는 상인들을 저주하고 증오했듯 그는 돈의 노예가 된 명동의 상인들과 이 땅의 노예들을 증오했다. 민중들의 마음속에 자리하고 있는 자본주의를 증오했다. 인간은 원래 그런 존재가 아니었다. 모든 인간은 존엄한 존재였지만 천박하고 파렴치한 존재로 변해 있었다. 그것을 만든 것은 체제였다.

예수는 분명히 말했다. "너희는 하느님과 재물을 함께 섬길 수 없다." (루카복음서 16:13) 하지만 사람들은 돈을 섬기는 일에 온 생애를 다 바치고 있었다. 돈 앞에서 인간은 기꺼이 주인 된 삶을 버리고 있었다. 돈이라는 괴물은 사람들에게 군사정권을 용인하게 하고 심지어는 기꺼이 지지하게 했다.

그의 뇌리에선 명동에서 본 장사꾼의 모습과 함께, 언젠가 보았던 한 아이의 모습이 떠나지 않았다. 그가 쓴 편지에 등장한 한 아이의 모습은 이렇다.

추운, 바람이 부는 날씨 속에 양말을 신지 못한 하얀 발을 내놓은 시골의 아이가 생각이 나서 약간은 더 춥게 느껴지는 시간.

조성만은 양말을 신지 못한 아이들과 추위에 두려운 듯 몸을 움츠리는 도시 빈민들의 눈빛을 바라보았다. 그는 아이의 발이 예수가 무릎을 꿇고 씻겨준 제자들의 발처럼 느껴졌다. 예수라면 그 아이의 발을 닦아주고 양말을 신겨주었으리라. 예수라면 기꺼이 도시의 삶에서 소외되고 버림받은 존재들의 발 앞에서 무릎을 꿇고 씻겨주었을 것이다. 조성만도 그런 존재가 되고 싶었다.

그는 시골 아이의 미래를 생각했다. 그 아이의 미래를 위하여 자신은 무엇을 해야 할까 생각했다. 군인이 대통령인 나라가 아니라 민중들의 힘으로 세운 나라에 살게 하고 싶었다. 분단으로 서로를 미워하고 증오하는 나라가 아니라 통일된 나라에 살게 하고 싶었다. 돈이라는 신을 섬기는 나라가 아니라 인간이 인간을 섬기는 나라에 살게 하고 싶었다.

그가 꿈꾸는 세상은 이웃과 함께 행복할 수 없는, 끊임없이 인간을 소외시키는 사랑이 없는 세상, 인간이 인간을 착취하는 세상이 아니었다. 물질의 논리가 아닌 사랑의 논리가 강물처럼 흐르는 세상이었다. 예수가 증오한 자본주의 사회가 아닌 인간의 존엄성이 바탕이 되는 사회였다. 노동자가 노예처럼 일하는 사회가 아니라 명동성당에서 발견한 '능력에 따라 일하고 필요에 따라 소비하는 세상'이었다.

그는 한반도를 '쓰레기 하치장'이라고 표현했다. 아울러 그는 "성서에서 예수가 질책하는 사람들이 바로 나(자신)"라는 것을 깨달았다고 고백했다. 이날의 일기에서 그는 또 이렇게 썼다.

사랑 때문이다. 내가 현재 존재하는 가장 큰 밑받침은 인간을 사랑하려는 못난 인간의 한 가닥 희망 때문이다. 이 땅의 민중이 해방되고 이 땅의 허리가 이어지고 이 땅에 사람이 사는 세상이 되게 하기 위한 알량한 희망, 사랑 때문이다. 나는 우리를 사랑할 수밖에 없고 우리는 우리를 사랑할 수밖에 없다.

그의 일기와 편지에는 '사랑'이라는 단어가 되풀이되어 끊임없이 적혀 있다. 그는 목마르게 '사랑'을 찾아 헤매었다. 하지만 '사랑'의 이름으로 세워진 성당에서 그는 사랑을 찾을 수 없었다. 성당은 '허공에 뜬 교회'였다.

조성만은 신부가 되고 싶었다. 적당히 타협하면 서울대를 졸업하고 삶의 여유를 누리는 중산층의 삶을 살 수 있을 것이다. 하지만 그는 거부했다. 그가 본 중산층의 모습은 이웃에 대한 무관심에 중독된 삶이었다. 불의한 권력과 자본주의의 가치에 기대어 살아가는 '뜻 없이 무릎 꿇는' 소시민의 삶을 거부하고 저항하는 인간의 삶을 선택했다. 그는 신부의 길 위에서 자신에게 엄격했다.

요즈음에는 왜 이렇게 지저분한 내가 되었는지 한탄스럽다. 나태하고 너무 관성적이다.

결단을 앞둔 1988년 5월 3일. 요셉 조성만은 괴로움 속에서 일기를 썼다.

한 맺힌 반도에 태어나 사람을 사랑하고자 하는 부끄러운 한 인간의 모습이 이렇게 괴로울 수가. 정신만 말똥말똥해지는 것이 더욱 자책을 하게 하는구나. 무엇을 생각해야만 차분해지는 것일까? 무엇을 생각해야만 불안한 마음을 이길 수 있을 것인가?
무엇을, 무엇을 생각해야만 담배를 물어가며 밤을 태우지 않고 있을 수 있을까? 미칠 것 같은 모습들.

조성만은 괴로웠다. 그는 고통받는 민중 속으로 들어가고 싶었다. 투신하고 싶었다. 인간의 모습을 찾을 수 없는 세상에서 인간을 만나기 위해 자신이 통나무가 되어야 한다고 생각했다. 그는 과 친구들에게 말했다.
"나는 한 알의 밀알이 되고 싶어."
죽음을 일주일 앞둔 날, 친구들과 모인 술자리에서는 이렇게 말했다.
"이 땅에 피를 뿌려 세상을 정화하고 싶어."
그는 민주주의의 제단에 희생양으로 바치는 어린 양을 생각했다.
기나긴 고뇌의 끝에서 그는 자신을 바라보았다. 그리고 예수를 바라보았다.

나의 시간은 이미 나의 시간이 아니요. 나라는 존재는 이미 나 자신의 것이 아니올시다.

가시관이 눌려 씌워진 상태에서 신음하는 예수의 모습이 나를 부릅니다.

나는 어쩔 수 없이 예수와 함께할 수밖에 없는 풀인가 봅니다.

나의 노력은 끊임없이 계속되어나갈 것이오. 처절할 정도로 예수와 나의 십자가를 질 수 있다오. 우리의 껍질을 싸고 있는 옷가지와 거추장스러운 요소를 떠난 몸 하나와 정신이 우리에게는 필요할 뿐이오.

인간의 해방이란 개인적인 차원으로는 득도에밖에 이르지 않는다. 진정 사람을 사랑하는 것은 사회성 속에서 존재하는 것이며 이 속에서 사랑이란 말이 승화되어 그 말이 없어지는 것이리라.

별을 노래하는 마음으로

어느 날부턴가 조성만은 사람들에게 선물을 나눠주기 시작했다.

박민정은 조성만의 전화를 받고 외출을 서둘렀다. 저녁이었다.

"민정아, 나 좀 보자."

이렇게 늦은 시간에 자신을 부른 건 처음 있는 일이었다. 그녀가 약속 장소에 도착했을 때 조성만은 먼저 와서 기다리고 있었다.

"형, 오래 기다렸죠?"

"아냐, 내가 집이 가까운데 먼저 나와야지."

박민정은 자신을 불러낸 용건이 궁금했지만 조성만은 별다른 얘기를 하지 않았다. 여느 때처럼 그는 자신의 얘기를 조용히 들어줄 뿐이었다.

"요즘 힘든 일은 없어?"

"나중에 뭐하고 지낼 거야?"

그가 하는 얘기는 그녀에 대한 관심과 걱정이었다. 조성만은 박민정의 가족에 대해 관심을 기울였다. 박민정은 오랜만에 마음에 담아둔 힘겨운 얘기들을 털어놓았다. 특별한 용건이 없어도 찻집에 둘이 앉아 얘기를 나누는 것만으로도 그녀에겐 행복한 시간이었다. 얘기를 나누고 있을 때 그녀의 눈에 조성만의 손목에 걸린 나무 묵주가 보였다. 그녀는 그의 손목에서 묵주를 빼내며 말했다.

"이거 어디서 났어?"

"고등학교 때 세례 받으면서 수녀님에게 선물로 받은 거야."

조성만은 묵주를 주었던 중앙성당의 목 수녀님이 생각났다. 박민정은 묵주를 만지작거렸다. 그의 것이라는 생각에 갖고 싶어졌다. 그녀는 별다른 생각 없이 말을 툭 던져보았다.

"형, 이거 나 줄래?"

"어, 가져."

조성만은 너무 쉽게 대답했다. 그에게 특별한 선물일 텐데 선뜻 주겠다는 말에 조금 의아한 생각이 들었다. 하지만 좋아하는 사람의 소중한 물건을 갖는다는 생각에 그녀는 묵주를 자신의 손목에 걸었다.

"형, 이거 정말 내가 가져도 돼?"

조성만은 웃으며 고개를 끄덕였다. 오랜 시간 함께한 묵주를 떠나보내는 마음이 쓸쓸하지는 않았다. 박민정이라면 자신을 대신해 소중하게 오래 간직해줄 것 같았다.

몇 달 후 조성만의 관을 땅속에 묻을 때 박민정은 관 속에 묵주를 넣어줄까 생각했다. 하지만 그의 소중한 물건마저 없으면 너무 허전할 것 같았다. 그래서 그녀는 다른 사람들에게 말하지 못하고 묵주를 지니고 살게 되었다.

조성만의 묵주는 그로부터 4년 후 김청숙에게 건네진다. 박민정은 가슴속의 남모를 아픔을 견디며 살아가는 김청숙에게 묵주를 건네주었다.

가민연 부회장이었던 김청숙은 조성만 사후 늦은 나이에 수녀원에 들어갔다. 두 사람은 가깝게 지내는 친구 사이면서도 조성만이 떠난 후 한 번도 그에 관한 얘기를 나누지 않았다. 그것은 암묵적인 약속이었다.

박민정은 수녀원에 들어가는 김청숙에게 말했다.

"이 묵주, 성만 형에게 받은 거야. 네가 이 길을 간다고 하니까 아깝지만 이거 줄게. 항상 간직하면서 기도 많이 하라고 주는 거야."

김청숙은 박민정의 손목에 걸린 묵주가 조성만의 유품이라는 것을 알고 놀랐다.

박민정이 처음 명동성당에 발을 딛게 된 것은 대중운동을 하라는 친구의 권유 때문이었다. 고등학교 3학년 때 만난 친구는 다른 학생들과 달리 사회과학 서적을 많이 읽고 있었다. 교육운동으로 쫓겨난 교사의 영향이었다. 처음 그녀의 얘기를 들었을 때 박민정은 친구가 '공산당'이라고 생각했다. 그녀와 가까워지면서 박민정은 '공산당'과도 가까워졌다.

문학에 관심이 많은 박민정은 명동성당의 가톨릭문학연구회에 가입하고 싶었다. 하지만 인원 수 조정 문제로 가민연에 가입하게 되었다.

그녀는 조성만에게서 조용한 가운데 어떤 숨겨진 열정이 느껴졌다. 가끔 던지는 농담은 너무 썰렁해서 도와주고 싶을 정도였다. 그녀는 조성만이 가민연에 돌아와 한동안 군복을 입고 말없이 지나쳐가는 모습을 보면서 다른 곳에 있는 사람 같다는 생각을 했다. 그러던 어느 날 집회에서 그와 얘기를 나눈

적이 있다.

가투가 격렬한 날이었다. 전경들과 시민들 사이에 투석전이 벌어지고 최루탄이 발사됐다. 천식이 있는 박민정은 집회에 참여하면 두려움이 앞섰다. 호흡곤란 때문에 언제 쓰러질지 모르기 때문이다. 그래서 그녀는 먼저 도망갈 생각이 앞서곤 했다.

페퍼포그를 발사하는 소리가 크게 들렸다. 구호를 외치던 시민들이 뒤돌아 뛰기 시작했다. 박민정도 뒤돌아 힘껏 달렸다. 자신의 숨소리가 거칠게 들려왔다. 뒤도 돌아보지 못하고 달리고 있을 때 누군가 손을 확 잡아끌었다.

"그쪽이 아냐."

방향을 잘못 잡고 위험한 곳으로 달리는 박민정을 발견한 것은 조성만이었다. 그는 박민정의 손을 잡고 뛰었다. 한참을 쫓기다 멈춘 골목길에서 조성만이 말했다.

"두려워하지 마."

"두려워할 게 없어."

그녀는 그가 두 번째 말한 '두려워할 게 없다'는 소리가 이상하게 들렸다. 그날 조성만은 '이곳에 서 있어야 할 이유'에 대해 많은 얘기를 들려주었다.

"니가 진짜로 무서워해야 할 것은 저것이 아니야. 니가 진정 민중과 함께하고자 한다면 너는 다시 일어나서 또 걸어가야 하잖아."

집회에서 전투가 벌어졌을 때 조성만의 모습은 평상시와 달랐다. 그는 두려움 없이 전경들과 싸우고 앞장섰다. 분노를 감추지 않고 그대로 드러내는 발언을 할 때는 몹시 흥분하기도 했다. 그녀가 집회 장소에서 보는 조성만의 모습은 두려움이라곤 없는 사람 같았다.

1988년 4월 26일, 조성만은 가톨릭청년문학연구회 회원 조호상과 결혼한 호주리의 신혼집을 방문했다. 낮엔 국회의원 선거에 출마한 제정구 후보를 도와 가민연 회원들과 함께 풍물을 했다.

둘 사이에 낳은 첫째 아기 '해방이'의 백일 축하를 하는 날이었다. 그는 이날 해방이를 위해 백일 옷을 선물했다. 조성만에게 호주리의 결혼은 뜻밖의 일이었다. 그는 결혼 소식을 들었을 때 어이없다는 표정으로 말했다.

"이런 어린 것이! 대학 간다고 공부하던 녀석이 무슨 결혼이냐?"

그가 많은 관심을 기울인 후배가 자신의 꿈을 포기하는 건 아닐까 하는 우려에서 나온 말이었다. 그때 호주리는 스물세 살이었다.

결혼식은 1987년 6월 25일에 열렸다. 6월항쟁 기간이라 거리에 최루탄이 난무했다. 조성만은 시위를 하던 도중에 예식장을 찾았다. 주로 명청 문화위원회 회원들이 하객들이라 예식장인 성당은 최루탄 냄새로 가득했다. 최루탄이 익숙지 않은 하객들이 곳곳에서 입을 막고 기침을 쿨럭거렸다. 사회자도, 주례를 맡은 사람도 끊이지 않는 기침소리와 함께 결혼식을 진행했다.

조성만이 선물한 옷은 파란색 상하의였다. 선물이라며 건네주는 조성만의 표정이 어두웠다. 그를 오랜만에 만난 호주리는 그가 예전 모습 같지 않다는 생각이 들었다. 말보다 먼저 씩 웃는 미소가 인상적이었던 그 조성만이 아니었다. 그것이 마음에 걸렸다.

조성만은 김청숙에게 시집을 건네주었다. 신경림 시인의 《남한강》이었다. 조성만은 그동안 부회장인 그녀를 어렵게 한 일이 많은 것 같아 미안한 생각이 들었다. 김청숙은 시집을 펼쳐보았다. 시집의 여백 페이지에 조성만의 글이 적혀 있었다.

> 오늘도 철원평야 엉겅퀴는 통일조국 염원하며 씨를 뿌리고 있습니다.

김청숙은 그가 떠난 후 그 문구의 뜻을 헤아렸다. 조성만 그가 바로 그 엉겅퀴라고 생각했다.

조성만은 가민연 회원들을 한 사람씩 만나며 선물을 건네주고 있었다. 한번은 가민연 후배가 그의 시계를 보고 말했다.

"형, 좋은 시계 찼네. 너무 멋있어요."

"맘에 들지?"

조성만은 그 자리에서 스스럼없이 시계를 끌러 후배의 손목에 채워주었다.

"이 시계는 니가 주인이다."

그는 사촌누나에게 사진기를 빌려 사랑하는 친구들과 자신이 살고 있는 공간을 찾아다녔다. 함께 자취하는 김경곤과도 사진을 찍었다. 김경곤은 사진 찍기를 몹시 싫어해서 한참 성화를 부린 후에야 찍을 수 있었다.

꽃으로 둘러싸인 학교 교정과 강의실, 자취방으로 가는 골목, 명동성당 들머리와 명동의 풍경들이 그의 뷰파인더 속으로 들어왔다.

돌아올 수 없는 먼 길을 떠나려는 자가 고향에 들르듯 그는 냉정하고 무관심한 도시 골목 사이를 누비면서, 한때 자신의 손때가 묻은 곳들을 만지며 걷고, 또 걸었다. 때론 집에서 성당까지 터벅터벅 걸어갈 때도 있었다. 그렇게 걷다 보면 어느 순간 한강 다리 위에 서 있었고 밤하늘엔 몇 개의 별들이 반짝였다. 그는 윤동주의 시를 떠올렸다.

별을 노래하는 마음으로 모든 죽어가는 것들을 사랑해야지
그리고 나에게 주어진 길을 걸어가야겠다
오늘 밤에도 별이 바람에 스치운다

벗이여 해방이 온다

1988년 4월 중순. 13대 총선이 끝나갈 즈음, 명동성당에서 집회가 열렸다. '파쇼 민정당 패퇴'를 위한 집회였다. 집회가 열리기 전 조성만은 성당 인근을 서성거리며 집회장으로 들어갈 수 있는 입구를 찾았다. 명동성당 들머리는 전경들이 가로막고 있었다. 입구를 찾지 못한 상황에서 그는 같은 과 친구 신건승을 우연히 발견했다. 화학과 동기이면서 자연대 서클 친구인 신건승과는 오랜만의 만남이었다. 신건승은 학교를 나와 신길동에서 쌀집 점원으로 일하고 있었다. 신건승도 경찰의 원천봉쇄로 성당에 들어가지 못하고 서성이던 중이었다.

"건승아, 그만 헤매도 될 것 같다. 여기 지리는 내가 잘 아는데 작은 개구멍까지 다 막혀 있어."

두 사람은 명동성당 진입을 포기하는 것으로 결론을 내렸다. 그런데 얘기를 하는 조성만의 눈빛이 자꾸 알 수 없는 곳으로 향했다. 이상한 눈빛이었다. 눈빛이 되돌아온 조성만이 말했다.

"성당 가는 길은 철저하게 막혀 있지만 내가 내일 길을 열 거야."

뜬금없는 말에 이어 조성만이 아쉬운 표정을 지었다.

"우리 근처에 가서 얘길 좀 더 나눌래?"

신건승이 곤란한 표정을 지었다.

"미안하다. 오늘은 어려울 것 같아. 내가 다른 약속이 있어서."

그런데 시간을 내주길 바라는 조성만의 표정이 간절했다. 무표정한 듯하면서 눈빛이 광기에 사로잡혀 있는 듯했다. 신건승은 약속 장소로 떠났다. 그와 헤어져 걸어갈 때 자꾸 조성만의 눈빛이 따라오는 것 같았다. 이상하게 강렬한 표정이었다. 그는 이날 종일 불길한 느낌에 사로잡혔다.

다음 날 께름칙한 기분을 떨쳐낼 수 없었던 신건승은 종일 학교 주변을 돌아다니며 조성만을 찾았다. 신건승은 죽기 전날 만난 김세진이 떠올랐다. 그때와 느낌이 비슷했다. 무서운 직감이 그를 괴롭혔다. 그는 만나는 사람마다 조성만에 대해 물었다.

"정철아, 성만이 어디 있는 줄 알아?"

"미리야, 성만이 보지 못했어?"

강의실을 돌아다녔지만 조성만을 찾을 수 없었다. 1988년 5월 15일, 화학과 학생이 죽었다는 소식이 알려졌을 때 많은 학생들이 신건승일 거라고 추측하고 그를 찾아다녔다. 신건승은 쌀집에서 전화를 받았다. 이름을 알 수 없는 서울대 학생이 할복 투신했다는 소식이 전화선을 타고 들려왔다. 전화를 받는 순간, 그는 조성만이라는 것을 알고 있었다.

서울대에서 '오월 관악제'가 열렸다. 조성만은 여덟 명가량의 명동성당 회원들을 관악제에 초대했다. 그는 후배들과 함께 교정을 거닐며 학교를 안내했다. 총학생회관 앞 잔디밭에 있는 김세진·이재호 추모비를 지날 때 그는 혼잣말하듯 중얼거렸다.
"세진이는 여자같이 생기고 목소리도 독특해. 참 좋은 사람이야. (중략) 그런데 세진이를 만날 수가 없어. 내가 죽어야만 볼 수 있겠지."

김세진·이재호의 추모비는 1988년 5월 10일 제막식을 했다. 지난 4월 28일엔 2주기 추모식을 열었다. 그날 그는 5천여 명의 학생들과 함께 아크로폴리스 광장에 있었다. 추모비를 세운 다음 날 조성만은 일기에 적었다.

어제 학교에서는 아크로폴리스 옆에 세진과 재호의 추모비가 학형들 손에 의해 자리를 잡아가고 있었다. 점차 시간이 흐를수록 부끄럽게 살아가고 있는 나 자신에게 더욱 또렷이 드러나는 것은 하나의 죽음을 넘어가는 긴 장례 행렬의 끈질긴 여운인가?
오늘도 역사는 발버둥치는 한 인간을 잠 못 이루게 하고, 내일은 무수한 쳇바퀴 속에서 가혹한 채찍을 휘두르고 많은 시간을 고민하게 하겠지.

일기를 쓴 조성만은 김세진 추모가인 〈벗이여 해방이 온다〉를 조용히 불렀다. 1986년 4월 28일 김세진·이재호의 분신 소식을 듣고 서울대 노래 동아리인 '메아리' 출신의 이성지(본명

이창학)가 만든 곡이다. 노래가 알려진 후 이 곡은 금세 학생들의 애창곡이 되었고, 대표적인 민중가요로 남게 된다.

> 그날은 오리라, 자유의 넋으로 살아
> 벗이여 고이 가소서, 그대 뒤를 따르리니.
> 그날은 오리라, 해방으로 물결 춤추는
> 벗이여 고이 가소서, 투쟁으로 함께하리니.
> 그대 타는 불길로, 그대 노여움으로
> 반역의 어두움 뒤집어 새날 새날을 여는구나.
> 그날은 오리라, 가자 이제 생명을 걸고.
> 벗이여 새날이 온다, 벗이여 해방이 온다.

그날 축제 행사 중 하나인 모의 대통령선거가 열렸다. 후배들과 관람하면서 그가 혼잣말하듯 말했다.

"올해 오월도 그냥 행사처럼 지나가버리진 않을까?"

"누군가 또 죽어야만 광주의 원혼들을 조금이라도 달랠 수 있는 상황이 만들어질까?"

교정 안내를 마친 조성만은 후배들을 데리고 녹두거리의 주점을 찾아가 함께 술을 마셨다. 그리고 후배들을 자신의 집으로 초대했다. 봉천동 자취방은 가파른 판자촌 골목길을 한참 동안 올라가야 있었다. 계단을 타고 언덕배기 끝에 다다라서야 그의 자취방이 보였다. 한번은 어머니 김복성이 처음으로 아들의 자취방에 와보고는 이렇게 말했다.

"서울은 다 좋은 덴 줄 알았는디 이런 꼭대기서도 산다잉."

그의 방은 2층에 있었다. 세 개의 방 중 그가 쓰는 방은 한 칸이었다. 살림은 초라하리만치 단출했다. 문을 열면 맞은편에 작은 창문이 나 있고, 가구라곤 옷걸이 하나와 책상 하나가 전부였다. 책상 위엔 몇 권의 책이 작은 책꽂이에 꽂혀 있고 성경책 한 권이 정돈된 채로 놓여 있었다. 그리고 몇 개의 사진 액자가 있었다. 옷은 깨끗하게 다려진 채 옷걸이에 걸려 있었다. 이불은 벽 한쪽에 가지런하게 개켜진 채 놓여 있었다. 책상 아래에도 작은 책꽂이가 있었다. 이 책꽂이의 책들도 흐트러짐 없이 가지런하게 꽂혀 있었다. 그리고 앨범 한 개가 꽂혀 있었다. 매일 닦는지 먼지 하나 없이 깨끗했다. 후배들은 앨범을 펼쳐 구경했다.

앨범 첫 페이지엔 나중에 영정사진으로 쓰인 사진이 있었다. 복학하면서 찍은 사진이었다. 조성만은 자신의 영정사진이 될 수 있게 미리 그 사진을 첫 장에 끼워 넣은 것이다.

창문 바깥으로 부엌이 있었다. 부엌살림도 단출했다. 요리할 때 쓰는 버너 한 개와 냄비 한 개, 밥 그릇 두 개, 숟가락과 젓가락이 전부였다. 박민정은 그가 버너인 블루스타로 요리를 해 먹는다는 생각에 마음이 좋지 않았다. 야외용으로 쓰는 블루스타는 당시 자취생들의 필수품이었다. 그렇다 해도 야외용인 블루스타를 집에서 사용한다는 것이 언짢았다. 비좁은 자취방에 대여섯 명의 후배가 함께 누워 잠들었다. 회원들은 불을 끄고 누워 얘기를 나누었다. 새벽이 되어도 이야기꽃은 시들 줄을 몰랐다. 누군가 말했다.

"빨리 빨리 잡시다."

시간이 흘러 한두 명씩 잠이 들었다. 박민정은 잠이 오지 않았다. 뒤척이다 일어난 그녀는 화장실에 갔다. 그런데 다시 돌아와보니 곽순정이 잠결에 자신이 누웠던 자리에서 자고 있었다. 별수 없이 빈자리에 누웠는데, 조성만의 옆자리였다. 그녀는 속으로 생각했다.

'세상에, 내가 형의 옆자리에서 잠을 자다니.'

가슴이 두근거려 잠이 오지 않았다. 시간이 한참 흘렀다. 조성만은 옆에 박민정이 누운 걸 알고 있었다. 그는 그녀를 위해 기도했다. 기도를 마친 그는 가만히 자신의 손을 움직여 그녀의 손 위에 포개었다. 세상에서 마지막으로 잡는 인간의 손이었다.

박민정은 너무 놀라 그만 벌떡 일어날 뻔했다. 좋아하는 마음을 들킨 것 같아 순식간에 얼굴이 달아올랐다. 너무도 가만히 손을 잡았지만 뜨거운 것에 덴 것처럼 자신의 손도 뜨거워졌다. 긴장해서 움직일 수도 없었다. 숨도 제대로 쉴 수 없었다. 혹시 깨어 있다는 걸 들킬까 봐 죽은 사람처럼 가만히 누워 있을 수밖에 없었다. 가슴이 두방망이질했지만 다행히 손은 떨지 않았다. 그녀는 속으로 생각했다.

'형도 나를 좋아하는 걸까? 내가 자고 있다고 생각해 손을 잡은 거겠지? 그럼 나는 자고 있는 거야. 나는 잠들어 있는 거야.'

한참 동안 시간이 흘러도 조성만은 손을 놓지 않았다. 그녀는 또 생각했다.

'도대체 이 손을 언제 빼야 하는 걸까? 내가 모르는 체 뒤척이며 손을 빼야 하는 걸까? 어떻게 해야 되는 거지?'

그 순간 조성만은 갑자기 박민정의 손을 꽉 잡았다. 어둠 속에서 한 청년의 눈시울이 뜨겁게 젖어가고 있었다.

자신의 손은 시체처럼 차가웠지만, 한 인간의 손은 너무도 따뜻했다. 너무도 간절히 바라던 따뜻한 온기였다. 목이 메고 서러움이 밀려왔다. 아무리 참으려 해도 눈물이 눈꺼풀을 밀고 주르륵 흘러내렸다. 언제 잠들었는지 알 수 없었다. 두 사람은 손을 잡은 채 잠들었다.

다음 날 아침, 잠에서 깬 박민정은 조성만의 얼굴을 볼 자신이 없었다. 어제 일이 거짓말 같았다. 그녀의 손이 아직도 온기로 따뜻했다. 용기를 내어 조성만의 얼굴을 살폈다. 그런데 그는 아무렇지도 않은 표정이었다. 자신을 대하는 말과 행동도 평상시와 다름없었다.

'아니, 어떻게 저렇게 아무렇지도 않을 수 있는 거지? 이건 뭐지? 혹시 나를 순정이 언니로 착각했나? 아무것도 아닌 일이었는데 내가 혼자 착각하고 있는 건가?'

별의별 생각이 다 들었다. 다양한 시나리오가 머릿속에서 오갔다. 박민정은 혼자 어색한 표정을 지었다. 조성만이 자신을 좋아하는 건지, 좋아하지 않는 건지 복잡한 생각에 빠져들었다.

회원들은 아침으로 떡국을 끓여 먹었다. 블루스타를 방으로 가져와 떡국을 끓여 먹으면서 박민정은 김이랑 몇 가지 반찬을 조성만의 자취방에 가져다줘야겠다고 생각했다.

죽기 열흘 전의 일이었다.

조성만은 세상을 떠나기 이틀 전, 서광석을 찾아갔다. 그가 가민연 회원과 결혼한 지 얼마 지나지 않았을 때였다. 서광석은 조성만의 전화를 받았다.

"광석 형, 나 좀 볼 수 있어?"

의아했다. 명동에서 본 지 얼마 지나지 않았는데 조성만이 그가 사는 동네까지 찾아오겠다고 했다. 두 사람은 상도동 성당 근처에 있는 생맥줏집에서 술을 마셨다. 조성만은 이날 대화에서 통일을 소재로 한 이야기를 주로 꺼냈다. 통일을 이루는 데 있어 미국의 영향과 그것을 어떻게 극복해야 할지를 서광석에게 묻기도 했다. 영화에 관한 얘기도 나누었다. 술자리의 분위기가 밝고 좋았다. 조성만은 평소보다 술을 많이 마셨다. 그러나 헤어질 땐 술을 마실 때와 달리 얼굴빛이 어두웠다. 서광석은 왠지 분위기가 무겁다는 생각이 들었다.

가난한 세상에 보내는 마지막 편지

1988년 5월 14일, 조성만은 가민연 회원들과 함께 '광주민중항쟁 계승 마구달리기' 행사를 준비했다. 행사 준비를 마친 후 판넬골목에서 술자리가 이어졌다. 술자리를 파할 때 조성만은 박민정에게 손을 내밀었다.

"민정아, 오늘 고생 많았어. 잘 들어가."

박민정은 오늘따라 왜 악수를 청하나 의아해하면서 조성만의 손을 잡았다. 조성만은 박민정과 악수를 한 후 회원들 한명 한명의 손을 잡으며 인사를 나눴다. 손을 잡는 그의 손에 힘이 들어가 있었다. 한 사람도 빠뜨리지 않고 모두와 악수한 후에야 조성만은 술에 취한 김경곤과 함께 자취방으로 향했다. 지하철역에서 내려 만취한 김경곤을 업고 언덕을 올라갔다. 오늘따라 김경곤의 몸이 무거웠다. 조성만은 언덕을 오르다 말고 멈추어 섰다. 경곤의 목소리가 갑자기 듣고 싶었다. 인간의 목소리가.

"경곤아!"

조성만의 등에 업혀 잠든 김경곤은 대답이 없었다.

"경곤아!"

"……"

조성만은 마치 김경곤이 사라지기라도 한 것처럼 서글픈 마음이 들었다.

"경곤아, 너한테 할 말이 있어. 형, 내일 떠난다. 아주 멀리 가. 하느님이 계신 곳으로 말이야. 형 먼저 갈 테니까 서운해하지 말고 나중에 만나면 반갑게 웃어줘야 돼. 징징거리면 정말 혼날 줄 알아라.

지금 뭐가 생각나는 줄 아니? 예수. 예수님이 십자가에 못 박히기 전에 제자들을 남겨두고 홀로 기도를 하잖아. 그때 뭐라고 하신 줄 알지? '아버지여, 아버지여. 할 수만 있다면 이 잔을 내게서 거두어주십시오.' 그때 심정을 알 것 같아. 난 예수를 따라갈 거야. 너 형 떠난다고 쩨쩨하게 울고불고하지 않을 거지? 신부가 돼서 내 몫까지 열심히 살아줘. 지금 너무 보고 싶은 사람들이 많다. 어머니, 아버지, 형, 동생, 문정현 신부님도 보고 싶고, 친구들, 가민연 식구들……."

조성만은 혼잣말을 하며 언덕을 올라 자췻방에 도착했다. 그는 이부자리를 펴고 김경곤을 눕혔다. 그리고 의자에 앉아 종이를 펼쳤다. 그는 먼저 신에게 기도를 했다. 기도를 마친 후 종이 위에 글을 써내려가기 시작했다. 여느 때처럼 먼저 편지지 맨 위에 십자가를 그렸다. 글을 쓰고 있을 때 잠이 깨었는지 김경곤의 목소리가 들려왔다.

"형, 왜 안 자요?"

조성만이 뒤돌아보며 말했다.

"응, 먼저 자. 정리할 게 있어서."

김경곤은 다시 잠이 들었다. 조성만은 가난한 세상에 보내는 마지막 편지를 또박또박 써내려갔다. 유서였다.

다음 날 아침, 눈을 뜬 조성만은 천장을 가만히 바라보았다. 잠에서 깬 김경곤은 그를 바라보았다. 조성만은 한참 동안 천장을 바라본 후 일어나 앉아 두 손으로 머리를 감싸 안았다. 두통을 느끼는 듯했다. 그런 후 자세를 고쳐 앉아 묵상기도를 했다. 김경곤은 그에게 무슨 고민이 있나 하는 생각이 들었다.

"형, 무슨 일 있어요?"

조성만은 대답하지 않았다. 김경곤은 그에게 무슨 말 못할 일이라도 있겠지 하는 생각에 더 묻지 않았다.

묵상기도를 마친 조성만은 옷을 입기 시작했다. 모두 새 옷이었다. 그의 모습은 마치 의식을 행하는 사제처럼 엄숙했다. 두 사람이 밖으로 나설 준비를 마쳤을 때 조성만이 말했다.

"경곤아, 먼저 나가서 기다리고 있어."

김경곤은 방을 나서며 문득 책상 위를 바라보았다. 종이가 놓여 있었다. 그것은 유서였다. 조성만은 김경곤이 나간 후 10분가량 무슨 일인가를 마치고 칼과 유서를 손에 들었다. 그는 손에 잡은 칼을 바라보았다. 칼날에 자신의 얼굴이 비쳤다.

방을 나섰을 때 햇살이 눈부셨다. 조성만은 눈을 깜박거렸다. 날씨가 좋았다. 집을 나선 조성만은 사촌누나 집에 들렀다. 얼마 전 빌린 카메라를 돌려주기 위해서였다. 카메라를 받은 사촌누나가 우연히 조성만의 주머니에서 칼을 발견했다.

"너 주머니에 왜 칼을 갖고 있어?"

당황한 조성만이 얼버무렸다.
"아, 사과 깎아 먹으려고."
그녀는 미심쩍은 생각이 들었지만 그 이상을 떠올릴 수는 없었다.
조성만과 김경곤은 봉천동 가파른 골목길을 내려갔다. 지하철을 향해 걸으며 김경곤이 물었다.
"형, 요즘 무슨 일 있어요?"
그들이 지나치는 골목길에 마을 사람들이 이삿짐을 내놓고 있었다.
"동네 사람들이 이사 가는 것을 보니 오늘은 참 좋은 날인가 보다."
엉뚱한 대답에 김경곤은 웃었다. 조성만도 함께 웃었다. 웃는 표정이 환했다.

높은 곳에 홀로 선 십자가

조성만과 김경곤은 2호선 지하철을 탔다. 지하철에 오르자 신문팔이들이 지나갔다. 조성만은 신문을 한 부 샀다. 〈한겨레〉 창간호였다. 이날은 자본과 권력으로부터 자유로운 독립 언론이 탄생하는 날이었다. 〈한겨레〉는 국민주 형식으로 6만여 명의 모금 후원을 받아 창간 자금을 마련했다. 세계 언론사에 전무후무한 일이었다. 신문을 받아든 조성만의 얼굴에는 감격이 어려 있었다.

충무로역에 도착했을 때 두 사람은 우연히 박민정을 발견했다. 박민정은 두 사람을 보고 뭔가를 들킨 듯한 표정을 지었다.

이날 아침잠에서 깬 박민정은 어머니가 김에 기름을 바르는 모습을 보았다. 그녀는 집을 나서면서 호일에 김을 감쌌다. 조성만에게 가져다줄 계획이었다. 지하철을 타고 명동으로 향하며 그녀는 어떻게 김을 전달해줄까 고민했다. 그런데 지하철에서 내렸을 때 거짓말처럼 조성만이 자기 앞에 서 있었다. 명동성당에 다니면서 이렇게 우연히 만난 적이 한 번도 없었다.

'세상에! 내가 여기서 성만 형을 만나다니. 오늘 날씨가 너무 좋더니 형을 만났구나.'

조성만은 언제나 파란색 작은 배낭을 메고 다녔다. 박민정은 지하철을 타고 오면서 그 배낭에 몰래 넣어줄 계획을 세웠다. 그런데 조성만은 오늘따라 배낭 없이 서 있었다.

'어머나, 오늘따라 왜 가방도 안 메고 왔지?'

두 사람과 명동성당을 향해 걸으며 박민정은 김을 건네줄 묘안을 궁리했다. 김경곤이 함께 있어서 김을 건네주기가 쉽지 않았다.

'미카엘(김경곤)은 왜 같이 와가지고 난리람.'

조성만이 입고 있던 군복 재킷인 야상엔 큰 주머니가 달려 있었다. 할 수 없이 그 주머니에 넣어야겠다는 생각을 하고 있을 때 갑자기 조성만이 외쳤다.

"야, 저기 건물에 불났어."

그들이 지나가던 골목 상점에서 불길이 치솟고 있었다. 불길을 바라보면서도 박민정은 어떤 순간에 김을 넣어줄까 하는 생각에만 사로잡혀 있었다. 세 사람은 명동성당의 가민연 연습실에 도착했다. 연습실에서 김경곤과 박민정은 농민복으로 갈아입었다. 그런데 조성만은 옷을 갈아입지 않았다. 박민정은 김을 넣어줄 기회를 또 놓치고 있었다.

'왜 옷을 갈아입지 않지? 김을 넣어줘야 되는데.'

기회는 끝내 오지 않았다. 조성만이 야상을 벗어두면 넣어줄 계획이었는데 그는 다른 일을 하며 옷 벗을 생각을 하지 않았다. 결국 그녀는 먼저 밖으로 나섰다. 만약 그녀가 김을 넣어주는 데 성공했다면 야상 주머니 속에 있는 유서와 칼을 발견했을 것이다. 박민정은 나중에 생각했다.

'내가 그날 형의 죽음을 막을 수도 있었는데……'

조성만은 연습실을 나와 가톨릭회관 건물로 향했다. 가톨릭회관에서는 박계동, 여익구를 비롯한 수배자들이 피신하고 있었다. 수배자들은 수배 해제를 요구하며 농성을 벌이고 있었다. 그는 복사실에서 일여덟 장가량의 유서를 복사했다.

복사를 하고 회관에서 나오자 날카로운 햇빛이 눈을 찔렀다. 가톨릭회관 앞 들머리에서 민가협 어머니들이 '양심수 전원석방, 수배 전원해제' 집회를 열고 있었다.

가민연 회원들은 광주항쟁 8주년을 기념한 '마구달리기' 행사에 앞서 풍물을 치며 길놀이를 했다. 조성만이 길놀이를 이끌었다. 오늘 달리기는 명동성당을 출발해 동대문 방향으로 달려 반환점이 되는 한양공고에서 다시 성당으로 돌아오는 코스였다.

명동의 청년들은 점심을 먹고 성모동산에서 몸 풀기 준비운동을 했다. 농민춤과 해방춤을 추며 사기를 돋우었다. 회장인 조성만은 꽹과리를 쥐고 마지막 풍물을 쳤다. 곧이어 그는 준비운동을 주도했다. '마구달리기' 행사는 오후 3시에 시작할 예정이었다. 전경들이 성당 들머리에 도열해 행사를 막고 있었다. 전경들 앞에서 민가협 어머니들이 집회를 열고 있었다. 이때 조성만은 확성기를 들고 사람들 사이를 조용히 빠져나갔다. 그 모습을 본 사람은 아무도 없었다.

전체 인원을 이끌 선도차량이 성당의 내리막길이 시작되는 수위실 옆에 섰다. 선도차량에는 명청 지도신부인 김민수와 명청 회장 최효성이 타고 있었다. 차량 뒤편에서는 행사에 참여하는 청년들과 시민들 2백 명가량이 줄을 맞추며 출발 신호가 울리기를 기다리고 있었다.

조성만은 옥상에 올라서서 세상을 바라보았다. 하늘은 푸르렀다. 도시의 건물들 사이로 사람들이 저마다 제 갈 길을 가고 있었다. 어디선가 한 여성의 애절한 목소리가 들려왔다.

"시민 여러분, 제발 나와주세요. 여러분이 나오지 않으면 우리는 모두 다 죽습니다. 제발 나와주십시오."

1980년 5월 26일 밤 광주 시내에서 들리던 소리였다. 그리고 십자가에 못 박혀 피를 흘리는 예수의 모습이 보였다.

그가 할복 투신하기 위해 선택한 자리는 다른 곳이 아닌 명동성당이었다. 반독재 투쟁의 불꽃이 타오르던 대학 교정도, 거리도 아닌 성당이었다. 왜 그는 성당을 이 땅에서 자신의 마지막 장소로 선택한 것일까? 한국 천주교의 상징, 민주화의 성지로 불리는 명동성당. 그곳은 그가 6월항쟁 때 이상적인 미래 공동체 사회를 발견한 곳이었다.

명동성당은 민주화의 성지라 불리었지만 그에겐 보수적인 가톨릭 신앙의 중심 공간이었다. 그곳에 그가 찾던 예수는 없었다. 그가 '허공에 뜬 교회'라 이른 곳은 다름 아닌 명동성당이었다. 명동성당을 주목하는 한국의 가톨릭 청년들과 신도들, 그리고 시민들과 민중들을 향하여 그는 투신을 준비했다. 가톨릭노동청년회의 창립자 까르딘 신부처럼 그는 민중 속으로 몸을 던질 생각이었다. 그의 죽음은 입으로는 예수를 말하면서도 예수를 세 번 배신한 유다의 길을 걷는 천주교인들에게, 입으로는 민주주의를 외치면서도 속으론 제 잇속만 채우는 이들에게 온몸으로 바치는 외침이었다. 그것은 죽음이 아니라 하나의 저항이었다.

그는 확성기를 들었다. 청년들이 몸을 풀고 출발을 준비하고 있을 때 갑자기 공중에서 사이렌 소리가 들려왔다. 선도차량이 출발하려는 찰나였다.

"왜애앵……."

사이렌 소리가 길게 울렸다.

"왜애앵……."

사람들은 소리가 나는 쪽으로 고개를 들었다. 흰 옷을 입은 한 남자가 높은 곳에 홀로 서 있었다. 십자가 같았다.

자살인가, 순교인가

1988년 5월 16일 새벽 2시.

최효성은 준비위원회 회의에 참여하기 위해 명동성당으로 향했다. 성당에서는 오후 7시 무렵 임시대책위원회를 꾸렸다. 새벽 2시엔 조성만열사민주국민장 준비위원회가 만들어졌다. 백병원을 찾아온 청년들과 시민들은 사체 탈취 위협에 대비해 규찰대를 조직했다. 서울대, 고려대 학생들과 명청 회원들, 시민들, 민가협 회원들 2백 명가량이 규찰대에 참여했다.

명동성당에서 서울지역총학생회연합(서총련), 민주통일민중운동연합(민통련) 등의 재야단체 대표자들이 모여 회의를 열었다. 대책위원회 대표는 문익환 목사와 최효성으로 결정되었다. 최효성은 상주로서 호상을 맡았다.

회의를 통해 장례는 민주 국민장으로, 영결식장은 서울대로 결정했다. 대책위원회 회의에서 통일민주당과 평민당을 참여시킬 것인가에 대한 논의가 있었다. 두 야당은 적극적으로 대책위원회에 참여하길 원했다. 논의 끝에 야당을 제외시키는 것으로 결론을 내렸다.

준비위원회는 장례위원회로 명칭을 변경하고 본격적인 장례 절차에 들어갔다. 같은 시각. 백병원에서 한바탕 소동이 벌어졌다. 전경들이 곧 시신을 탈취할 계획이라는 제보가 들어왔다. 바깥에서 병원을 지키는 규찰대들이 긴장하고 전열을 가다듬었다. 언제 전경들이 쳐들어올지 모르는 공포감 속에서 시간이 흘렀다.

16일 새벽. 최효성이 회의를 마치고 나왔을 때 명동성당에서는 놀라운 일이 벌어지고 있었다. 성당 안에서는 소식을 듣고 달려온 시민과 학생 수백 명이 밤을 새우며 어둠 속에서 무슨 일인가를 하고 있었다. 뚝딱뚝딱 끊이지 않는 망치소리가 들렸고 사람들이 부지런히 주고받는 목소리가 들렸다.

그는 눈을 가늘게 뜨고 사람들의 움직임을 살펴보았다. 성당 한편에선 장례에 사용할 걸개그림을 그리고 있고, 한편에서는 풍물 연습을 하고 있으며, 또 한편에서는 만장을 만들며 구슬땀을 흘리고 있었다. 순식간에 사람들이 역할을 나누어 자발적으로 손길을 모으고 있는 광경이었다. 그들은 누가 불러서 온 사람들이 아니었다. 한 사람 한 사람 모두 제 발로 직접 찾아온 상주들 같았다. 벌써 수십 개의 만장이 완성되어 있었다. 그는 감격에 젖어 그 풍경을 한참 동안 바라보았다. 그 풍경은 시민들의 자발적인 움직임이 만들어낸 것이었다.

최효성은 명동성당 수석보좌 신부인 이기정 신부에게 전화를 했다.

"신부님, 성만이 데리고 성당 영안실로 가겠습니다."

이기정 신부는 명청의 사무실 문을 못질하고 폐쇄한 사람이었다. 그는 한때 민주화운동을 하던 신학생이었지만 이탈리아에서 유학을 마치고 돌아온 후 보수적으로 바뀐 사람이었다.

"못 들어와. 너희가 들어오면 난 드러눕겠다. 나를 밟고 지나가라."

최효성이 대답했다.

"네, 신부님이 누워 계셔도 저는 가겠습니다."

자신을 밟고 가겠다는 뜻이었다. 이기정 신부는 할 말을 잃었다.

"기다리십시오. 저희는 올라가겠습니다."

최효성은 사사건건 이기정 신부와 부딪쳤다. 하는 일마다 가로막는 신부 앞에서 그도 자제력을 종종 잃었다. 그는 신부의 권위를 인정해줄 수 없었다. 신부들의 입장에서도 신부의 권위가 절대적으로 인정되는 교계에서 명청의 청년들은 상대하기 까다롭고 불손해 보였다.

통화를 마친 최효성은 이송 준비를 했다. 조성만은 백병원 구급차에 실려 호송되었다. 백병원에서 명동성당까지 도로를 막고 장엄한 인간 띠가 만들어졌다. 인간 띠 사이를 지나 조성만은 명동성당 문화관 영안실에 안치되었다. 엄청난 인파와 함께 올라오는 조성만을 성당에서 막을 도리가 없었다.

명동성당으로 옮긴 후부터 참배를 받기 시작했다. 명동성당 앞으로 사람들이 줄을 서서 참배했다. 시간이 지나도 인파는 줄지 않고 끝없이 밀려들었다. 조성만의 가족과 명동성당 청년들이 참배객을 맞이했다. 계훈제, 문익환 목사 등이 다녀갔다.

참배객을 받기 시작한 첫째 날, 정치인 김대중과 김영삼이 백병원에 도착했다. 영안실에 들어서는 정치인들을 본 조카들이 김복성에게 말했다.

"고모, 김대중 씨랑 김영삼 씨가 여기 오셨어."

참배객을 맞이하던 김복성은 두 정치인의 이름을 듣자 정신이 번쩍 들었다.

"응? 누가 왔어? 어떤 놈이 왔어? 그려, 잘 왔다."

김복성은 갑자기 팔을 걷어붙였다. 조카들이 놀라 그녀를 자제시키려 했다. 하지만 말릴 수 없었다. 김복성은 두 정치인을 향해 달려들었다. 그들에게 삿대질을 하며 언성을 높였다.

"네 이놈! 네놈들이 성만이 죽였지! 우리 성만이 왜 죽였어!"

주변에 있던 보좌관들과 사람들이 깜짝 놀라 김복성을 제지했지만 그녀는 삿대질을 멈출 줄 몰랐다.

"네놈들이 왜 합당을 안 하고 성만일 죽여!"

대통령 선거에서 정치인들이 욕심을 부리는 바람에 민주화가 어려워졌다는 아들의 말이 떠오른 것이다. 김대중과 김영삼은 자식 잃은 부모의 비통한 심정 앞에서 뭐라 할 말이 없었다.

"어머니, 어머니."

조카들이 김복성을 말리자 두 정치인은 김복성의 어깨를 붙잡았다. 그녀는 정치인이 아니라 대통령, 대통령 할아버지라도 무서울 게 없었다. 평생 남들에게 욕 한 번 해본 적 없는 그녀라고 믿기 어려운 모습이었다. 그녀는 이번엔 그들의 멱살을 잡고 호통을 쳤다.

"이놈들아! 네놈들 서이(세 명이) 합당을 못허고 우리 성만일 왜 죽였어!"

그 말을 듣는 김대중의 눈가에 눈물이 고였다. 김대중은 눈물을 흘리며 그녀를 붙잡고 사죄했다.

"어머니, 죄송합니다. 어머니, 죄송합니다."

김대중은 김복성의 말이 맞는다고 생각했다. 그녀의 호통 앞에서 고개를 들 수가 없었다. 훗날 김대중은 사후 발간된 《김대중 자서전》에서 후보 단일화 실패에 대한 자신의 책임을 인정했다.

"선거가 끝나자 국민들은 큰 상실감에 빠졌다. 나는 진심으로 미안했다. 어찌 됐든 야권 후보 단일화에 실패했기 때문이다. 나라도 (김영삼 후보에게) 양보를 했어야 했다. 지난 일이지만 너무도 후회스럽다."

이날 밤 최효성은 명동성당 주임신부 정의채를 만나기 위해 사제관을 찾아갔다. 가장 중요한 문제를 해결하기 위해서였다. 장례미사에 관한 담판을 지어야 했다. 사제관에 도착했을 때 정의채 신부와 이기정, 김민수 보좌신부가 합석했다.

"장례미사를 해주셔야 합니다. 성만이는 명동의 신자입니다. 명동성당에서 장례를 치러야 해요."

정의채 신부가 단정적으로 대답했다.

"여기선 못 하네."

"왜죠?"

"걔는 자살했기 때문에 교회법에 어긋나네."

최효성은 신학적 근거로 도마 안중근의 예를 들며 반박했다.

"이 문제는 지금까지 신학적으로 논란이 되고 있는 문젭니다. 어느 것이 옳다고 말할 수 없습니다. 다만 성만이의 죽음은 자살로 보기보다 신앙고백으로 보는 것이 맞습니다. 미사를 집전해주십시오."

긴 논의 끝에 정의채 신부는 정식 미사가 아닌 사도예절 형식의 약식 미사를 해주는 것으로 결정했다. 정식 장례미사는 교계에서 받아들이기 어렵다는 것이었다. 어렵게 합의에 이른 것은 명동성당 바깥에서 미사를 보는 것에 양측이 동의했기 때문이다.

몇 년 후, 1979년 12·12사태 때 특전사 사령관으로 감금되었던 정명주 씨가 자살했다. 그는 명동성당 신자였다. 이때 명

명동성당 주임신부는 자살자인 그의 장례를 정식 미사로 집전했다. 조성만 때와 다른 결정이었다.

장례 기간 중 두세 차례 남산 쪽에서 매 한 마리가 날아왔다. 긴 날개를 펴며 명동성당에 다다른 매는 본당 첨탑의 십자가 위를 몇 바퀴 돈 후 날아갔다. 이를 본 성당의 오래된 신자들이 말했다.

"참 희한한 일입니다. 몇십 년 전에는 가끔 남산 쪽에서 매가 날아오곤 하다 발길이 끊긴 지 오래됐는데 매가 자꾸 날아오네요."

발인을 앞둔 전날, 김현순은 성당에서 나와 판넬골목을 걸어가고 있었다. 맞은편에서 어디서 본 듯한 녹색 야상 차림의 남자 하나가 걸어오고 있었다. 조성만이었다. 그는 슬픔이 가득 찬 얼굴로 성당을 향해 걸어가고 있었다. 무의식중에 김현순은 장례 일정으로 그도 피곤하고 허기졌을 거란 생각으로 말했다.

"성만아, 밥 먹고 가."

그 말을 들은 조성만이 그녀를 바라보며 대답했다.

"누나, 저 가야 해요."

"그래, 알았어."

조성만은 김현순을 지나쳐 성당을 향해 다시 걸음을 재촉했다. 김현순은 그를 보내고 길을 걷다 그만 얼어붙어버렸다. 헛것을 본 것인지 돌이켜 생각해보았지만 그녀가 만난 사람은 조성만이었다. 믿을 수 없는 일이었다.

약식 미사를 여는 것으로 합의한 후 장례 장소가 서울대 아크로폴리스에서 명동성당으로 바뀌었다. 명동성당 대성당 앞에서 정의채 신부의 집전으로 미사가 열렸다. 미사를 마친 운구차는 옛 서울고를 향해 떠났다. 전투경찰들이 관을 훔쳐 갈 수도 있다는 우려에 조재성이 영구차에 타고 이동했다.

서울고 운동장에서 장례식이 열렸다. 이날의 장례식은 두 정치인 김대중과 김영삼이 마지막으로 한자리에 앉은 행사였다. 장례를 치르고 서울고에서 빠져나온 운구는 노제 장소인 시청으로 향했다. 시청에 도착할 즈음이었다. 누군가 외쳤다.

"하늘을 보세요."

사람들이 고개를 들었다. 햇무리가 떠 있었다. 해 주변으로 동그란 원이 보였다. 성인의 표지 같았다. 운구 행렬이 멈춰 섰다. 사람들은 하늘을 보고 탄성을 질렀다. 시청은 추모 인파로 발 디딜 틈이 없었다. 30만 명에 이르는 시민이 나와 조성만의 마지막 길을 배웅했다.

운구차는 두 번째 노제 장소인 서울대로 향했다. 서울대에서 노제를 마친 운구차가 한 장소에 멈춰 섰다. 조성만의 친구 김세진과 이재호의 추모비 앞이었다. 추모비 앞에서 한동안 멈춰 있던 운구차가 다시 길을 떠났다. 서울대를 빠져나온 운구차는 고향인 전주로 향했다. 조찬배와 김복성은 노제를 마치고 실신했다. 두 사람이 눈을 떴을 때 톨게이트가 보였다. 조찬배가 운전사에게 물었다.

"여그 전주 톨게이트요?"

"아뇨, 광주 톨게이트입니다."

누군가 정신을 잃은 두 사람을 일부러 광주로 내려 보낸 것이다.

"기사 아저씨, 미안한데 전주로 갑시다."

기다리고 있는 전주 시민들에게 상주로서 인사를 드리지 않는 건 예의가 아니라고 생각했다. 전주에 도착하니 노제를 마치고 운구차가 광주로 출발하려는 참이었다. 노제에서는 조찬배 대신 큰아들 조재성이 인사말을 했다. 노제는 조성만이 세례를 받은 전주 중앙성당 앞 사거리에서 열렸다.

해성고에서의 장례식을 앞두고 전주교구에서 문정현 신부에게 장례미사를 하지 말라는 전갈이 왔다. 문 신부는 장례미사를 고집했다. 전주교구의 답변은 단호했다.

"정말 장례미사를 할 거면 사제복을 벗고 하시오."

문정현 신부는 그 말을 듣고 화가 치밀었다.

"그럼 옷 벗고 팬티만 입고 하래? 무슨 말을 그렇게 하냐? 죽은 자 앞에서 기도한다는데 옷을 벗고 기도하라고? 옷을 벗고 기도하면 내가 신부가 아니냐?"*

결국 장례미사 대신 사도예절 예식서에 있는 기도와 노제로

---

* 문정현, 〈제자였던 조성만 열사 '통일 숙제' 남기다〉, 〈한겨레〉 칼럼 '길을 찾아서', 2010. 7. 16. 참조.

대신했다.

운구차는 광주를 향해 출발했다. 광주에 도착하자 비가 내렸다. 마중 나온 시민들의 인파가 끝없이 이어졌다. 늦은 시간이었지만 시민들은 삼삼오오 모여 걷고 뛰며 망월동까지 함께했다. 명동성당을 출발한 후부터 이상하게 어떤 장소에 도착할 때마다 비가 내렸다. 하늘도 슬피 우는 것이라고 시민들은 말했다.

외롭지 않은 길이었다.

동생 조성환의 일기

그날 이후.

실감이 나지 않는다. 슬픔보다 원망스럽다는 생각이 많이 든다. 어머니 아버지가 슬퍼하고 힘들어하는 모습을 보면 형이 원망스럽다. 형이 데모를 하면서부터 우리 가정은 순탄치 않았다. 형은 우리 가정의 문제아였다. 구로구청 사건 이후 아버지는 형에게 용돈을 부치지 않았다. 어머니가 몰래 조금씩 용돈을 보내주었다.

형은 왜 하지 말라는 일을 자기 뜻대로만, 고집대로만 했을까? 왜 남아 있는 사람들만 힘들게 할까?

유서를 다시 읽어보지만 나는 공감할 수가 없다.

1988년 5월 30일

시골에서 한 성당의 주임신부님이 학교에 강사로 초빙되어 오셨다. '만남과 사랑'에 관한 이야기를 들려주셨다. 인간 사이의 만남은 모든 것이 이유가 있다. 신부님께서 말씀하셨다.

"로미오와 줄리엣. 이들은 열렬한 사랑의 만남이요, 예수와 유다의 만남은 배신의 만남이요, 카인과 아벨은 시기와 질투의 만남으로 결국 카인은 아벨을 살인하게 되었습니다."

그렇다. 모든 만남은 저마다 의미가 있다. 그러면 형과 나의 만남은 어떤 만남이었을까? 나에게 슬픔을 주고 떠나버린 형은 어떤 만남의 의미를 남겨준 것일까?

사랑의 만남일까, 배신의 만남일까? 형은 전생에 나의 원수였을까? 그래서 이렇게 나와 식구들에게 한이 맺히게 하는 것일까?

알 수가 없다. 정말 알 수가 없다. 왜 그렇게 떠나야만 했을까? 도무지 답을 찾을 수 없는 어려운 문제이다. 형의 뒤를 따르고 싶다. 그러나 나는 아는 게 없다. 그래서 공부하고 싶다. 형의 죽음을 이해하고 싶다.

형! 나를 곁에서 이끌어주길 바라. 언제까지나.

6월 16일

어떻게 해야 좋을지 모르겠다. 알 수가 없다. 세상의 모든 일을 포기하고, 나 자신의 존재까지도 포기하고, 삶에 아무런 이

익이 되지 않는 주입식 공부만 맹추처럼 해볼까? 그것도 쉽지 않을 거야. 도무지 삶의 리듬을 느낄 수가 없다. 나는 그저 삶의 비관 속에 머물러 있다. 이 암울한 시기가 새의 껍질이라면, 이 껍질을 깨고 푸른 공중 속으로 날아가고 싶다.

7월 3일
어제 성만이 형에게 다녀왔다. 형이 좋아하는 소주 한 병과 담배를 사들고 갔다. 형 앞에서 원망의 말을 쏟아놓았다. 묘역에 가면 형이 이렇게 말하는 것 같다.
'이놈, 성환아! 술 한잔 따라라.'
지금 내게 들리는 형의 음성은 이 한마디뿐이다. 자꾸만 떠오르는 형의 목소리. 이제는 다시 들을 수 없다. 나는 형의 존재를 느낄 수가 없다. 형이 그립다. 형의 존재를 느끼고 싶다. 먼 훗날 내가 형보다 더 많은 나이가 되고, 아버지의 나이가 되면 오늘 나의 모습이 어떻게 기억될까? 상상해보지만 도무지 떠오르지 않는다. 문득 성만 형이 아버지에게 했던 이야기가 떠오른다.
"아버님, 솔직히 말씀드리면 저보다 못 입고 못 먹고 사는 사람을 생각하면 다방에서 차 한잔 마시는 것도 목이 메어 넘어가지 않습니다."
언젠가 나에게도 비슷한 말을 했다.
"나는 커피숍에서 커피 한잔도 먹을 수가 없어. 노동자들이 하루에 받는 임금이 얼마인 줄 아니? 나는 노동자들을 생각하면 커피숍에 앉아 커피를 먹는 학생들을 이해할 수가 없어."

형의 말이 생각이 나 마음이 착잡해진다. 그땐 "무슨 소리 하고 있는 거야?" 하고 반발했지만 이제 조금은 이해할 수 있을 것 같다. 양담배 수입 문제로 세상이 시끄럽다. 농민들에게 어떤 영향을 미칠까? 양담배를 피우는 사람들을 모두 죽이고 싶다.

7월 27일

혼자 있을 때면 형이 너무 그립다. 그래서인지 성당을 기웃거린다. 하나의 장면이 떠오른다. 성만 형이 잔디밭 위를 걸어간다. 그을음과 연기가 그에게서 피어오른다. 형은 잔디밭을 지나 넓은 광장에 서 있다. 내가 부르면 언제라도 형이 내 앞에 당당한 모습으로 나타날 것 같다. 언제까지 이런 장면이 떠오를까? 지금 이 시각에도 떠오르는 형의 모습.

8월 3일

아침부터 정신이 제자리를 지키지 못하고 있다. 텅 빈 하루다. 나는 왜 광주에 가고 있는 것일까? 나도 모르겠다. 형이 보고 싶어서인 것 같다. 형 앞에 섰을 때 왈칵 눈물이 나왔다. 왜 그랬을까? 단지 형이 죽었기 때문일까? 서울에 가면 형을 만날 수 있을 것 같다. 어디서든 형이 나타날 것 같다.

6부 /
부활

묘소 앞의 화병에 시들지 않은 꽃이 놓여 있었다. 내가 도착하기 바로 전에 누군가 두고 간 꽃. 누구였을까?

이 모든 일들이 제발 잠시 꾸는 꿈이었으면 얼마나 좋을까? 이 꿈이 깨는 날 형과 함께 앉아 밤새도록 많은 얘기를 나누고 싶다. 영원히 날이 밝지 않는 깜깜한 시간 속에서.

8월 7일

성만 형이 '김일성대학'의 학생이 되었다는 소식을 들었다. 놀라운 얘기였다. 충격적이었다. 그 말을 듣는 순간 형이 왠지 자랑스러웠다. 통일이 되면 형은 한반도에서 가장 으뜸인 두 대학을 다닌 사람으로 남을 것이다.

언젠가 형이 들려준 얘기가 생각난다. 서울대 교문에서 찍은 사진을 보여줄 때였다. 사진 속의 교문은 ㄱ, ㅅ, ㄷ을 조합해 만든 것 같았다. 그때 형은 진지하게 나에게 말했다.

"성환아, 왜 ㄱ, ㅅ, ㄷ으로 교문을 만든 줄 아니? 공산당의 줄임말이야."

나는 픽 웃음이 나왔다. 그 말을 할 때 형이 공산당에 대한 애정을 지니고 있다는 것을 느낄 수 있었다.

8월 10일

성만 형은 통일을 가로막는다며 미군들을 싫어했다. 1985년 군대에 간 형을 면회한 적이 있다. 나는 미군 부대에 간다는 생각에 며칠 전부터 설레었다. 왠지 모를 동경 때문이었다. 전주에서 출발하던 날은 새로운 세계를 방문하는 기분으로 들떠 있었다. 면회소에서 형을 만났을 때 내가 말했다.

"이야, 형은 미국 사람들이랑 일해서 정말 좋겠다. 어때?"

그때 내 말을 들은 형의 표정이 순식간에 일그러졌다. 형은 달갑지 않다는 투로 거부감 섞인 대답을 했다. 형이 미군들을 싫어한다는 것을 그때 알았다. 형에 이어 나도 미군들과 함께 일했다. 나는 훈련소에서 차출되어 판문점에서 근무했다. 고참 중엔 형만큼 미군을 싫어하는 대학생이 있었다. 그가 투어를 온 여행객들을 안내한 적이 있는데 버스 안에서 한 말이 충격적이었다.

"미 제국주의자들의 압제의 산 장소인 JSA로 오신 것을 환영합니다."

그 고참은 다음 날 헌병대에 끌려갔다.

작은고모께서 다녀가셨다. 고모가 꿈 얘기를 들려주셨다. 그 말에 왠지 모르게 가슴이 뛰었다.

"엊그제 성만이 꿈을 꾸었는데, 아마 여기 시장에 있는 성당쯤 될 텐데 수많은 사람이 모여 있고 지나가는 사람마다 '성만이 뜻이 이제야 빛을 보는구나' 하면서, 웬 말 탄 사람이 태극기를 흔들고, 하늘에서는 별이 뒹굴어 다니더라. 굉장히 수선이었는데……."

곧 있을 8·15 남북학생회담이 잘돼야 할 텐데. 정부는 이번

학생회담을 막을 모양이다. 오늘은 왠지 형의 죽음이 거룩한 것같이 느껴진다.

8월 18일

공부에 싫증을 느낀다.

솔직히 말하자면 방학 후 제대로 공부한 날은 단 하루도 없다. 공부를 왜 해야 하는지 모르겠다. 모든 것이 다 싫다. 이것도 저것도 다 싫다. 나를 놔버렸다. 2학기 기말고사에서 백지를 냈다. 시험 봐서 뭐하나? 굳이 학교를 다니고 싶은 생각은 없다. 누가 뭐라든 상관하지 않겠다. 형이 떠난 후 제대로 수업을 들은 적이 없다. 창밖을 보거나 딴생각에 빠진다. 학교를 다니고 싶지 않다.

8월 28일

나에게는 형이 있다. 형을 위해 동생으로서 해야 할 일이 무엇인지 알 것 같다. 맞부딪쳐야 한다. 절름발이의 삶을 산다 할지라도 해야 한다. 소시민을 탈피하기 위해서, 그것을 항상 인식하기 위해서 형은 '소민'이라는 아호를 썼다. 이기적 삶이 아닌, 타인의 삶과 굶주린 자의 배를 내 육신으로라도 도울 수 있는 인간, 그런 인간이 되어야 한다.

한 끼 식사를 굶어 간절하게 이를 필요로 하는 사람을 대접하고 싶다.

12월 18일

우울한 하루였다. 오늘은 성만 형의 생일이었다. 우울증이 점점 더 심해지고 있다. 스스로 정신분열을 자초하고 있다. 차라리 정신분열로 돌아버렸으면, 그래버렸으면……

1990년 5월 15일

두 번 울었다.

성만이 형의 주검 앞에서 슬퍼서 울었다. 우리 민족이 불쌍해서 울었다. 왜 불쌍함을 느꼈는지 모르겠다. 이 땅에서 벌어지는 모든 것들이 나를 슬프게 한다. 쇠파이프와 군홧발 소리. 그저 바라만 보고 있는 나. 내 양심의 고동소리. 눈가에 얼룩진 눈물을 훔친다.

어느 수녀님이 두 손에 들고 있던 촛불이 떠오른다.

사랑 때문이다

어머니 김복성은 조성만이 죽기 일주일 전 아들의 전화를 받았다.

"주말에 내려갈게요. 얇은 바지랑 잠바랑 해서 여름옷 좀 준비해주세요."

전화를 받고 그녀는 아들의 여름옷을 개켜두고 기다렸다. 곧

집에 온다던 아이는 사라져버렸다. 마지막으로 엄마를 보고 올라가서 죽으려고 했던 것일까? 그런데 왜 일주일도 안 돼 사라진 것일까? 엄마 아빠도 안 보고 떠날 아이가 아니었다. 마지막으로 엄마를 보고 죽으려고 했을 텐데 무슨 이유가 있어 내려오지 못하고 죽은 것이라 생각했다. 장례 후에도 그녀는 일주일을 기다렸고, 오지 않으면 다시 일주일을 기다렸다.

김복성은 한동안 대문을 나서지 못했다. '자식 죽인 어미'라는 생각에 고개를 들 수 없었고, 대문을 나설 수 없었다. 마을 사람들이 말하는 소리가 들렸다.

"저 집은 자식이 데모하다가 죽은 집이라니께."

밖을 나서면 사람들이 모두 자신만 쳐다볼 것 같았다. 김복성은 한 달 동안 외출하지 않고 집에서 보냈다. 마치 아들이 태어났을 때처럼 대문 앞에 쌈줄을 쳐놓은 것 같았다. 김복성이 외출을 끊자 먹을거리가 떨어졌다. 조찬배가 타박했다.

"굶어 죽을라고 안 나가?"

"난 부끄러워서 못 나가요."

"그럼 굶어 죽을 거냐고! 애들 굶겨 죽일 작정인 거여?"

잠자리에 누워도 잠이 오지 않았다. 그녀는 등을 돌리고 혼자 울었다. 어느 날 고개를 돌려 조찬배를 바라보면 그도 반대편으로 고개를 돌리고 혼자 울고 있었다. 마을 사람들이 듣고 흉볼까 싶어 시원하게 소리 내어 울 수도 없었다. 조찬배가 출근한 뒤에는 그때라도 소리 내어 울고 싶었다. 하지만 울 곳이 없었다. 옆집에 들릴까 조심스러워 부엌 모퉁이 뒤로 들어갔다. 그곳에서 종이 박스에 고개를 집어넣은 후 입을 틀어막고 소리 내어 울었다. 그런 후에야 가슴이 씻기는 것 같았다. 박스 안에서 울다 초인종이 울리면 급히 눈물을 닦고 뛰어나갔다.

집 안에서 꼼짝하지 않고 한 달을 보낸 뒤에도 몇 달 동안 되도록 외출을 삼가면서 지냈다. 가끔 밖에 나서면 아들과 옷차림이 비슷한 젊은이가 지나갔고, 그럴 때면 그 사람이 사라질 때까지 바라보았다. 마을 사람들이 모이는 자리에서 아들 얘기가 나오면 불편해졌다. 그러다 보니 친구들이 하나씩 멀어졌다. 사람들이 오해하는 것은 비슷했다.

"빨갱이들이 꼬드겨서 애를 죽게 만들었제."

그런 말을 들은 날은 속이 상해 잠이 오지 않았다.

조찬배는 갈수록 퇴근 시간이 늦어졌다. 밤 12시가 넘어도 집에 오지 않는 날이 허다했다. 때론 새벽 늦은 시간이나 다음 날 해가 뜨기 전 새벽 찬이슬을 묻힌 채 귀가했다. 김복성은 남편이 왜 늦게 오는지 짐작하고 있으면서도 물었다.

"어딜 댕기고 인제 와요?"

"바람 좀 쐬고 왔어."

"여태까지요?"

"답답해서……. 한없이 걸었어. 한없이."

조찬배는 밤새워 아들의 흔적을 찾아 전주 시내를 걸어 다녔다. 걷다 지칠 때까지 걷고 또 걸었다. 천변을 따라 거닐다 익산까지 가서 되돌아온 적도 많았다.

동사무소 직원들은 혹시 자신들도 피해를 보지 않을까 하는 생각에 그를 멀리했다. 때론 대놓고 싫은 내색을 할 때도 있었다. 가깝게 지내던 동네 유지들이나 친척들도 그를 멀리했다. 어딜 가나 따돌림당하는 신세였다. 열사의 아버지라는 이유로 공직사회에서 겪은 고초는 셀 수 없이 많았다.

장례 후부터 누군가가 조찬배를 감시하고 있었다. 장례를 치른 지 얼마 지나지 않아 문익환 목사가 전주에 다녀갔을 때였다. 문 목사가 떠난 지 불과 10분도 되지 않아 동사무소로 낯선 전화가 왔다. 기관원은 문 목사가 무슨 목적으로 왔고, 무슨 얘기를 나눴는지 꼬치꼬치 캐물었다. 철창 없는 감옥 생활이었다.

몇 개월 후엔 기관원이 직접 집에 찾아왔다. 아들의 유서가 대필이라면서 필독 조회가 필요하다며 생전에 아들이 보낸 엽서를 가져갔다. 그들은 목숨을 걸고 위험천만한 행동을 했던 최효성이 조성만을 밀어뜨려 죽였다고 믿는 것 같았다.

조찬배는 유일한 취미였던 난초 키우는 일을 더 이상 하지 않았다. 그는 산을 다니며 난을 캐오거나 직접 번식시켜 화분 수를 늘렸다. 언젠가 휴가 나온 아들이 난초를 보며 말했다.

"아버지가 난을 키우니까 참 좋아요."

아버지와 아들은 난향에 취한 채 이런저런 얘기를 주고받곤 했다.

조찬배는 몇 해 전부터 그윽한 난향에 반해 난을 키우기 시작했다. 화단과 거실은 그가 돌보는 동양란으로 가득 찼다. 많을 땐 80개가량의 화분이 일제히 난향을 풍겼다. 난 하나가 더해지거나 빠져나갈 때 미묘한 향기의 변화가 느껴졌다. 그런데 이제는 난초를 보면 아들이 떠올랐다. 그는 난초를 향하던 손길을 끊고 더 이상 물을 주지 않았다. 조찬배가 돌보는 일을 잊으면서 난초는 하나씩 말라 죽어갔다. 그 후로 조찬배는 다시 난을 키우지 않았다.

집안 분위기는 갈수록 어두워졌다. 장례를 치른 지 한 달 후 조찬배는 해성고를 찾아갔다. 해성고는 조성만의 뒤를 이어 막내 조성환이 다니는 학교였다. 막내의 퇴학 통보를 받고 찾아간 것이다. 당시 조성환은 1학년이었다. 조성환과 조성만은 형제들 중 가장 우애가 두터운 사이였다. 조성환에게 둘째 형 조성만은 자랑스러운 형이고 우상 같은 존재였다.

다음 해 2학년 때는 조성만의 담임이었던 백무정이 그의 담임을 맡게 되었다. 백무정은 수업 시간에 멍하니 앉아 있는 조성환을 자주 목격했다. 보이지 않는 날도 잦았다. 한번은 백무정이 물어보았다.

"성환아, 어제 어디에 갔니?"

"형이 보고 싶어서 묘지에 갔어요."

"나한테 얘기하고 가지 그랬어."

조성환은 대답을 하지 못하고 백무정 앞에서 하염없이 눈물만 흘렸다.

"죄송해요. 형이 너무 보고 싶어요."

백무정도 눈물을 참을 수 없었다. 스승과 제자는 함께 울고 말았다.

조성환은 형의 죽음 이후 학교에 등교하지 않는 날이 많았다. 그는 책가방과 도시락을 들고 학교가 아닌 형을 찾아가고 있었다. 그는 광주 망월동 묘역에 하루 종일 머물다 왔다. 학교에 다니는 줄만 알고 있던 조찬배가 추궁했다.

"어떻게 된 일이여?"

"학교 고만두려고요. 성이 죽었는디 학교를 뭣하러 가요?"

"죽은 놈은 죽은 거고, 산 놈은 살아야제. 산 놈까정 이렇게 말썽이믄 되겄냐? 사회에 나갈라믄 고등학교 졸업장이라도 있어야 나가서 멀 해먹지 않겄냐?"

조찬배는 학교에서 교장을 만나 자초지종을 설명했다. 해성고의 모범생인 조성만을 잘 알고 있던 학교에선 퇴학 처분을 취소했다. 조찬배의 부탁으로 조성환은 2학년을 휴학하고 다음 해에 3학년으로 복학하기로 결정했다. 어느 날 큰형 조재성이 막내에게 말했다.

"성만이도 떠났는데 너까지 학교를 그만둔다고 하면 어떡해?"

조성환은 시무룩한 표정으로 형의 나무람을 들었다. 조재성이 말했다.

"학교 그만두면 뭐하려고? 뭐든 해야 될 거 아녀?"

조성환이 대답했다.

"형, 나는 그림 그리고 싶어."

조재성은 동생이 그림에 몰입하면 형을 떠나보낸 아픔을 조금이나마 잊을 수 있겠다는 생각이 들었다. 그는 김복성을 설득했다. 며칠 후 조성환이 어머니에게 부탁했다.

"엄마, 부탁이 하나 있어요. 하고 싶은 게 있는데……."

김복성은 짐짓 모르는 체 대답했다.

"그려, 말을 혀봐. 니 말은 다 들어주마."

"난 미대를 가고 싶어요. 복학할 때까정 서울로 미술학원 좀 보내주세요. 전주엔 못 있겠어요. 그러믄 가서 열심히 공부헐게요."

조찬배와 김복성은 아들의 뜻을 따라주었다. 조성환은 서울에서 미술학원을 다니며 그림을 그렸고 세월을 견디었다. 그 후 조성환은 홍익대 미대에 입학했다.

아들이 떠난 후 김복성은 5월이 되면 몸살을 앓는다. 의사는 그녀에게 화병이라고 진단했다.

매일 꿈을 꾸었다. 아들이 꿈에 나온 날은 좋은 일이 생겼다. 꿈에서 아들을 만나는 순간은 언제나 생시 같았다. 아들은 꿈속에서 같은 말을 되풀이했다.

"엄마, 배고파, 배고파."

김복성은 데모하느라 오죽 굶고 다녔을까 하는 생각에 목이 메었다. 그 말을 듣고 먹을 것을 식탁 위에 차려놓으면 아들이 부탁했다.

"엄마, 나 그거 좀 싸줘. 친구들 갖다줄랑께."

아들은 음식을 차릴 때마다 먹을거리를 싸달라고 부탁했다. 죽은 사람은 꿈에 나타나도 말을 하지 않는다는데 신기하게도 아들은 꼭 말을 걸어왔다. 지금도 꿈을 꾸면 반드시 말을 걸어온다.

"나 광주 망월동 가야 해."

"여긴 너무 평화로워. 여기서 할머니도 만났어. 정말 좋은 곳이에요."

그가 있는 곳엔 잔디풀이 무성했고, 들판 가득 들꽃이 피어 있었다. 한번은 조성만이 나타나 몸부림을 쳤다.

"엄마, 몸에서 자꾸 비린내가 나."

김복성이 아들에게 다가서자 비린내가 진동했다. 조성만은 울부짖었다.

"몸에서 자꾸 비린내가 나. 비린내가 나."

김복성은 다음 날 일어나자마자 절을 찾아가 기도했다. 그녀는 김현순에게 꿈 얘기를 들려줬다. 김현순이 말했다.

"혹시 성만이 옷 남은 거 있어요?"

김현순은 장례를 치른 후 김복성에게 건네준, 조성만이 마지막 날 입은 옷을 떠올렸다. 하관식을 할 때 경황이 없어 염하지 못하고 건네준 것이다. 김복성은 아들의 옷을 아직까지 간직하고 있었다.

"그 옷을 절에 가져가서 태우세요."

절에서 옷을 태운 후 그 꿈은 다시 반복되지 않았다.

김복성은 아들의 유서를 수백 번도 넘게 읽었다. 처음 읽을 때부터 아들의 생각과 주장에 모두 공감했다. 읽을수록 이해가 더 잘되었다. 그녀는 서울에서 살지 못한 것이 아쉬웠다.

'내가 서울에서 살았더라면 가까이서 지켜보믄서 니 활동을 이해해주고 많이 도와줬을 텐데……. 니가 원하는 거 할 수 있게 해줬을 텐데……. 내가 시골에 살아서 너를 못 도와줘서 미안허다.'

그녀는 아들의 활동을 함께해주지 못한 것이 후회로 남았다. 감옥에 있는 자식을 위해 헌신적으로 돕고 의지처가 되어주는 민가협 어머니들을 보면서 후회는 뼈저린 상처가 되곤 했다.

공무원 신분인 조찬배는 해마다 열리는 아들의 추모식에 참석할 수 없었다. 민가협 활동은 상상할 수도 없었다. 그가 퇴직할 때까지 김복성이 대신해 조성만의 삶을 살았다. 노동자며 학생이 죽었다는 소식이 들리면 만사 제치고 달려갔다. 열사들의 추도식도 빠짐없이 참여했다. 한 달 중 반은 집에 없었다.

1991년 분신 정국 때는 집이 그리울 정도였다. 고속버스를 타고 서울대학교로, 명동성당으로, 전국의 구치소로, 광주 망월동으로 뛰어다니는 그녀는 쉰 살의 가출소녀였다. 아들이 있는 망월동 묘지는 한 달에 한 번씩 찾아갔다. 최루탄을 뒤집어 쓰고, '운동권' 어머니들을 만나면서 시나브로 아들의 사랑과 외로움, 슬픔과 분노를 고스란히 이해할 수 있었다. 고속버스를 타면 도착할 때까지 눈물이 흘렀다. 그녀에겐 '눈물의 호남고속도로'였고 '눈물의 호남선'이었다. 가는 곳마다 성만이가 있었다.

'우리 성만이가 여그 왔을 텐디.'
'이 길을 걸어 댕겼을 텐디.'
'이 의자에 앉아 집에 내려왔을 텐디.'

버스에서 울고, 기차에서 울고, 지하철에서 울고, 길바닥에서 울고, 구호를 외치다 울고, 서서 울고, 앉아서 울고, 인도에 엎드려 울고, 자다가 울었다.

유가협(전국민주화운동유가족협의회)에서 만나는 어머니들도 '우는 어머니들'이었다. 자식이 감옥에 있어서 울고, 병원에 실려 가서 울고, 쇠파이프에 맞아 죽어서 울고, 죽은 날이 해마다 돌아오면 작정하고 울었다. 김복성은 울면서 생기를 되찾고, 울면서 군사정권과 싸울 힘을 얻었다.

전철을 어떻게 타야 할지도 모르던 가출소녀는 지하철 노선을 한눈에 보고 행선지를 찾아갈 수 있게 되었다. 김복성이 하고한 날 집을 비울 때마다 조찬배는 혼자서 밥을 해먹었다. 조찬배는 집을 비우는 아내를 막을 수 없었다.

김복성과 유가협 어머니들은 민가협 어머니들과 만나는 일이 많았다. 모두 한 식구였다. 자식들에게 무슨 일이 생기면 함께 감옥을 찾아갔다. 구치소의 '높은 어르신들' 차를 발견하면 손에 들고 있는 것들을 죄다 내던졌다. 욕하고, 두들기고, 악을 바락바락 써가며 길을 막았다. 무서운 것이 없는 어머니들과 다니다 보니 김복성도 겁 없는 가출소녀가 되어갔다. 10년 동안 '반은 미쳐서 돌아댕겼다'. 왜 반만 미치냐며 통째 미쳐 돌아댕기자는 어머니도 있었다.

아버지 조찬배는 공무원을 퇴직한 후에 그 역할을 이어받았다. 그는 1995년 은퇴한 후부터 유가협 활동을 하기 시작했다. 2001년과 2002년 유가협 회장을 맡았다. 조성만이 떠난 지 23년. 그는 현재 고향인 김제를 오가며 연꽃을 키우고 있다.

김복성과 조찬배는 아들의 유서 복사본을 장롱 서랍에 간직하고 있다. 유서는 조성만이 그토록 따르고자 했던 하느님에 대한 신앙고백이었고, 인간에 대한 사랑으로 쓴 마지막 연서였다.

✝ 성부와 성자와 성신의 이름으로 아멘
척박한 땅, 한반도에서 태어나 인간을 사랑하고자 했던 한 인간이 조국통일을 염원하며 이 글을 드립니다.

한반도의 통일은 그 어느 누구에 의해서도 막아져서는 안 됩니다.

조국이 분단된 지 어언 44년, 일제치하의 조국을 구하고자 자기의 삶을 버리고 싸워갔던 자랑스러운 독립군의 정신은, 인류를 자기 나라의 이익을 뽑아내는 장소로 여긴 미국에 의해서 땅에 묻힐 수밖에 없었으며 그 대리통치세력인 해방 후의 정권들(친미사대주의자인 이승만, 독립군을 때려잡던 일본육군사관학교의 후예들, 이들의 반민족적 행동은 결코 용서할 수 없는 역사를 가지고 있습니다)에 의해서 이 땅의 주인인 민중들은, 어느 한구석 성한 곳 없는 사회에서, 민족의 바람인 조국의 독립과 통일을 이야기만 해도 역적으로 몰리는 세상에서 삶을 뿌리 뽑힌 채 갈수록 비인간화되는 모습으로 치닫고 있습니다.

몇 년 전 혈육을 부여잡고 말을 잇지 못하는 이산가족의 모습은 이 땅의 현실이며 노동형제들, 농민들, 학생, 공무원, 경찰, 사병 등등 반쪽이 된 조국의 구성원들이 처해 있는 현실은 차마 양심을 지닌 인간을 편안케 하고 있지 못하는 상황입니다. 이 모든 모습의 원인은 바로 한반도를 본국의 이득을 위한 땅으로 여기는 미국과 그 대리통치세력인 군사정부에 일차적인 책임이 있다는 것은 외면할 수 없는 사실입니다.

올해 열리는 올림픽도 미국과 현 군사정부의 기득권 유지에 필요한 행사라는 것은 의심할 나위도 없으며, 올림픽을 통해 한반도를 영구분단화하려는 것은 이 민족의 가슴에 못을 박는 행위입니다. 민족 문제의 해결은 조국통일로써만 가능하다는 사실로 볼 때 한반도의 통일을 가로막는 미국과 군사정부의 반민족적 행위는 우리에 의해서 막아져야만 합니다.

한반도에서 미국은 축출되어야만 합니다.

한국 현대사에 있어서 미국의 등장은 차마 말로 표현할 수 없는 상황을 동반했습니다. 민족의 독립을 외쳤던 제주도민의 학살인 4·3, 한국전에서 보여준 미군의 우리 민족(북한과 남한을 포함하여)에 가했던 살상, 5·16의 지원, 저 잊을 수 없는 80년 광주학살 등 오직 제국의 이익을 위해 존재하는 미국의 모습은 이 땅을 단 한 발의 원폭으로 초토화시킬 수 있는 상황을 유발하고 있으며, 더 이상 우리 민족의 운명은 우리 손으로 조절할 수 없는 상황에 이르렀습니다. 민족 문제의 해결은 미국을 축출함으로써만 가능하다는 사실은 이제 더 이상 민족반역으로 여겨질 수 없습니다.

군사정부는 반드시 물러나야 합니다.

오직 정권욕에 가득 찬 현 군사정부는 이 땅의 현실을 은폐한 채 미국에 대한 사대적인 태도를 표명하며 정권유지에 혈안이 되어 있다는 사실은 더 이상 조국의 운명을 그네들 손에 맡길 수 없다는 판단을 낳고 있습니다. 더군다나 민족의 한인 광주학살을 주도한 현 군사정부, 자랑스런 조국 아메리카의 후예들!

다가오는 올림픽은 반드시 공동 개최되어야만 합니다.

분단고착화와 정권유지와의 타협에서 이루어질 올림픽은 어떠한 일이 있어도 남한과 북한이 같이 참여하여 민족화해와 민족통일을 이루는 기반이 되어야만 합니다. 우리는 한국전쟁 이후 서로

철천지원수가 되어 살아야만 하는 현실 속에서 같은 형제라는 낱말을 잊고 살아 왔습니다. 통일이 국시가 아니라 반공이 국시인 현실 속에서 국민학교 음악책에서는 〈우리의 소원은 통일〉이라는 노래가 없어지는 것을 목격해야만 했으며, 통일에 대하여 논의했다고 국가보안법이라는 족쇄가 채워지는 현실을 뜬눈으로 바라보아야 했습니다.

도대체 누가 반민족적이고 도대체 누가 애국하는 사람인지 구별하지 못하는 현실. 우리는 우선 아무 거리낌 없이 민족의 동질성을 찾아야 합니다. 그랬을 때만이 진정한 통일은 이루어질 수 있으며 한 민족이 함께 어우러지는 세상에서 평화를 맞이할 수 있을 것입니다.

분명한 사실은 현재 우리나라 사람 중에서 남북 공동 올림픽을 거부할 집단은 현 군사정부와 그 밑에서 민족을 팔아먹는 사람들 이외에는 없다는 사실입니다. 올림픽은 민족화해의 장이 되어야만 합니다. 이것을 바탕으로 찢어진 우리나라를 하나가 되게 해야 합니다.

진정한 언론자유의 활성화, 노동형제들의 민중생존권 싸움, 농민형제들의 뿌리 뽑힌 삶의 회복, 민족교육의 활성화 등등 이루 헤아릴 수 없는 무수한 문제를 쌓아놓고 있는 현실 속에서 지금 이 순간에도 무수한 우리의 형제들이 고통 받고 있다는 현실은 차분한 삶을 살아가고자 하는 인간에게 더 이상의 자책만을 계속하게 할 수는 없었으며, 기성세대에 대한 처절한 반항과, 우리 후손에게 자랑스러운 조국을 남겨주어야 한다는 의무감만을 깊게 간직하게 했습니다.

지금 이 순간에도 떠오른 아버님, 어머님 얼굴. 차마 떠날 수 없는 길을 떠나고자 하는 순간에 척박한 팔레스티나에 목수의 아들로 태어난 한 인간이 고행 전에 느낀 마음을 알 것도 같습니다.

분단조국 44년(1988년)

작가의 말 /

1980년대를 살아간 청춘들의 표식

형, 제가 성만 형이라 불러도 될까요? 사실 벌써 생전에 당신과 함께했던 이들을 만나면서 스스럼없이 당신을 '성만 형'이라 불렀어요. 생면부지의 존재들에게 태일이 형, 세욱이 형이라고 불렀듯이요. 우린 지난 2년을 함께했지요. 그런데 이젠 긴 만남을 마쳐야 할 시간이에요.

두 해 전, 형의 친구들이 저를 찾아왔어요. 형이 누구인지 궁금하다고 오히려 저에게 좀 알려달래요. 제가 하는 일이 숨어 있는 사람들을 찾아내 인터뷰하고 기록하는 일이거든요. 그런데 형은 제가 만날 수 없는 사람이었어요. 그래서 형의 가족과 지인들을 찾아 나섰지요.

어쩌면 이 책은 명동성당에서 형과 함께 청춘을 보낸 노순(베로니카) 님의 이름으로 나와야 할 책이었어요. '조성만 평전'은 노순 님의 희망이었으니까요. 그래서 형의 장례식 광경을 꼼꼼하게 기록했지만, 어느 날 그 글들을 가위로 모두 잘라내고 말았다죠. 노순 님은 형을 일러 하나의 '표식'이라고 했어요. 그 시절 명동성당을 드나들었던 사람들에게 남은 평생 지울 수 없는 표식이라고.

저는 형이 처음부터 멀게 느껴지지 않았어요. 무엇보다 형이 예수를 알고 싶어 했던 사람이라는 것이 동질감을 느끼게 했어요. 그런데 저는 예수를 너무 모르는 사람이고, 형은 예수에게 너무 가까이 다가간 사람이었어요.

당신을 찾아가는 여정에서 저는 예기치 못한 질문과 맞닥뜨려야 했어요. 23년 전 형의 친구들이 저에게 물었어요.

"성만이가 어떤 사람이라고 생각하세요?"

혹시나 이런 질문이 나올까 봐 조마조마했는데 종종 물어오곤 했지요. 제가 바보 같은 대답을 했던 것 같은데 뭐라 말했는지도 모르겠어요.

이런 질문을 한 분들은 한결같이 형이 밉고 용서할 수가 없었대요. 무슨 말인지 아시죠? 곁에 있던 한 존재가 사라져버린다는 것. 그것이 무언지 잘은 모르지만 그 말을 들었을 때 저는 노을 지는 서녘이 떠올랐어요. 해가 저물면서 갑자기 빠른 속도로 캄캄해지는 것, 바로 인생이요.

어두워진 사위를 보며 자신에게 무슨 일이 벌어졌는지, 왜 한 존재가 사라졌는지 도무지 이해할 수 없고 받아들이기 어려운 깊은 슬픔,

가없는 외로움. 누구도 대신해줄 수 없는 상처와 고름.

그다음 해가 떠올라야 하는데 그네들의 마음속은 아직 해가 진 뒤의 어둠 속에 그대로 있는 거예요. 다음 날도, 또 다음 날도 캄캄한 밤인 거죠. 그리고 그 어둠 속 너머에 형이 있는 거예요. 그 어둠 속을 걷고 또 걷고. 어느덧 23년이 지났지만 그네들은 이렇게 말했어요.

"성만이 그 자식, 나쁜 자식이에요."

저는 그 말을 듣고 그네들이 형을 얼마나 귀애(貴愛)했는지, 얼마나 소중한 존재로 간직하고 있는지 알게 되었어요. 지난 23년간 그네들은 형을 사랑하고, 또 미워하면서 조성만이라는 표식을 간직했어요.

1991년. 스무 살이 되던 해에 저는 조성만이라는 이름을 처음으로 듣게 되었답니다. 명동성당에서 할복 투신한 열사의 이름. 전 그때 그 죽음의 방식에 몸서리쳤죠. '할복'도 아니고, '투신'도 아니고, '할복 투신'이었어요. 피 냄새가 나는 그 단어를 통해 저는 조성만이라는 한 청년이 완전한 죽음의 방식을 '선택'한 것이라고 생각했죠. 생명의 한 올도 남기지 않고 온전하게 자신을 바친다는 것. 가슴이 아팠어요.

스무 살에 제가 만난 형들은 1980년대에 대학을 다녔어요. 저는 80년대 선배들에게 민주주의를 배웠어요. 때론 그들을 피해 다녔고 때론 그들의 말에 귀 기울였어요. 격앙돼 있는 그들의 목소리가 꺼려질 때가 많았어요. 80년대의 형들은 뭔가에 들려 있는 듯했거든요. 조용한 어린 시절을 지내온 저는 거침없이 금기어를 쏟아내는 그들에게 화가 날 때도 있었어요. 그들에게선 어떤 좋지 않은 냄새가 났어요.

이 책을 쓰면서 그 냄새가 김수영의 시 〈푸른 하늘을〉 가운데 "어째서 자유에는 피의 냄새가 섞여 있는가를"의 그 '피의 냄새'였는지도 모르겠다는 생각을 했어요. 그런 말도 있죠. "민주주의라는 나무는 피를 먹고 자란다." 그들은 민주주의의 도정에서 자신을 기꺼이 투신해 고통을 받아들였다는 것. 이 책을 쓰며 깨달은 것이죠. 그 냄새가 무슨 냄새였는지를…….

그 냄새를 기억하며 이 글을 썼어요. 저는 91학번. 1980년대와 1990년대 사이에서 학교를 다녔어요. 그 후의 세대들에게 80년대 청춘들의 삶과 사랑을 들려주고 싶었어요. 제가 맡은 적이 있는 그 냄새를 글로 남겨두고 싶었어요. 형을 만나는 동안 저는 80년대 청춘들의 삶을 좀 더 이해할 수 있게 되었어요.

몇 사람은 끝내 만나지 못했어요. 김경곤, 김청숙, 김진수…….

따라서 이 평전은 '미완성 평전'이 되었네요. 어쩌면 모든 평전이 미완성 평전일지도 모르죠. 애초부터 한 인간의 삶을 책 한 권에 다 담을 수는 없는 일이잖아요. 이제 와 돌이켜보니 제가 한 일은 당신의 그림자 하나를 묘사한 것뿐이라는 생각이 들어요.

짧은 생애를 젊은 '신부'로 살았던 이름, 조성만.

그래요. 이 책은 형이 그토록 이루고 싶었던 꿈인 한 신부의 삶에 관한 표식이에요. 그리고 1980년대를 살아간 청춘들의 표식이고요.

이제 잘 가요, 성만 형.

형의 그림자가 어렴풋한 새벽입니다.

'한 인간이 고행 전에 느낀 마음을 알 것도 같은' 새벽.

아니, 알 수 없는 새벽에.

2011년 4월

송기역

조성만이 남긴 일기

부활하는 韓半島

붉은 이 산천이 부른다
마지 못해 살아가는 노동의 현장
벼가 잘 익어도 잡초만 돋고 돋는 한반도의 피눈물
논두렁으로 살라고
아―
붉은 이 산천이 부른다
묶인 사슬 끊자고 너를 부르네
내 몸 내 혼을 부르네 꿈틀거리며 살아가는
아 부활하는 내 韓半島여

분단 44년(1988년) 3월 17일

―도준형 상희 누나와 결혼

오랜만에 치선이 훈구와 같이 건배를 했다. 세월은 변한다고 했던가? 고민이 많은 사람들. 시간이 해결해 주는 것인가?

훈구는 자신의 논리적인 기반에서 힘들어하는 것이고 치선이는 관념과 물질에 있어서 통일이란 단순한 절충이 아니라 한다. 복학을 하면서도 化學에서 자신을 오뚝 세우지 못하는 훈구는 작가 노신과 예수에 대해서 이야기하며 자기를 세우려 하는데 아직까지 삶이란 것들을 제대로 체화시키지 못하는구나. 잘 알지는 못하지만 일제 때 법관을 하다가 자신의 판결에 사람의 생명이 스러지는 것을 보고 머리를 깎았다는 효봉선사에 대해서 훈구는 무엇을 말하고자 함인가? 그냥 문제가 해결되었다고는 보지 않는데.

인간의 해방이란 개인적인 차원으로는 득도에밖에 이르지 않는다. 진정 사람을 사랑하는 것은 사회성 속에서 존재하는 것이며 이 속에서 사랑이란 말이 승화되어 그 말이 없어지는 것이리라.

치선, 훈구

건강하게 살아가길 바란다.

―김만곤 형과 사람들의 모습에서 공통적인 것을 발견한다면 삶의 폭이 넓어진다는 것이다.

우선은 반갑다. 단순한 일차적인 이원론으로 세상을 바라보는 면이 줄었으며 이 삶 안에서의 보다 폭넓은 모습을 키워 나가고자 하는 면이 우선 다가오면서도 이 한계를 어떻게 해결해 나갈 것인가 하는 면이 우려가 된다는 점은 나만의 기우일까?

文化 藝術적인 면에서 아까운 김만곤 형.

그러한 삶의 진실성이 잘 풀어지길 바란다.

―요즘 들어 자꾸 쌓이는 것들.

교회의 모습이다. 예수가 살아가는 삶에서 十字架의 의미가 현상 교회에서 제대로 재현이 되어야 함에도 불구하고 기독교가 세속화되면서 보여주는 모습들은 역사가 변해도 되풀이되는 모습들 속에서, 진정한 해방신학은 한반도에서 언제 어떻게 가능할 것인가!

경곤이와 참 意味의 신앙을 논하면서 괴로움만 쌓여 간다.

생각해 보니 91년 神학교에 발을 들여놓을 것 같다. 예상하면 부제서품이 97년에 가능한데 앞으로의 십년 과정을 어떻게 채우며 살아갈 것인가? 그 이후에는 걱정하지 않는다. 오직 이 땅에 존재하는 民과, 정말 딛고 일어서는 조국을 품에 안고 살아가리라. 아니 오히려 그러한 시간적 구분이 별로 중요한 것 같지는 않다. 중요한 것은 나의 삶이 현실에서 얼마나 충실하느냐가 문제가 아닐까? 韓半島가 통일되는 날…….

삶이란 너무 어렵다.

예수는 지금보다 바쁘지 않은 당시에, 급하다 하면서 집도 버리고 자식을 버리고 재산도 버리고 죽은 사람은 죽은 사람에게 맡기고 부지런히 쫓아오라고 했는데, 지금은 사람들이 너무나 많은 것에, 빨리 쫓아가지 못하는 상황(?) 잘 살자. 많은 것이 부족하다.

요즈음에는 왜 이렇게 지저분한 내가 되었는지 한탄스럽다. 나태하고 너무 관성적이다. 이러한 모습들이 내가 행하면서도 나에게 끼치는 더러운 모습들. 벗어나자. 정말 나 자신의 삶부터 충실해야 한다. 그렇지 않고서 내가 어떻게 참됨을 더러운 입으로 말할 수 있는가? 사람들을 만날 때 겁이 나는 것은 우선 나 자신의 결함 때문에 그러기도 한다.

애들에게 너무나 많은 것을 배운다. 세상은 스승이라는 것이 딱 들어맞는 것이 왜 요즈음에 더욱 절실하게 느껴지는 것인지. 이 고비를 벗어나지 않으면 쓰러질 것 같다. "내가 세상을 이겼다"는 말이 절실하게 다가오기 전에, 쓰러지는 나의 모습을 내 눈으로 차마 보지는 못할 것 같다.

하나 하나씩 정리해 가는 모습 속에서 삶의 충실성을 기하자.

―木河에 대하여

얼마 전에는 느끼지 못했는데 요즘 들어와 木河의 나를 대하는 태도가 이성으로 대하는 것 같아 어렵게 느껴진다. 아무래도 여자 애들이라 감수성이 예민해서 그런지 쉽게 다루질 못할 것 같다. 하나의 아픔이 제대로 성숙하게 될 수도 있으련만 木河가 그것을 제대로 해결할 수 있을지. 이런 것 때문에 신경이 쓰이리라곤 생각하지 못했는데 막상 닥치니 해결하기가 쉽지는 않구나. 우선 인간의 만남이 이루어져야 한다. 내가 생각하고 있는 모습은 '결혼'이라는 것을 생각하고 있지 않기에 부단히 굳세어져야 하는데 사람들은 너무 비인간적이라고 말하기도 한다. 영화 〈가시나무 새〉를 생각해 보면 神父의 독신이라는 것을 다루기도 하는데 결국은 神父의 독신이라는 것은 진정한 자세로 인간을 삶에서 만나며 생활하기 위한 그리스도교의 규율이리라. 독신으로 사는 만큼 그 외로움을 인간과 神을 통해서 채워야 하리라.

木河에게는 냉정한 모습을 견지해야 하겠다. 그러한 모습으로 진정 木河의 삶의 고민을 같이 해야 하겠지. 아직은 木河가 살아오면서 느꼈던 부모의 이혼이라는 것이 삶에 더 큰 외로움을 던져주는 것 같다.

꿋꿋하게 딛고 서서 해방된 참 인간의 모습으로 진전할 수 있기를…….

―學校생활에 대하여

化學으로 나의 삶을 결정하지는 않기에 폭넓은 철학과 사상을 내 삶으로 체화하여야 하기에 남은 삼 년 동안 많은 것들을 고민하며 배워야 한다. 철학, 문학, 예술, 신학 등등 많은 것들을 제대로 파악하며 내 것으로 만들어야 하기에 시간에 쫓길 것 같다. 글을 쓰는 것은 좀 시간적 여유를 두고 채워야 하겠다는 생각이다. 요즈음의 생각이 예술의 형식과 내용을 얼마나 충실하게 채워 나갈 수 있는가라는 데 있기에 부정적인 모습이 아니기 위해 더욱 더 성숙함이 필요하다.

단순한 펜 놀림이 되지 않기 위해서 많은 것들이 요구된다. 미칠 것 같은 세상에 쓰지 않고는 배기질 못하는 현실에 나의 몸을 담은 글이어야 하기에, 글이라기보다는 삶이라는 말이 적합하다. 더욱 많은 것들이 요구된다.

분단 44년 3월 18일

―清淑에 대하여

왠지 답답한 시간이었다. 그런 와중에 청숙에게서 들은 나 자신의 성실성 문제에 대한 이야기가 가슴 깊이 스며드는 것이 더욱 어렵게 만드는 것 같은데…….

단순한, 녀석의 말투는 아닌 것일진대 내가 이제까지 같이 생활해 오면서 녀석에게 너무나 많이 나의 개인적인 일을 하고 있는 것 같은 느낌을 준 것 같구나. 그렇지 않고서야 어떻게 "형은 자신의 일의 기준에 따라서 내일 있는 일을 당장 오늘 할려구 하느냐?" 하는 말을 하겠으며 더구나 신경질적인 반응일까?

그렇지만 하나 걱정되는 것이 있다면 녀석의 사물을 바라보는 태도이다. 각 존재의 시간적 공간적인 여건 하에서 개인은 서로 같은 조건으로만 위치지워질 수 없는 것인데, 그 점을 고려하지 않는 것일까? 여러 가지 토대가 있다. 실제적으로 작년에 같이 생활했던 진수, 만곤의 모습 속에서 나의 실체를 파악하고 있는 것이 많기에 인간으로서 가질 수 있는 감정이 아직 풀어지지 않았기에 해당되는 일이기도 하리라. 어렵다. 돌이켜 보면 淸淑이와의 얼마 안 되는 일 속에서의 만남이 별로 순탄하지 않은 것은 사실이다. 일단 다른 아이들보다 고민하며 깨치려는 모습은 긍정적인데, 그만큼 자기 성숙을 삶 속에서 찾아가고 있는가 하는 점은 약간의 걱정이 앞선다는 것은 현재로선 이상한 일이 아니다. 풀어 가야 할 일이 너무나 산적해 있다.

－玄順, 順이 누나와의 만남
바울라, 베로니카 누나와의 오랜만의 만남이다. 평소에 자주 만나야 하는데.

일차적으로 받은 느낌은 우선 생활 모습 자체가 제대로 정리되어 보인다는 점이다. 옛날에 느끼지 못했던 모습들을 보게 되는 것 같아 내심으로는 든든한 생각이다.

人間의 삶에 있어서 정신과 육체의 통일이라는 면이 새삼 느껴지는 것은 아직은 나에게 많이 부족하기에 많은 자취를 남기며 다가오는 것 같다.

모임의 분위기, 이야기하는 데 있어서의 조금이라도 더욱 고민하려는 것들, 내용에 있어서 사물을 대하는 태도 등등 여러 가지 많은 것을 생각하게 한다. 그러면서도 人間에 대한 신뢰성 부분을 어떻게 이해해야 할까? 다름이 아니라 말이 많은 장 마리아에 대한 일이다.

다른 것들에 관한 것들······.
실수 없이 일이 처리되길 바란다. 자칫하면 방향이 뒤틀어질 수도 있으니······.

―정말 쌓이는 날이었다.

체제가 인간을 돈의 노예로 많이 변화시키는 과정이 너무나 화가 나고 그 인간에 대하여는 너무나 불쌍한 생각밖에 들지 않는다. 내가 생각하고 있는 '민중'이 그러한 모습을 보일 때는 미칠 지경이다. 더구나 전라도 사람 같았는데 明洞에서 장사를 하다 보니 인간이 쓰레기가 되었는가?

왜 구조는 이러한 비참한 상황만을 계속―

미칠 것 같은 세상.

왜곡된 역사 속에서 존재해 온 한반도 민중이 정말 사람이 사는 세상을 창조해야 하는데, 술을 먹지 않고는 바라볼 수 없는 世上. 그래서 황지우는 새들도 세상을 뜬다고 외쳤던가? 빛고을의 핏자국을 만든 한반도의 역사적 상황은 너무나 가혹하다.

世界의 쓰레기 하치장 韓半島.

난지도가 다른 곳에 있는 게 아니다. 이 쓰레기장에서 내가 할 수 있는 일들은 희망 속에서도 너무나 너무나 힘이 드는 일인 것 같다. 나의 生命 하나로 해결될 일이면 벌써 이루어졌을 텐데…… 하느님께서는 너무나 인간을 가혹하게 놓아두고 있는 것 같다. 구약을 거슬러 올라가지 않더라도 역사상에 나타난 현상들은 얼마나 많은 비인간적인 모습을 보여 주었는가? 그만큼의 인류의 피가 아직 제 대상에 흡족하지 못했는가?

핏빛 고을, 핏빛 고을…….

예수는 죽어서 인간을 구원하고 맑스는 죽어서 구조를 구원하는가?

사랑 때문이다. 내가 현재 존재하는 가장 큰 밑받침은 인간을 사랑하려는 못난 인간의 한 가닥 희망 때문이다.

이 땅의 민중이 해방되고 이 땅의 허리가 이어지고 이 땅에 사람이 사는 세상이 되게 하기 위한 알량한 희망, 사랑 때문이다. 나는 우리를 사랑할 수밖에 없고 우리는 우리를 사랑할 수밖에 없다.

미치는 세상.

오늘도 철원평야 엉겅퀴는 역사의 아픔을 따라 숨 쉬고 있겠지.

분단 44년 4월 2일

아버님께……

아버님, 오늘 못난 자식이 아버님 얼굴을 그리며 한 맺힌 마음을 풀어 볼까 합니다. 아버님 생각만 하면 너무 괴로운 세상이기에 차마 말씀을 드리기에 죄송한 마음뿐입니다.

아버님, 오늘은 사랑하는 영훈이가 군대에서 휴가를 맞이한 날입니다. 휴가를 맞이한 사람에게 즐거움을 주어야 하는데도 이 못난 놈은 영훈이에게 쌓였던 이야기만 전해 주며 괴로운 이야기만 하고 있습니다. 조국의 현실에 대하여, 민족의 아픔에 대하여 고민을 산더미같이 쌓아 놓은 이 못난 자식.

아버님 앞에 드릴 말씀이 없습니다.

아버님.

전 아버님을 정말 존경하고 사랑합니다. 38년 생 아버님의 한 많은 세월을 생각하며 고민했을 때 저는 아버님의 고생스러움에 저의 말을 할 여유가 없음을 깨달았고 저는 그것 때문에 고민하여 몇 날밤을 뜬눈으로 생활하여야 했습니다. 김제 용지 모산에서 농사를 짓다가 편입시험 치르고 원광중·고등학교에 입학하여 갖은 고생하면서 지내다가 어머니를 만나 소박한 가정을 이끌고 재성 형님, 저, 태양, 성환을 자식으로 보시며 이제까지 생활하고 계십니다. 저는 가정을 고민하시며 네 형제를 어떻게 하면 잘 키울까? 어떻게 하면 잘 도와줄까? 하시며 고생하시는 아버님 어머님의 모습을 볼 때마다 피눈물이 가슴을 맺히게 하여 밤잠을 못 이루었습니다. 제가 철이 들면서, 철이 들면서…….

분단 44년 4월 5일

가장 현명한 광대는 밧줄을 타고 곡예를 하지 않는다.
―山河의 詩集 中―

오늘은 가민연 동우회를 통해서 많은 사람을 볼 수 있었다. 참으로 오랜만에 보는 이들이다. 새로운 점들이 계속해서 살아오고 하는 와중에 몇몇의 사람들의 건강하게 살아가려는 노력을 보며 내심 안정되는 것을 느끼곤 했으며, 잘 살아가리라 생각했던 사람들의 기분 나

뿐(?) 모습을 보며 착잡한 마음을 금할 길이 없다는 느낌은 사람을 짓누르는구나. 또 人間의 本에 대하여 깊이 생각해야만 하는가? 요즘은 정말 지친다.

나 자신의 폐쇄성이랄까 하는 것하고 인간을 대하는 개방성이란 차원의 것들을 같이 풀어보려고 하는 것이 왜 이렇게 깊게만 쌓이는 것일까?

답답한 시간들.

가장 진실된 삶의 모습을 한 순간으로 결정하려고 하는 내 생각이 무리가 있는 것이 아닐까? 하는 생각이 들기도 하고 항상 변화하는 상황들 속에서 항상 변화하는 인간을 직시할 때는 한 순간의 판단이 어려움을 동반하는 것 같다.

진실된 삶의 자세로서 이 시대의 이 역사의 험한 난관을 어떻게 해결해 나갈 것인가가 문제가 되는 것일지어다.

역사의 모습은 너무 잔인한 법.

―병관 형에 대하여

평소에 연락을 하질 못했는데 가민동을 계기로 제대 후에 두 번 보게 되는구나. 소탈한 사람. 가식이 없이 있는 그대로 사람을 대하고 때로는 하나의 작은 일에도 마음 아파할 줄 아는 인간. 항상 볼 때마다 마음이 착잡하면서도 시원함을 느낄 수 있는 것은 그러한 人間美 때문이 아닐까 한다. 학교에서는 별 다른 일 없이 책만 보는 것 같다. 아직은 여러모로 차분해지는 것을 본인이 느끼는가 보구나. 오늘 신순주 씨의 장난기 어린 이야기 속에서 병관 형의 모습을 다시 느낄 수 있었다.

―물로야 뱅뱅, 바위섬……

병관이 형을 볼 때 낯익은 노래들이다. 그래 사랑하자. 좁쌀만한 세상살이를 얼마나 미련과 미움 속에서 살아가려 하는가? 사람이 받는 만큼 사랑을 한다면 인간의 모습이 너무 계산적으로 보인다. 진정한 사랑이란 他人의 더러움을 감싸안고 일어서야 가능한 것이라고 이 못난 놈은 생각하는데…….

生을 살아가는 데 치졸한 마음 가지고 살아가는 인간이 얼마나 불쌍한가? 바람직한 인간은 되지 못하더라도 그러한 불쌍한 인간이 되지는 말자. (김만곤 씨를 생각하며)

진실된 자만이 진실을 알아볼 수 있다는 것은 수긍이 가는 사실이다. 최소한 현재의 나 자신에게는.

―김진수 씨에 대한 일고(一考)

일단 느낌이 참 재미있는 사람이라는 것하고 일들을 떠벌린다는 것하고 많은 생각을 할 줄 아는 인간이라는 것이다. 쉽게 말해서 김 형 본인의 말로 인사이트가 있다라는 이야기인데.

과연 그러한 것으로 작년의 일들을 어떻게 풀어 왔다고 평가할 수 있으며 또한 그러한 사고의 바탕이 되어 있는 김형이나 솔, 안나 같은 경우에는 어떠한 영향을 끼치고 있는 것인가?

솔과 김형의 잦은 만남 속에서 나에 대한 이야기가 답답하게나마 이야기되어진다라고 이해해야 하는 것인지?

내가 인정하는 바로는 사실 김형같이 애들을 세심하게 다룰 수 없는 입장이거니와 또한 그럴 필요성을 좀처럼 느끼지 못한다는 것이다.

참 어려운 문젯거리이다. 그러나 나와 다른 솔, 안나, 順의 일을 하는 방식이나 의견 조정을 가능하게 하는 부단한 노력들을 인정하지 않는 것은 아니다. 그렇다면 —

통일 염원 44년 5월 3일

잠이 안 오는 날.

하루종일 피곤한 몸인데도 좀처럼 잠을 이룰 수가 없는 밤이다. 계속해서 떠오르는 많은 생각들……. 이제까지 지내 온 모든 것들이 일괄적으로 쏟아져 오는 상태를 참아 내기가 참 힘이 든다. 밤에 잠 못 이루는 것이 자꾸만 불안감을 가져다 주는데…….

어제 학교에서는 아크로폴리스 옆에 세진과 재호의 추모비가 학형들 손에 의해 자리를 잡아가고 있었다. 점차 시간이 흐를수록 부끄럽게 살아가고 있는 나 자신에게 더욱 또렷이 드러나는 것은 하나의 죽음을 넘어가는 긴 장례 행렬의 끈질긴 여운 때문인가?

오늘도 역사는 발버둥치는 한 인간을 잠 못 이루게 하고, 내일은 무수한 쳇바퀴 속에서 가혹한 채찍을 휘두르고 많은 시간을 고민하게 하겠지.

한 맺힌 반도에 태어나 사람을 사랑하고자 하는 부끄러운 한 인간의 모습이 이렇게 괴로울 수가—

정신만 말뚱말뚱해지는 것이 더욱 자책을 하게 하는구나. 무엇을 생각해야만 차분해지는 것일까? 무엇을 생각해야만 불안한 마음을 이길 수 있을 것인가?

무엇을, 무엇을 생각해야만 담배를 물어가며 밤을 태우지 않고 있을 수 있을까? 미칠 것 같은 모습들.

—思考에 관하여

人間은 항상 변화, 발전한다고 믿는 나 자신에게 있어서의 사고 행태를 생각해 볼진대, 자꾸만 되살아 오는 것은 다람쥐 쳇바퀴마냥, 기존의 사고틀과 기존의 얻어진 결과물들을 그냥 쏟아놓기가 일쑤인 것이라는 사실이다. 말로는 인간의 변화 당위성을 부르짖으며 자신의 모습 속에서 보이지 않는 사슬로 가두어놓는 무의식성(?)이 자신을 미치게 하는 요인이기도 하다. 정말 내가 뱉어 내는 말을, 나 자신이 자신 있게 알고 있는 것들을 표출시킬 때 하나의 발전의 모습을 보여주는 것이 아닐까? 아닐까가 아니다. 그것은 사실이라는 당위이다. 이것이 자꾸만 지적되는 것은 인간을 대할 때 은연중에 나타나는 것들이 쌓였기 때문이다.

사고의 개방성, 이것이 절실하다. 해방의 과정은 한 인간의 작은 모습 속에서도 일어나야 한다. 해방되지 못한 인간은 타인을 해방시킬 수 없는 것이다. 자칫 잘못하면 망각하기 쉬운 아주 당연한 사실을 기록하는 것은 나 자신의 반성, 회개와 끊임없는 채찍을 가하기 위함이다. 옛날에 가졌던 생각들 — 구조가 인간을 해방시킬 수 있다는 것 — 을 다시 한 번 되씹어 볼 수 있는 여유를 가짐은 그것을 극복할 수 있는 가능성이 있기 때문이다.

때론 나 자신은 완벽주의자가 아닌가 하는 생각이 든다. 자신은 그렇지 못하기에 그것을 은폐하려는 수단으로 생각을 만들어 내고 행동을 조작해 내는 모습들을 내 안에서 수많이 보아 왔다. 나를 제일 잘 아는 사람은 바로 내가 아닌가! 거짓을 거짓이라 하지 않고 속임을 속임이라 하지 않는 모습은 차마 입에 붙이기 괴로운 모습들이다. 솔직해지자. 솔직해져 해방된 인간을 이루는 과정에서 나의 현재의 괴로움의 모습을 청산할 수 있으리라. 모든 면에서 솔직하게 우선 나를 만나고 사람을 만나고 솔직한 인간을 만나도록 하자. 중요한 것은 나는 관념적인 완벽주의자가 될 하등의 이유가 없다라는 사실이다.

무수한 나날들.

회칠과 거짓으로 가식적으로 살아가던 지난날들. 해방되지 못한 인간이 해방을 원했던 시간들이 이제는 정말 바뀌어야 한다. 知識人이란 말을 경멸하면서도 어느새 나 자신이 내가 경멸하는 사람이라는 것을 안다는 것은 참을 수 없는 고통이다. 내 안에 있어서의 영역 고수에 울타리를 치면서 울타리를 보지 못하는 이중적인 인간이었다는 사실이 사람을 이렇게 긴장하게 할 수 있는지는 몰랐다.

-신앙에 관하여

계속되는 神學에 관한 고민들을 지나오면서 우선 나의 신앙관을 살펴보아야 하겠다. 항상 뱉어 내는 解放神學에 관한 주제들, 해방의 영성에 관한 주제들, 가난한 나라의 제3세계 신학들, 민중신학, 기타 이루 헤아릴 수 없는 말들을 뱉어 놓은 나 자신의 행태.

신앙의 올바른 삶을 구축하기 위해서 우선 알아야 한다는 사실에는 이견이 없으나 진정한 것은 삶을 살아가는 태도가 잘 되어 있어야 하지 않는가?

옳은 것은, 옳게 체화할 수 있는 자신의 점검이 우선이어야 한다는 것인데 내가 보여 주었던 모습들은 가식의 모습이었다. 회칠한 모습 그대로인 것이다. 성서에서 예수가 질책하는 사람들이 바로 나임을 깨달아야 하는 이 어려운 시간들, 무수한 많은 짐을 지고 있는 순간이, 현재의 불안한 마음을 만드는 요인이기도 한 것이다.

알아야 한다고 생각하며 알았던 것이 도움을 주기는커녕 나 자신을 합리화시키기에 급급했던 나날들이 많은 것들을 시사해 준다. 예수의 행동 이전에 깊이 고민하는 모습 — 기도로 표현이 되어 있지만 — 이보다 진실을 감싸는 상태에 이르는 것이라 느껴지는 것은 바로 이 때문이다.

신앙은 글이나 잘 정리된 論文 속에 있지 않는 법.

신학은 하나의 고민하는 결과물임과 동시에 바르게 이끌어 주는 지침인 것이다. 바로 해방의 영성은 끊임없이 믿고 행동하고 반성하는 과정 속에서 싹트는 것일진대 나는 방향을 잃어버린 신학을 추구하는 것이 다반사였다는 사실이 더욱 깊게 다가오는 시간이다.

―人間의 만남에 관하여

요즘에 들어서는 사람 만나는 것들이 옛날에 비해 폭이 좁아진 것을 심하게 느낀다. 이것은 비단 나만의 문젯거리는 아닌 현실의 모습으로 많이 보인다. 인간의 사고가 변한다는 것, 인간의 생활 폭이 좁아진다는 것. 예로 가끔씩 동숭동 병원에 갔다가 명원이를 만나고 온다. 같은 서울 지역에 있으면서도 자주 볼 기회가 없는 상태인데, 가끔씩 보면 지난 일 이야길 하다가 공통의 화제는 겉만 도는 살아가는 이야기가 되곤 한다. 이것은 본인들이 얼마나 노력을 했느냐에 따라 다르겠지만 인간이 처한 객관적인 환경은 인간의 편협한 면을 반영한다는 사실을 뼈저리게 체험하게 한다. 겉도는 대화들, 특히 역사적 현재의 모순의 발현 양태인 사고틀들. 답답함만 쌓여 간다는 사실. 그러기에 겉도는 사람을 잘 만나려 하지 않는 것 같다.

이것의 영향은 사람을 편견을 가지고 대하게 된다는 사실을 그대로 아주 쉽게 반영할 수가 있다. 그냥 그러려니 하는 만성병을 유발하게 할 가능성인 것이다.

이것이 또한 짐이 되면 엄청나게 늘어날 것이라는 두려움이 앞선다. 내가 항상 말하는 '개방성'―다각적 의미에서―이 쉬운 일이 아님과 동시에 이 개방성을 어떻게 적용시켜 나갈 것인가가 중요한 것일 것이고 이것은 삶의 발전을 동반하는 모습일 것이다. 개방성은 개방을 낳는다는 사실은 항상 깊이 관여해야 하는 것이다.

―경곤 미카엘에 관하여

어느새 같이 있은 지 두 달이다.

상황 많은 사고거리를 제공하며 같이 지내던 시간들이 올해 들어와서 경험한 몇 안 되는 계기인 것이 확연하다는 사실. 生活을 잘 정리하며 살아가려고 애쓰는 모습이 눈에 드러나는 것이 보이기에 하나의 안도감을 주게 한다. 두 해에 걸친 光州 神學校 生活이 많은 것을 생각하게 하고, 고민하는 시간을 절실하게 부여해 준 것이 그토록 많은 책을 보게 한 이유이겠지.

요즘엔 처음에 보이던 다급함이 조금은 내적으로 정리가 돼 가는 것 같아 그 체화되는 모습이 보다 자신의 일상성을 견제하며 보여지길 바라본다.

적어도 자신의 삶의 논리 구조(?)를 자신의 哲學으로써 정립해야 하리라. 이 개월간 많은 사람을 만나고 했던 것들이 혼란함을 가중시키지는 않았는지 하는 우려와 함께 차곡차곡 쌓아 가는, 견고한 삶의 토대를 마련하는 데 어느 정도의 경험은 되었다는 사실이 함께 고민하며 만들어 갈 수 있는 여건을 계속해서 제공해 주는 것이 또 하나의 실타래를 제공해 준다.

하나 하나의 고통이, 아름다움을 창조해 가는 과정이 바로 예술이라고 명명하는 것들일 것이리라. 예술을, 아름다움을 고통없이 만들어 갈 수는 없는 것이요, 人間을 해방된 위치로 올리려는 삶의 바램이 여전히 계속되는 것이기도 하다.

사랑 때문이다
요셉 조성만 평전

1판 1쇄 펴낸날 | 2011년 5월 6일

지은이 | 송기역
펴낸이 | 오연호
편집주간 | 이한기
기획편집 | 서정은
교정 | 김인숙·김성천
디자인 | 여상우
인쇄 | 천일문화사
제본 | 상상이상

펴낸곳 | 오마이북
등록 | 제313-2010-94호 2010년 3월 29일
주소 | 서울시 마포구 상암동 1605 누리꿈스퀘어 비즈니스타워 18층 (121-270)
전화 | 02-733-5505
팩스 | 02-733-5077
www.ohmynews.com
book@ohmynews.com

ⓒ 송기역·성만사랑, 2011

ISBN 978-89-964305-4-4   03990

오마이북은 오마이뉴스에서 만드는 책입니다.